거듭나다,

참 소중한 당신

Nihil Obstat :
Rev. Raphael Jung
Censor Librorum
Imprimatur :
Most Rev. John Baptist JUNG Shin-chul, S.T.D., D.D.
Episcopus Dioecesanus Incheonensis
2022. 8. 8.

거듭나다,
참 소중한 당신

교회인가 2022년 8월 8일
초판 1쇄 발행 2022년 9월 1일
개정판 1쇄 발행 2024년 10월 18일

지은이 김병수

발행인 김상인
펴낸이 (사)미래사목연구소 | **펴낸곳** 위즈앤비즈
디자인 김지수
주소 경기도 김포시 고촌읍 신곡로 134 | **전화** 031)986-7141
출판등록 제409-3130000251002007000142호 2007년 7월 2일
홈페이지 miraesm.modoo.at

ISBN 979-11-98039-44-6

값 16,000원

거듭나다,
참 소중한 당신

위즈앤비즈
Wisdom & Vision

추천의 글

하느님은 인간이 "다가갈 수 없는 빛 속에 사시는 분"(1티모 6,16)입니다. 그분은 모든 피조물을 초월하시며 무한하신 분입니다. 그러기에 인간은 하느님을 온전히 이해할 수 없고 파악할 수 없습니다.

그럼에도 불구하고 인간은 하느님께 가까이 다가가려고 시도해야 하고, 하느님을 깨닫기 위하여 모든 노력을 다 기울여야 합니다. 하느님은 인간 존재의 근원이시며 목적이시기 때문입니다. 그분은 우리 인간의 모든 것이기 때문입니다. 결국 하느님을 아는 사람만이 인간을 제대로 알 수 있기 때문입니다.

이러한 맥락에서 모든 종교서적은, 특히 가톨릭서적은 독자가 하느님을 좀 더 깊이 이해하여 그분께 좀 더 가까이 다가가게 하려는 목적으로 출판된다고 말할 수 있습니다. 실제로 그런 책들의 도움을 받아 우리는 하느님을 깊이 깨닫고 또 하느님을 깊이 체험하기도 합니다. 하느님께 대한 신앙이 굳건해집니다. 그래서 좋은 책들을 만나면 즐거움이 넘치고 삶이 행복해집니다.

김병수 신부님께서 펴내신 이 책을 처음 대했을 때, 저는 책을 손에서 내려놓을 수 없었습니다. 복음과 신앙의 진리를 아주 단순하면서도 명쾌하게 해석하거나 설명하고 있었기 때문이었습니다. 책을 읽는 내내 신앙의 문제로 그간 막혀있었던 제 가슴이 뻥 뚫리는 듯한 느낌을 받았고, 아울러 깊은 피정을 하고 있다는 인상을 받았습니다.

이렇게 큰 감동을 주는 이유는, 이 책이 우리 한국인에게 친근한 동양사상을 중심으로 복음의 진리를 설명하고 있기 때문입니다. 그것도 누구나 한 번쯤 궁금해하던 주제들을 동양의 해박한 지혜로 풀어내고 있을 뿐만 아니라, 과학과 물질 만능주의에 빠져 있는 우리 시대에 인간 정신의 가치를 드높이고 영성의 회복을 역설하고 있기 때문입니다. 한 마디로 이 책은 그리스도교 신앙의 핵심 진리인 파스카의 신비 곧 '십자가와 부활'을 거듭 강조하고 있습니다.

저자 김병수 신부님은 대만의 푸렌대학과 중국 상해의 화동사범대학에서 오랫동안 학문을 닦으셨고, 그 후 중국 신학교에서 수년 동안 사제를 양성하셨습니다. 몇 년 전부터는 제주도에서 중국 사제를 위한 주문모 피정 센터의 책임을 맡으시는 등 중국사상에 조예가 깊은 분입니다. 그간의 풍부한 체험과 깊은 연구 그리고 강의를 바탕으로 이 책에서 복음의 진리를 쉽게 풀어내시니 박수가 절로 나오지 않을 수 없습니다. 어려운 가운데에서도 책을 펴내신 신부님께 깊은 존경과 감사를 드립니다.

끝으로, 많은 분이 이 책을 읽고 복음의 진리를 새롭게 발견하여 그 진리 안에서 참으로 소중하고 귀한 자기 자신을 되찾기를 빕니다.

2022년 8월
전주교구장 김선태 사도 요한 주교

저자 서문

『참 소중한 당신』이라는 잡지의 예쁜 이름이 마음에 들어 글을 실어 온 지난 6년간의 세월을 되새겨 본다. 바쁜 일에 쫓겨 원고를 허겁지겁 넘긴 적도 몇 번 있지만, 결코 거른 적은 없다. 매달 한편의 글을 넘기고 나면 민들레 홀씨처럼 어디론가 날아가 그 어느 영토에서 발아하고 또 꽃을 피우려나…….

어느 시점, 어느 곳에서 알지 못하는 누군가가 불쑥 그 꽃소식을 전해준다.

"『참 소중한 당신』에서 원고를 잘 읽고 있어요."

"마음에 위안이 된 적이 많아서 글을 모으고 있어요."

아! 그래서 『참 소중한 당신』에 원고를 발표함에 게으름을 피우지 않으려고 나 자신을 부여잡고 여기까지 왔다. 친구 사제들도 "책으로 엮어 주면 게으른 우리에게는 강론 쓰는데 도움이 안 되겠나?" 하고 말한다.

"나뭇잎이 돋아나면 여름이 온 줄을 알아라."고 말씀하신 주님의 말씀을 따라 나는 시대의 징표를 읽어내야 할 소명과 의무를 지녔다. 그 묵상한 바를 『참 소중한 당신』에 실어 왔다. 특히 나에게 화두가 된 것은 이 시대의 젊은이들이었다. 복음이 빛바래지 않았음을 확신시켜 주려고……. '그들의 눈으로 복음을 읽으면 어떤 맛이 날까?'를 생각하며 썼다.

거듭나다!!! 굳이 개과천선(改過遷善)이나 환골탈태(換骨奪胎)와 같은 사자성어를 쓰지 않아도 우리는 살아가면서 거듭나지 않으면 안 된다. 유기체는 언제나 신진대사를 해야 하기 때문에 항상 새로 나야 한다. 본서는 믿음과 희망과 사랑이라는 복음의 샘에서 물을 길어 모두가 거듭나기를 바라는 마음에서 쓴 책이다. 사람은 언제나 새로워야 한다. 구태의연해서는 인생이 맛깔 나지 않는 법이다. 컴퓨터는 업그레이드할 줄 알면서 나의 인생은 왜 쇄신하려 들지 않는가? 사고와 발상의 전환이 이루어지지 않으면 진부한 사람으로 머문다. 성서에도 그런 사람이 나온다. 도무지 새로움을 배울 마음이 없이 자아에 갇혀버린 율법 학자들과 바리사이들이다. 구약의 율법을 미리 맛본 사람들, 즉 묵은 포도주를 마신 유다인들은 자신들의 세계에 경직되어 있다. 예수님이 새 포도주를 들고 와도 그 맛을 보려 들지 않는다. 니코데모에게도 거듭나기는 쉬운 일이 아니었다. 예수님께서 이르셨다. "내가 진실로 진실로 너에게 말한다. 누구든지 위로부터 태어나지 않으면 하느님의 나라를 볼 수 없다"(요한 3,3). 그러자 니코데모가 예수님께 말하였다. "이미 늙은 사람이 어떻게 또 태어날 수 있겠습니까? 어머니 배 속에 다시 들어갔다가 태어날 수야 없지 않습니까?"(요한 3,4) 자신이 아는 세계가 전부라고 생각하는 사람은 여지(餘地)가 없다. 그래서 카이사르가 이 세상에서 가장 무서운 사람은 자신이 보고 싶은 것만 보려는 사람이라 말했나 보다. 모든 것을 새로운 눈으로 바라보아야 한다. 습관되고 타성화되면 느끼지 못하기 때문이다. 거듭남은 중생(重生)이다. 생각의 거듭남, 관념의 거듭남, 말의 거듭남…… 삶의 거듭남은 곧 부활이다.

우리 모두는 자신에게 물어볼 수 있을 것이다. 나에게 '참 소중한 사람'은 누구일까? 과연 나는 몇 명의 소중한 사람을 갖고 있을까? 공자는 평생에 진정한 붕우 세 명을 두기가 어렵다고 말한 적이 있다. 우리 역시 참 소중한 사람을 얻기가 쉬운 일은 아닐 것이다. 내가 거듭나고 그래서 너에게 다가갈 때, 그래서 내가 먼저 타인의 참 소중한 사람이 되어야 함은 소중한 사람을 갖기보다 더 중요한 것이리라. 그것이 먼저라는 생각으로, 나 자신의 종아리를 회초리로 때리는 수업을 해 온 것이 지난 6년간 나의 글쓰기 공부였다. 어느 날 내 글과 나 자신이 그 누구에게 조금이나마 소중한 사람으로 여겨지기를 바라면서……

덧붙여, 이 책이 출간되기까지 많은 도움을 주신 미래사목연구소 소장 김상인 신부님과 직원들에게 감사의 인사를 전하고 싶다.

김병수 대건 안드레아 신부

『거듭나다, 참 소중한 당신』의 발간 취지

 『신철논형I』을 출판하고 몇 년이 흐르는 동안, 많은 사람들이 격려를 하며 '신철논형II'를 기다려 왔다. 하지만 제목이 너무 어렵게 느껴진다는 말을 들었다. 그들의 진심 어린 충고를 받아들여 다른 제목을 모색하고 있던 차에, 故 차동엽 신부님과의 담화를 통해 『거듭나다, 참 소중한 당신』이라는 제목으로 정하여 『신철논형I』의 뜻을 이어 가고자 한다.

 많은 사람들이 그러하겠지만 나 역시 오랫동안 좋은 친구로 지내왔던 차 신부님의 빈자리가 허전하게 느껴지고, 그럴 때마다 함께했던 지난 시절들이 떠오른다. 처음에 '미래사목연구소'를 기획하면서 함께 인연을 맺었고, 그 후 여러 방법으로 학문의 길을 나누었다. '미래는 중국이 화두'라는 신념 하에 중국을 읽어 내는 작업을 함께 하였다. 특히 북경 전국 신학교에서 3박 4일간의 특설 강좌는 전설과 같은 강의였다. 특유의 정열과 재담으로 강의를 하실 때마다, 나는 그 기운을 그대로 통역하려고 열심이었다. 한 단락의 말씀이 끝난 다음에 들려오는 신학생들의 감탄과 공감, 웃음 속에서 차동엽 신부님은 더욱 재미있어하셨고 그렇게 신학생들 모두는 행복한 열정체험을 하였다. 그 강의는 제주도에서도 이어졌다. 한국천주교주교회의에서 지원하는 '주문모 피정'에 중국 사제들 200여 명이 참석하였는데, 차 신부님께서 북경의 명강의를 다시 중국 사제들에게도 해주셨다. 지금도 간간히 그 감동을 회상하는 중국 신부들에게 선종 소식을 전하면 너무나 안타까워 하였다.

차동엽 신부님께서는 신철논형에 그 누구보다도 관심과 격려를 아끼지 않으셨고, 돌아가시기 얼마 전에는 후편인 『거듭나다, 참 소중한 당신』의 발간을 결정해 주셨지만 코로나19로 잠시 중단되었었다. 다시 이 책을 펴내면서 내 마음속 차 신부님에 대한 그리움은 더하다. 하여 『신철논형 I』에 보내주신 차동엽 신부님의 서문 일부를 다시 실어 그리움을 달래 보고자 한다.

'신철논형'이라. 어쩌면 한자에 익숙지 않은 한글세대로부터는 외면당할 제목일지도 모르겠다. 한자를 두려워하지 않는 나에게도 다소 그런 느낌이 들었다. 하지만 저자가 서문에 밝힌 의미를 따라 뜻을 헤아리게 되니, 처음의 생경함을 무색게 할 만큼 더욱 읽고 싶어진다. "인생의 고민거리를 철학적으로 묻고 신학적으로 답하면서, 치우침 없이 논한다?" 얼마나 매력 있는 도전인가! 내용도 궁금하거니와 그 전개 방식이 호기심을 자못 안달 나도록 자극하는 것이다.

읽어보니 매번 글의 실마리가 누구에게나 한 번쯤 거치적거렸을 법한 일상의 소재들이어서 반갑다. 일단 소재가 잡히면 저자는 해박한 정보력으로 동양과 서양의 예지를 동원하여 가를 것은 가르고, 모을 것은 모으며, 세울 것은 세운다. 그리하여 저자 나름의 식별로 "형(衡)" 곧 저울의 중심을 잡는다. 이 지점이 동양철학에서 말하는 중용(中庸)일 것이며, 서양철학에서 일컫는 실체적 진실일 것이며, 여타 학문이 목표로 삼는 정곡(正鵠)일 터다…… 이 책은 매우 귀한 책이다. 두 가지

점에서 저자 60여 년 생애의 성실한 고뇌가 담겨 있기 때문이다. 우선, 글 속에 차용된 동양철학적 용어나 사유는 그저 책으로 접한 지식이 아니라 대만과 중국에서 공부한 후 중국인들과 심도 깊은 소통을 하면서, 더구나 그들에게 강의까지 해가면서, 철저히 검증받은 것들이다. 그 자체로 이 책은 석학의 권위를 인정받아 마땅하다. 다음으로, 글 속에서 시도된 신학적 해명은 한 외방선교회 소속 선교사 신부가 하느님의 부르심을 몸서리치게 번민하면서 도달한 영적 각성의 결과물들이다. 그러기에 진술들의 진정성은 성스러움의 경지로 보아 마땅하다.

이 책의 진짜 가치는 그 실용성에 있다. 나는 이 책을 읽으면서 진실과 거짓, 현실과 비현실 등의 경계를 넘나드는 참으로 애매한 생의 딜레마들을 어떻게 처리해야 할지에 빛을 비추어주는 지혜를 곳곳에서 만났다. 또한 나는 편견과 아집과 몰이해로 기도하기 십상인, 편협한 시야에서 벗어나 하느님을 우러르도록 나를 일깨우는 영감을 얻었다. 확 트인 지평에서 기도할 수 있다는 것은 얼마나 복된 일인가.

책을 덮으려니 은은히 향내가 난다.
저자에게서 풍겨져 글에 배인 향기다.
맡아보니 사랑내다.

차례

추천의 글 · **4**

저자 서문 · **6**

『거듭나다, 참 소중한 당신』의 발간 취지 · **9**

제1부 신철논형 II

I. 믿음의 샘

신앙 성장의 3단계: 들음(聞), 봄(見), 믿음(信) · **18**

신앙의 위기가 찾아왔을 때 · **22**

부자, 스스로 충만한 사람: 자충(自充) · **27**

구약과 신약은 무엇으로 경계되는가? · **32**

인생의 더 깊은 곳: Duc in altum · **37**

성지순례와 성경해석: 탈신화화와 재신화화 · **42**

기복과 기도, 그 미묘한 차이에 관하여 · **46**

현양(顯揚)이 없으면 통공(通功)도 없다: 순교의 현대적 의미와 영성 · **51**

십자가, 인생의 기묘한 두 얼굴 · **56**

부활, 그 현실성에 대하여 · **61**

파스카는 우리에게 무슨 의미가 있는가? · **65**

나는 무엇을 통곡할 것인가? · **70**

이 시대의 신들, 아이돌과 명품 · **74**

일상과 축제: 향자아(向自我)와 탈자아(脫自我) · **79**

신앙은 거룩한 귀소본능이다: 반박귀진(返朴歸眞) · **84**

하느님 아버지의 뜻: 천명(天命) · **89**

자신의 푼수를 알고 경우를 지킴이다: 시중(時中) · **94**

느보 산에서 모세, 경계에 서다 · **99**

II. 희망의 샘

영혼 삽니다! 영혼을 파세요 · **106**

한국은 '거위의 꿈'을 꿀 수 있는 사회인가? · **111**

혼쉼은 뉴에이지적 유혹이다 · **116**

흐르는 물은 달을 안고 가지 않는다: 수급불류월(水急不流月) · **120**

새 시대는 에코페미니즘이 답이다 · **125**

한국, 노인을 위한 나라는 없다 · **129**

노화와 죽음에 대한 묵상 · **135**

아픔의 탄생: 창상(創傷, 트라우마) · **139**

죽음, 나의 '누이'가 되는 까닭은? · **143**

삶은 노력인가? 운수인가?: 운칠기삼(運七技三) · **149**

감사는 근본을 생각함이다: 낙엽귀근(落葉歸根) · **154**

나날이 또 새롭게 하라: 우일신(又日新) · **159**

겸손은 깊음의 덕이다: 지산겸(地山謙) · **164**

열정과 냉정: 비등점과 빙점 · **169**

III. 사랑의 샘

인간관계의 물리학 · 176

영적 결벽증, 가라지를 뽑고 싶은 유혹 · 180

나를 대하는 두 가지 태도: 자존심과 자존감 · 185

형제지간의 전쟁과 평화 · 189

하느님의 구원법, 연약하심 · 194

결핍예찬 · 199

행복과 불행은 어디서, 어떻게 교차하는가? · 203

십자가의 기명성 · 209

「사랑의 송가」 뒤집어 읽기 · 214

성격과 성향의 차이 · 219

사랑 후에는 무엇이 올까? · 224

누구에게든 마지막 말은 하지 마라: 군유소불격(軍有所不擊) · 229

세상 모두에게 져주기: 미명(微明) · 234

내 마음이 서야 너를 용서할 수 있어: 충서(忠恕) · 240

기다리지 마라! 기대하지도 마라!: 무대(無待) · 245

제2부 시대의 영성

코로나19 시대, 부재와 결핍의 영성 · 252

한국 사회의 유교적 구조주의의 모순과 탈해법 · 255

한국적 관계주의의 비복음적 허상 · 258

지금 우리는 신모계 사회로 회귀하는가? · 264

미래를 본 사람에게는 미래가 없다 · 269

누구나 아큐(阿Q)일 수 있다: '정신승리법'의 보편적 성향 · 274

복음의 해체주의는 참된 해방이다 · 279

포스트 트루스 시대, 우리는 무엇으로 사는가? ·282

포스트 트루스 시대의 사랑법 · 287

디지털 시대를 위한 사목적 배려: 종교의 미래, 방어만이 상책이 아니다 · 291

누구나 역(易)을 살고 있다: 생활 역경(易經) · 296

노화와 노후의 영성 · 300

항상 깨어있어라!: 우환의식(憂患意識) · 304

제	/	부		신	철	논	형	‖		
1	.		믿	음	의		샘			

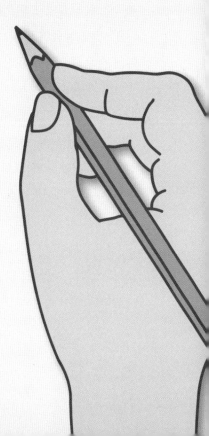

신앙 성장의 3단계: 들음(聞), 봄(見), 믿음(信)

성경에 보면 신앙이 성장해 가는 과정이 세 단계로 진행됨을 알 수 있다. 처음에는 '들음(聞)'에서 시작하여 '봄(見)'의 단계를 거치고, 마지막에 '믿음(信)'의 단계로 승화된다. 귀에서 시작하여 눈을 거쳐 마음에 이르게 되는 과정이다. 이것을 시기적으로 보면, 들음의 단계는 성부를 중심으로 하는 구약 시대의 신앙형태에 가깝고, 봄의 단계는 성자 예수 그리스도 중심의 신약 시대의 신앙형태, 특히 주님 부활 전의 시대에 가깝다. 그리고 믿음의 단계는 주님의 부활 이후에 시작하는 교회의 시대, 곧 성령의 시대에 가까운 신앙의 모습이다. 이 세 단계를 하나씩 살펴보기로 하자.

첫 번째, 들음의 단계는 신앙의 시작이다. 구약 시대에 이스라엘 백성들에게 가장 중요한 신앙은 "쉐마 이스라엘", 곧 '너, 이스라엘은 들으라.'는 신명기적 계명이다(신명 6,4-9 참조). 구약 시대에 야훼 하느님을 본다는 것은 죽음을 의미한다. 모세가 시나이 산에서 야훼 하느님의 현현을 목격하자 "이제 나는 죽었구나." 하고 땅에 엎드린다(탈출 3,6 참조). 그리고 십계명을 받아 산에서 내려왔을 때 그의 머리칼은 하얗게 변해 버렸다. 하느님의 뜻이 전달될 때에도 예언자들을 통해서 이루어졌다. 모두 듣는 신앙의 형태들이다. 이것은 신앙의 가장 기초적인 단계이다. 그러나 듣는다는 것의 허(虛)함은 '풍문'이라는 말 하나로도 입증이 되고 남는다. 바람을 닮은, 바람 같은 소리는 실체가 잡히지 않는 것이니 거기에 영원히 머무를 게 아니다.

신약에 와서 신앙의 모습은 귀에서 눈으로 옮겨 간다. 복음에 보면 예수님의 제자들 중 첫 번째 그룹은 세례자 요한의 제자들이었다. 스승 요한께서 자꾸만 메시아가 오셨다고 하고, 들리는 소문에도 나자렛 예수라는 사람이 굉장한 분이라는 소식을 듣게 된다. 그래서 안드레아와 다른 두 제자가 마침내 예수님을 찾아가서 묻는다. 그러자 주님께서 한 말씀 하신다. "와서 보아라"(요한 1,39). 과거 구약 시대의 수많은 예언자들로부터 들어온 메시아에 대한 소식을 이제는 눈으로 직접 확인해 보라는 주님의 초청이다. 신약은 구원이 눈으로 보이고 손으로 만져지는 시대이다. 그래서 요한 복음사가는 말한다. "말씀이 사람이 되시어 우리 가운데 사셨다"(요한 1,14). 로고스이신 하느님의 말씀이 육화되시어 우리에게 탄생하여 오신 것이다. 5천여 명의 군중들이 갈릴래아 호숫가에서 빵의 기적을 행하시는 주님을 보았고, 그 빵을 직접 나누어 먹었다. 수많은 사람들이 눈먼 이를 고쳐 주시는 주님의 모습을 보았고 죽은 라자로를 무덤에서 살려내는 모습을 직접 목격했다. 그리고 베드로는 타볼 산에서 주님의 영광스러운 모습, 곧 하느님의 이미지마저 보았다. 예루살렘의 입성 길에 사람들은 환호했고 메시아가 오셨다며 호산나를 외쳤다. 그러나 그들의 눈은 미약한 것이었다.

본다는 것이 얼마나 나약한 것인지를 알기에 주님은 그들을 '보아도 보지 못하는 자들'이라고 말씀하셨다(마태 13,13 참조). 눈앞에서 십자가에 못 박혀 죽어가는 주님의 모습을 본 그들에게 과거의 눈이 확인해 주었던 환희와 떨림은 한꺼번에 물거품처럼 사라져 버렸다. 본다는 것의 불확실성과 견식의 맹점은 신앙의 단계에서 얼마나 초보적이고 유치한 것인지 말해 준다. 엠마오로 가던 두 제자는 부활하신 주님과 함께 몇 시간을 걸어갔어도 주님을 알아보지 못하지 않았는가?

'백문불여일견(百聞不如一見)'이라는 고사성어가 있다. 들음의 허구성을 지적한 말이다. 귀로 전해지는 소식은 뜬소문 같으니 그 실체가 명확하지 않다. 들음에는 진실성이 많이 결여되었음을 지적하는 말이다. 그래서 "백 번 듣는 것보다, 한 번 보는 것이 낫다."라고 말하는 것이다. 인간의 시력은 아무리 좋아봐야 3.0 정도일 것이다. 그러나 인간의 시력을 몇십 배나 능가하는 동물들도 부지기수이니, 인간이 본다는 것은 그리 대단한 일이 아닐 것이다. 메시아를 직접 눈으로 본 사람 모두가 진리를 본 것이 아니다. 한 마을에서 예수님의 성장과정을 모두 지켜본 나자렛 사람들은 그 어떤 이스라엘 사람보다도 예수님에게서 메시아의 모습을 찾는데 어려워하고 있지 않은가? 그러니 보는 것 역시 우리에게 진리를 온전히 가르쳐 전달해 주는 방법은 아니다. 빌라도와 헤로데 역시 예수님을 눈으로 본 사람들이지만, 진리가 무엇이냐고 한마디 물어보고 십자가에 그 진리를 매달았다. 3년간 주님의 기적을 곁에서 수없이 보아온 제자들 역시 그 눈을 통해서 진리를 깨닫지는 못하였다. 복음에서 토마스는 자신의 눈을 통해 부활하신 주님에 대한 소식을 확인하고자 했지만, 주님으로부터 쓴소리만 듣게 된다. "너는 나를 보고서야 믿느냐? 보지 않고도 믿는 사람은 행복하다"(요한 20,29). 제자들은 그 후에도 부활하신 주님을 여러 번 목격하였지만, 주님의 승천 순간까지 의심하는 모습이었음이 성경에 기록되어 있다.

진리를 찾아가는 과정에서, 또 신앙이 성숙해가는 과정에서 본다는 것은 믿음의 단계에 비하면 아직도 저급 단계에 지나지 않는다. 그러면 봄에서 믿음으로 옮겨가는 과정에 고사성어를 하나 굳이 만들어 보자면 '백견불여일신(百見不如一信)'이라고 말할 수 있을 것이다. 곧 '백 번 보는 것보다, 한 번 믿는 것이 낫다.'라는 뜻이다. 인도인들은 육체의 눈이 갖고 있는 한계를 먼저 인식하여, 그 한계를 초월하는 하나의 관념을 만들어 냈는데, 그것을 심안(心眼)이라고 한다. 양 눈 사이의 이마에 붉은 점을 찍어 심안을 표시하는데 '제3의 눈'이라고도 말한다. 신앙은, 믿음은 바로 이 단계에서 온전한 성숙을 이루게 된다. 주님의 부활을 목격하지 못한 우리들은 과거 2천 년 전의 사람들보다 불행한 것이 아니다. 들어도 듣지 못하고, 보아도 보지 못했던 불신자들에 비하면 우리야말로 참으로 행복한 사람들이 아니지 않겠는가?

믿는다는 것은 무엇인가? 오감의 작용을 거치지 않고, 이성을 통해 마음으로 하느님의 존재와 가치를 수용함을 의미한다. 연줄을 붙잡고 있는 아이에게 "무엇을 하고 있느냐?"라고 물으니, 연을 띄우고 있다고 대답한다. 하늘을 보니 구름에 가려져 연이 보이지는 않지만 아이는 구름 너머에 자신의 연이 있음을 믿는다. 한때 유행하던 말로 '느낌 아니까.' 그 연의 존재를 믿는 것이다. 신앙 역시 하느님과의 관계에서 이 느낌이 중요하다. 들리지 않고, 보이지 않지만 확인되는 사랑의 느낌과 그 사랑의 연줄 너머에 신이 나를 위해 버티고 계심을 신뢰함이다. 살면서 그 신뢰에, 믿음에 의심이 가고 흔들리는 것은 인간의 나약성에 기인한다. 그래서 하느님은 가끔씩 우리에게 말을 걸어오신다. "너는 나를 사랑하느냐?"(요한 21,17) 마치 흔들렸던 베드로 사도에게 물었던 것처럼 우리에게도 물어 오신다. 이에 대해 "예! 주님, 사랑합니다."라고 고백하는 것이 신앙이다. 그것은 들어서 안 것도 아니고, 보아서 얻은 지식도 아닌 곧 마음에서 나온 대답이다. 신앙의 정점에 이른 말이다.

신앙의 위기가 찾아왔을 때

지금 한국 천주교회는 신앙의 위기에 처해 있다. 특히 코로나19 팬데믹 이후, 냉담자의 비율이 심각한 수준이다. 주일날 성당으로 나가 미사에 참석하는 교우들은 전체의 20%를 한참 밑돈다. 냉담자들은 신앙의 위기에서 통과되지 못한 사람들이다. 신앙의 걸림돌에 넘어진 사람들인 것이다. 왜 신앙이 걸림돌이 되었을까? 우리의 삶에 위기가 찾아오는 것처럼 신앙의 여정에도 위기는 늘 함께 있다. 그리스도인들 역시 이 위기를 비켜나갈 수 없다. 특히 신앙의 길을 가는 그리스도인들은 신앙의 위기가 왔을 때 어떻게 위기를 극복하는가에 대해 늘 깨어 준비해야 한다. 어느 냉담자의 말이다. "처음 세례받은 날을 기억하고 그 아름다운 날을 바라보노라면 '내가 어떻게 냉담자가 되었을까?' 하는 의구심도 들었지만, 어느 날 나를 돌아보니 하느님과 아무 관계 없이 살아가는 사람이 되어 있었다." 처음에는 은총이 충만하여 가볍고 신바람 나게 신앙생활을 하다가, 어느 날 피곤해지고 모든 것이 시시해지는 때가 온다. 등산에서도 중도에 이르면 다리가 아프고, 숨이 차서 포기하고 싶을 때가 오는 것과 같다. 신앙생활에 고난과 위기가 찾아온 것이다.

신앙의 위기는 가치관의 상실에서 오고 거기에서 영혼의 잠이 오는데, 이것이 바로 위기의 시작이다. 베드로 사도는 스승의 메시아관에 실망하여 예수님께서 올리브 동산으로 기도하러 가셨을 때 혼자서 졸고 있었다. 이제 죽어야 한다는 스승에게서 베드로는 자신이 찾던 메시아를 기대할 수 없어 흥미를 잃었고, 그러자 영적인 졸음이 밀려온 것이다. 토마스 사도 역시 자신이 생각하는 합리성과 확증을 통해서만 진리를 찾으려 했고 그 수준에서 복음에 걸려 넘어졌다. 부자 청년은 자신이 따르던 스승 예수님의 대답에서 율법의 정신이 자신이 생각하던 바와 다르게 들리자 걸려 넘어졌다. 가진 것을 팔아 가난한 사람을 도와주는 것이 하늘 나라의 도를 완성하는 것이라는 주님의 말씀은 뜬구름 잡는 얘기 같고, 자신과는 무관한 생각이 들어 고개를 떨구고 떠나갔다. 혼인 잔치에 초대받았어도 자신의 일에 더 관심이 있어 여러 가지 이유를 대고 참석하지 않은 사람들은 모두 그리스도의 복음에 걸려 넘어진 사람들이다. 인간은 항상 관계 속에서 살아간다. 관계 속에서 성장하고, 관계 안에서 자신의 위치를 인식해 간다. 그러나 관계는 언제나 견고 부동한 것이 아니다. 가끔은 욕심, 의혹, 실망 등에 의해 도전받게 되고 그럴 때마다 혹은 위기로 혹은 단절로 이어질 수 있는 위험을 안고 있다.

관계에는 세 가지 차원이 있다. 나와 나 자신과의 관계, 나와 타인과의 관계, 그리고 나와 하느님과의 관계가 있다. 이 세 가지 관계 중에서 어느 하나라도 올바른 관계를 유지하지 못하면 그것은 바로 신앙의 위기로 연결될 수 있다. 그것은 마치 톱니바퀴와 같아서 톱니의 어느 한 이빨만 망가져도 톱니바퀴 전체에 영향을 주는 것과 같다. 그래서 바오로 사도는 올바른 신앙은 특히, 하느님과의 올바른 관계에서 나온다고 말했던 것이다. 복음에서도 사람들은 주님의 말씀을 듣는 과정에서 마음의 갈등을 겪다가 서로들 자신의 심경을 토로한다. "이 말씀은 듣기가 너무 거북하다, 누가 듣고 있을 수 있겠는가?"(요한 6,60) 주님의 어떤 말씀이 듣기가 거북한가? 이 앞 장면은 바로 5천 명을 먹이신 빵의 기적 장면과 뒤이어 생명의 빵에 대한 주님의 말씀이 이어졌다. 빵의 기적을 행하시는 모습에 열광했던 제자들과 군중들은 뒤이어 하시는 주님의 말씀, "너희가 사람의 아들의 살을 먹지 않고 그의 피를 마시지 않으면, 너희는 생명을 얻지 못한다."(요한 6,53)는 말씀을 듣고 서로 수군대기 시작한다. "저 사람이 어떻게 자기 살을 우리에게 먹으라고 줄 수 있단 말인가?"(요한 6,52) 주님의 말씀이 있은 며칠 뒤 결국 마음의 갈등을 겪던 많은 사람들이 주님을 떠나가게 된다. 찾아온 신앙의 위기를 잘 극복하지 못하면 관계의 단절로, 더 나아가 신앙의 상실로 이어진다. 위기는 언제나 또 누구에게나 찾아올 수 있다. 그러나 그 위기를 '어떻게 극복하는가?'의 문제는 각 사람마다 다를 수 있다. 신앙에도 위기는 있게 마련이다. 세례받는 순간에는 기쁘고 앞으로 열심히 생활하고자 하는 마음이 있겠지만, 누구에게나 신앙의 위기는 찾아오는 법이다. 진리는 날카롭다. 애매모호하지 않아서 비수처럼 다가온다. 불교에서는 인간의 정수리를 단번에 내리치는 말씀이라서 '금강경'이라 하였고, 공자의 가르침에도 "자줏빛을 경계함은 붉은빛을 어지럽힐까 두려워서이기 때문"이라고 말했다. 사이비(似而非)가 진리를 만나면 그렇게 불편해하도록 되어 있다.

우리 가톨릭 신자들은 다른 종교인들보다 마음이 약하고 여리다. 그래서 상처를 더 쉽게 받는가 보다. 그러다 보니 다른 종교에 비해 우리 신자들에게 신앙의 위기가 더 많은 듯하다. 개신교의 목사가 억대 사기를 해도, 중들이 잿밥을 놓고 각목을 휘둘러도 개신교 신도들과 불교인들은 신앙 자체가 그렇게 흔들리지는 않는다. 그러나 천주교에서 성직자나 수도자가 문제를 일으키면 신자들은 상처받고 신앙의 보따리를 싸서 토라진 소녀처럼 집으로 숨어 버린다. 하느님도 문제가 되지 않고, 신앙이란 것도 하루아침에 모래 장난처럼 끝낼 수 있다. 사제의 강론에 마음을 상하면 주일미사에 빠지는 것으로 화풀이를 하고, 미사 오기 전 사소한 문제로 부부가 말다툼하다가 서로 등을 돌리면 또 성당에 안 나가는 것으로 마무리 짓는다. 신심 단체나 모임에서 말로, 행동으로 마음이 상하면 또 몇 주 성당에 안 나간다. 토라지는 신앙의 형태 속에서 언제나 화풀이의 대상은 하느님이고 손해를 보는 쪽 역시 언제나 하느님이시다. 이처럼 신앙의 관계라는 것은 강하다면 순교자들의 경우처럼 강하지만, 약하다면 너무나 쉽게 단절될 수 있는 유약한 끈에 불과한 것일 수도 있다. 사회 속에서 계약에 의해 형성되는 관계는 강제성과 규제성이 강하다. 그래서 친구와 싸웠다고 학교에 빠지거나 회사 동료들과 마음 상했다고 회사에 안 나가지는 않는다.

보이는 인간관계 속의 만남이 이렇게 약하다면, 보이지 않는 하느님과의 관계는 또 얼마나 쉽게 단절될 수 있는 것일까? 소위 냉담자들은 어떻게 하느님을 떠나간 사람들인가? 여러 가지 이유가 있을 수 있겠지만, 한 가지 공통점이 있다면 그들 모두는 다가온 신앙의 위기 순간에 어떻게 해야 할지 몰라서 갈팡질팡하다가 하느님을 떠나간 사람들이다. 우리 신자들에게 주님께서 복음을 통해 물어보고 계신다. "너희도 떠나고 싶으냐?"(요한 6,67) 신앙이 타성화되고 그로 인해 하느님이 내 삶에 무미해지며 내 마음이 말라 간다고 느낀다면, 분명 신앙의 위기가 찾아온 것이다. 또 만사가 귀찮아지고 의욕이 상실되거나 아니면 세상을 살아간다고 너무 바빠서 하느님을 생각할 시간조차도, 자신의 영혼을 되돌아볼 여유조차도 없다면 그래서 가시덤불에 갇혀버린 느낌이라면 이 또한 신앙의 위기가 찾아온 것이다. 신앙의 위기는 그 자체로는 죄가 아니다. 그러나 이 위기를 잘 극복하지 못하면 결국에는 하느님에게서 멀어질 수 있고 나 역시 너무나 쉽게 하느님과의 관계에서 단절될 수 있다. 운전을 잘하는 사람이란 넓고 시원스러운 시골길을 달리는 사람이 아니라, 대도시의 복잡한 도로 상황 속에서도 순간순간 위기 대처 능력이 뛰어난 사람을 말한다. 파란불이 켜진 상황에서는 누구나 운전을 잘할 수 있다. 그러나 빨간불이 켜졌을 때 '어떻게 대처하는가?'

가 더 중요한 것이다.

　내가 가는 인생도 길이라면, 그래서 하늘로 가는 여정이라면 분명 가끔은 빨간불이 켜질 수 있는 법이다. 페니키아 여인은 마지막 의지가지인 딸의 죽음을 앞에 두고 주님을 찾았다. 그러나 주님에게서 들려오는 말씀은 야속하고 충분히 걸려 넘어질 수 있는 위기였다. 하지만 벼랑 끝에 선 그녀에게 이러한 위기와 걸림돌은 문제가 되지 않았다. 벼랑에 섰던 자캐오 역시 마지막 가지를 놓을 수 없는 절박감에서 나무에 올랐고 거기서 희망을 찾았다. 니코데모는 진리에 목말라 하다가 주님을 찾아와 "영생을 얻으려면 어떻게 해야 합니까?" 하고 묻지만, 다시 태어나야 한다는 주님의 말씀이 처음에는 너무나 거북하게 들렸다. 그래서 "이미 늙은 사람이 어떻게 또 태어날 수 있겠습니까? 어머니 배 속에 다시 들어갔다가 태어날 수야 없지 않습니까?"(요한 3,4) 하고 불편한 심경을 토로하면서 그날 밤에는 물음표만을 안고 떠나갔다. 그러나 시간이 흘러 그 위기를 극복한 그는 성실한 주님의 제자가 되었다. 십자가에서 돌아가신 주님을 용감히 받아 안고 무덤에 모시는 영광을 누리게 된 것이다. 우리에게 찾아오는 이 신앙의 위기 순간에 나는 어떻게 대처하는가? "주님, 저희가 누구에게 가겠습니까? 주님께는 영원한 생명의 말씀이 있습니다."(요한 6,68)라고 말하는 사람은 행복한 사람이다. 진리가 마침내 그를 자유롭게 할 것이기 때문이다(요한 8,32 참조).

부자, 스스로 충만한 사람: 자충(自充)

'하느님의 나라와 부자'에 대한 비유를 읽다 보면 부자들은 성경 속의 그 부자 청년처럼 천국으로의 길이 불가능할 것 같아 풀이 죽을 수 있고, 가난한 자들은 그나마 안도의 한숨을 쉬며 천국행 티켓이나 확보한 것처럼 자신의 가난함을 위로할 수 있을지 모른다. 그런데 잘못 읽었다. 복음에서 주님이 말씀하시는 부자와 가난한 자, 부와 가난의 의미는 우리의 생각과 다르다. 있고 없음의 문제를 넘어서는 차원이다. 복음서에서 말하는 부자와 빈자에 대한 새로운 이해가 필요하다. 성경에 보면 예수님께서는 부자들의 초대에 기꺼이 응하셨고, 있는 자들의 있음 그 자체를 단죄하신 적이 없다. 있어서 죄스러운 것이 아니고, 없어서 미덕으로 간주될 일이 아니니 빈부는 결국 다른 차원의 문제인 것이다. 그 젊은이가 "그런 것들은 제가 다 지켜 왔습니다. 아직도 무엇이 부족합니까?"(마태 19,20) 하고 묻는다. 잘못 물었다. 우문이다. 인간이 신에게 물을 수 있는 질문이 아니다. 하지만 그 젊은 부자 청년은 당당하게 묻는다. 젊은이가 질문한 의도에는 그가 예수님에게서 이미 듣고 싶은 답이 있었음을 알 수 있다. 스스로 서 있는 자라는 확신이 들었고 자신의 종교적 합법성과 정당성을 확보했다는 자부심에서 나온, 물음이 아닌 질문이다.

이 젊은 청년은 자충(自充), 곧 '스스로 충만한 사람'이었다. "제가 다 지켜 왔습니다."라고 말하는 그는 마치 천상에 스펙을 쌓듯이 신앙을 '행함'으로 이해하고 있는데, 그것은 자력(自力) 구원의 망상이다. 스스로 충만하다고 확신하는 사람에게선 하느님이 하실 일이 없다. 은총이나 섭리가 들어설 자리가 없다. 내 앞가림은 내가 다 알아서 한다는 것인데, 이것은 믿음의 차원이 아니라 경제의 문제인 것이다. 교무금을 내고, 주일미사를 지키고, 판공성사를 보고, 가끔씩 자선을 하면 신자로서 지켜야 할 규정을 지키는 것이니 사실 십계명에만 비추어 보면 크게 위배되는 경우가 많지 않을 것이다. 그러면 "아! 나 잘 살고 있구나."라는 생각이 들 수도 있을 것이다. 이 청년의 말은 곧 우리들의 말이기도 하다. 신앙이 자기만족 속에 안주하고 싶은 마음이 든다면, 그것은 자기충만이고 부자이다. 잘못된 부자의 실체란 그렇게 스스로 모든 것을 갖춘 사람이다. 인간이 자기확신, 자아성취, 자기만족이 들면 신 앞에서 자랑하고 싶어 하는 교만한 마음이 싹트는 것일까? 내가 선한 일을 했거나 기도를 열심히 해서 스스로 의롭게 살아왔고, 그래서 하늘에 조금도 부끄럽지 않게 살아왔다는 생각이 들면 조금은 신에게 으스대고 싶은 마음이 생기는가 보다. 그러면 우리는 하느님을 내 뜻대로 움직이고 싶은 유혹에 빠지게 될 수 있다.

시간과 공간을 자신의 경험과 판단력으로 조정할 수 있으며 안배할 수 있다고 믿는 사람은 조금도 신이 필요하지 않은 사람, 바로 부자이다. 만일 집착에 빠지면 나는 어떤 종류의 부자일 가능성이 있다. 재물, 지위, 신분, 미모, 학벌, 심지어 신앙이나 영성마저 스스로 충만하다고 자만하면 우리는 바로 그 어떤 종류의 부자에 속하는 것이다. 마치 바리사이가 하늘을 우러러 "오, 하느님! 제가 다른 사람들, 강도짓을 하는 자나 불의를 저지르는 자나 간음을 하는 자와 같지 않고 저 세리와도 같지 않으니, 하느님께 감사드립니다. 저는 일주일에 두 번 단식하고 모든 소득의 십일조를 바칩니다."(루카 18,11-12) 하는 것과 같다. 그 사람은 그렇게 충만해서 성전을 나갔지만, 그에게는 아무 일도 일어나지 않았다. 하느님마저 해 주실 일이 없었을 것이다. 부자 청년도 당당히 나와서 묻는다. "스승님, 제가 영원한 생명을 얻으려면 무슨 선한 일을 해야 합니까?"(마태 19,16) 겉으로 보기에 이런 말들은 기도처럼 보인다. 그러나 이 질문을 하는 그 사람은 이미 자신의 행동과 사람됨이 조금도 부족함이 없다고 내심 생각하며 하느님에게서 칭찬받으려고 질문을 한 것이니, 그 이상도 그 이하도 아니다. 그런데 주님으로부터 예상치 못한 답변을 받자 당황한다. 이미 자신이 들어야 할 대답을 스스로 구비하고 질문한 것인데, 의도치 않은 제안을 듣고 황당해하며 떠나간다. 우리 역시 비슷한 상황에 직면할 수 있다. 기도한다고 신 앞에 나와서 이것저것 말하고 조용히 기다리지만 양심의 소리, 내면에서 들려오는 소리가 내가 원치 않은 곳으로 향할 때 당혹감을 느낀다. 이때 어떻게 할 것인가? 올바른 기도와 잘못된 기도가 갈리는 순간이다. 우리는 양심의 불편한 응답에 어떻게 응대해야 할까? 올바른 기도는 어린아이와 같이 열린 마음으로, 아무런 대책 없이 수용함이다. 하느님의 대답을 통제하려 들지 않아야 하는 것이다.

외국에 오래 살다 보니, 한국어의 모순적 표현이 눈에 거슬린다. 관습적으로 돈 많은 부자를 잘사는 사람이라 말한다. 으리으리한 집 앞을 지나면서 "이 집 참 잘사네."라고 무심히 말할 수 있다. 그런데 부자면 모두 잘 사는 사람일까? 국어사전에 부자(富者)라는 말은 '재물이 많아 살림이 넉넉한 사람'이라고만 되어 있지 '재물이 많아 행복하고, 착하게 잘 사는 사람'이라는 설명 같은 건 없다. 제대로 올바르게 잘 살기에 그리 말하는 것은 아니지 않은가? 재물의 많고 적음이 결코 잘 살고 못사는 기준과 행복의 척도가 될 수는 없으니 우리말의 허함이 느껴지는 표현이다. 복음에서 말하는 부자란, 단지 재물을 많이 가진 자를 말하는 것이라기보다 재물에 의지하는 사람, 재물에 집착하여 하느님을 멀리하는 사람을 말한다. 결국, "부자는 하늘 나라에 들어가기가 어려울 것이다."(마태 19,23)라는 것은, 곧 재물 때문이라기보다는 재물에 대한 집착 때문에 하느님을 멀리한 것이라고 말할 수 있다. 사실, 당시 유다인들에게 있어서 부와 재물은 하느님의 축복을, 가난과 빈곤은 하느님의 저주를 의미했다. 그래서 제자들은 이 말씀을 듣고 깜짝 놀라서 말한다. "그렇다면 누가 구원받을 수 있는가?"(마태 19,25) 세상 사람들은 쉽게 말한다. "부자 되세요!" 우리 신자들도 아무 생각 없이 남을 축복해 준다면서 이와 같은 말을 사용하지만, 복음에 비춰보면 이 말은 사용해선 안 될 말이다. 복음의 관점에서는 불행하라고 말하는 것처럼 들릴 수 있기 때문이다. 예수님께서는 4개의 행복선언과 4개의 불행선언을 말씀하고 계신다. 세상이 알고 있는 행복과 불행이 반대로 나타나 있다. 우리 모두는 부자가 되고 싶은데 부자는 불행하고, 오히려 가난하며 배고프고 울고 있는 사람들이야말로 행복하다고 하신다. 이들은 한마디로 말하면 '가난한 사람'이고, 그 가난함의 영성을 신빈(神貧)이라 말한다. 앞서 말한 자충(自充), 스스로 충만함의 반대어이다.

우리가 성경을 읽는 이유는 무엇인가? 단지 착한 사람이 되는 길을 찾기 위해 읽는다고 생각한다면 성경의 실체를 제대로 파악한 것이 아니다. 우리가 성경을 대하는 태도를 명확히 하지 않으면 헷갈릴 수 있다. 성경은 인간이 구원을 위해 무엇을 해야 하는지에 관한 책이 아니라, 하느님께서 인간의 구원을 위해 무엇을 하셨는지에 관한 기록이다. 인간은 주체자가 아닌 협력자이니 하느님만이 인간 구원을 설계하시고 이끌어 주신다는 것을 알려주는 책이다. 그래서 성경은 단지 윤리 교과서가 아니라, 신의 인간 구원에 관한 계시의 책인 것이다.

구원의 주체는 인간이 아닌 하느님이라는 사실이 신앙인에게 의아하게 들릴 수 있다. 예수님께서 "부자가 하느님 나라에 들어가는 것보다 낙타가 바늘구멍으로 빠져나가는 것이 더 쉽다."(마태 19,24)라고 말씀하시자 제자들이 "그렇다면 누가 구원받을 수 있는가?"(마태 19,25) 하며 의아하게 생각한다. 이에 대해 예수님께서는 구원이라는 것은 사람의 힘(自力)으로 할 수 없는 일이 아니라, 하느님께서 이루시는 것임을(他力) 알아야 한다고 말씀하신다. 사람의 힘, 그것이 권력이든 재력이든 사교술이든, 어떤 능력이든 인간은 한계가 있고 그것이 인간 실존의 내적 모순성이다. 아무리 많은 부와 재능을 갖추었다 한들 인간의 능력들은 한계 상황을 벗어나지 못한다. 오히려 그 능력에 의존하는 정도가 크면 클수록 죄와 고통, 허무와 죽음 같은 한계 상황은 더욱 뚜렷이 드러나기 마련이다. 그러니 자신의 힘에 의지하며 사는 부자는 하느님 나라에 들어가기가 어려운 것이다. 낙타가 바늘귀를 통과하는 것보다 부자가 천국에 들어가는 것이 더 어렵다는 것은 이런 점에서 진리이다. 그러기에 인간이 자신의 구원을 모색하거나 주도하려는 생각은 모두 허상이며 쓸데없는 짓이다. 스스로 충만하다고 믿는 그 자체가 바로 어리석음이라는 것을 인식하는 것이 오히려 참된 지혜이다. 잔머리를 굴려서 어떻게 낙타가 바늘귀를 빠져나갈지를 생각하기보다는 하느님께 의탁하여 그 속뜻이 무엇인지를 헤아려야 한다. 주님의 말씀이 다시 들려온다. "사람에게는 그것이 불가능하지만 하느님께는 모든 것이 가능하다"(마태 19,26). 그러니 자충(自充) 하려 들지 말고 신빈(神貧)해야 된다.

구약과 신약은 무엇으로 경계되는가?

성지순례를 지도하다 보면 항상 받는 질문이 있다. 이스라엘에는 천주교 신자가 있는가? 복음을 받아들이고 예수님을 메시아로 수용하는 유다인은 얼마나 되는가? 예루살렘에는 유다교를 믿는 랍비들이 마치 박물관에서 나온 듯 괴상한 복장과 모습으로 걸어 다니는 모습들이 많이 보이기 때문이다. 정작 복음이 시작된 장소이지만 오랜 시간이 흘렀어도 그곳에는 아직도 몇천 년 전의 구약적인 삶의 형태와 믿음이 주를 이루고 있음에 놀라워한다. 반면 먼 곳에 사는 한국인들에게까지 복음이 전달되어 우리가 성지순례를 왔는데 정작 그 현지에서는 예수님의 존재와 가치가 무관한 듯 보이는 것은 참 역설적이다. 신약인들이 구약인들을 만나면서 느끼는 감정이 복잡해진 것이다. 그런데 내가 신약인이라는 것은 무엇을 의미하는가? 나는 구약인들과 무엇이 다르고 또 그 경계를 구분 짓는 것은 무엇인가? 우리들에게 성경은 신·구약이 합본으로 묶여져 있어 마치 구분이 없는 것 같지만, 그 원리와 방법은 전혀 다르다. 그래서 우리들이 구약과 신약 성경을 읽을 때 다른 태도와 다른 관점에서 성경을 보아야 한다. 신약 시대에 사는 우리는 예수 그리스도를 통해 구원을 받았다고 말하는데 과연 구약 시대와는 무엇이 달라졌는가? 여전히 생로병사는 존재하고 우리는 그 속에서 괴로워한다. 나는 아직도 구약인인가? 아니면 신약인인가? 만일 내가 신약에 속한다고 생각한다면 그 기준은 어디에 있는지를 구체적으로 물어야만 한다. 예수님의 설법 중에 "그러나 나는 너희에게 말한다."라는 표현이 여러 번 나온다(마태 5,22.28.32.34.39.44). 율법의 규정들을 주장하는 바리사이들과 율법 학자들과의 논쟁 중에 자주 사용하신 말씀이다. 아마 유다교 지도자들이 가장 고깝게 들었을 말일 것이다. 기존의 가치와 질서를 전복시키는 선언이기 때문이다. 나는 율법서를 "폐지하러 온 것이 아니라 오히려 완성하러 왔다."(마태 5,17)라는 선포도 그들에게는 거만한 도전으로 들릴 것이다. 우리에게 무엇이 부족하고 또 무엇으로 채워 넣는다고 말하는 너는 도대체 누구냐고 그들이 묻는다. 예수님께서 말씀하시는 앞과 뒤, 구약과 신약의 차이는 무엇인가? 성경에 나오는 자료들을 종합해서 모아 보니 몇 가지 관점으로 귀결되었다.

우선, 구약은 초월적이었고 신약은 내재적이다. 구약은 직접 신을 향하지만 신약은 인간을 통해 신에게 향하는 길이었다. 구약인들은 제사에서 번제물을 살라 바치면 그 연기가 직접 하늘에 닿는 것으로 생각했다. 하느님과의 직접적인 통교를 모색한 초월적이고 신학적인 종교 행위이다. 유다인들이 머리에 쓰는 키파(납작한 모자) 역시 자신들을 선택하신 야훼 하느님과의 직접적인 관계를 상징한다. 그러나 예수님의 가르침은 신학이라기보다는 인간학, 인문학에서 출발하였다. 제물을 바침은 신을 향한 행위이지만 그 사이에 먼저 사람을 거쳐서 신에게 가라고 말씀하신다. 하느님께 대한 제물 봉헌보다 이웃과의 화해와 용서가 먼저라는 그분의 말씀은 구약적 가치를 사는 사람들에게는 독성죄처럼 들릴 것이다. 안식일 규정은 물론 모든 율법 조문들은 신을 사랑하고 공경하는 방법들이지만, 그것들은 결국 '사람을 살리기 위한' 하느님의 가르침이었음을 구약인들은 잊었다. 달을 보라고 가리키는데 손가락만 보는 셈이다. 안식일에 먼저 사람을 살려야 하고 우물에 빠진 짐승도 구해줘야 한다는 예수님의 가르침은 그래서 그들에게 당황스럽고 이단처럼 들렸을 것이다. 5천 명을 먹이시는 과정에서도 예수님은 사람에 대한 연민과 배려가 먼저이셨고 그런 다음 하늘을 우러러 아버지 하느님께 대한 감사기도와 은총을 청하셨다. 예수님이 열어 주신 신약의 길은 사람에 대한 재발견이었다.

　다음으로, 구약에서는 성(聖)과 속(俗)이 대결된다. 그래서 속한(부정 탄) 것들에 대한 터부와 금기가 그 무엇보다도 우선이었다. 아프고 병들고 가난하고 죄스러운 인간들은 성의 영역에서 제외되는 '부정(不淨)'한 자들이었다. 그러나 신약에 와서는 성과 속이 호환된다. 더러운 것은 밖에 있는 것이 아니고 안에 있으며, 인간이 그 성과 속을 구분 지어서도 안 된다는 가르침이다. 성전의 빵은 하느님만을 위한 것이 아니라 인간을 살리는 빵일 수도 있다는 놀라운 가르침은 구약인들을 헷갈리게 만들었다. 구약적 가치관과 윤리관은 '정의'가 중심이었지만 신약은 '자비와 사랑'이 우선이었다. 구약은 '행위'로 살았지만 신약은 그에 앞서는 '마음'으로 살아야 한다고 가르친다. 구약의 윤리는 '하지 마라.'는 최소의 법칙이었지만, 신약은 적극적으로 '하지 않으면 안 되는' 최대의 법칙이다. 십계명은 금지하는 소극적 계명이지만 이웃을 사랑하고 원수를 용서하라는 복음의 가르침은 적극적 계명이다. 소금이 짠맛을 잃으면 밖에 버려져 짓밟힌다는 경고의 말씀 속에 신약의 셈법이 들어 있다. 구약의 소금은 자신이 남에게 해를 끼친 것도 아닌데 무슨 벌을 받아야 하느냐고 항변할 수 있다. 그러나 신약의 소금은 역할상실, 소명상실 그 자체가 문제가 됨을 말한다. 마치 한 탈렌트를 땅에 묻어 둔 사람의 잘못과 같다. 이스라엘은 죽었다 깨어나도 이해하지 못하는 것이 있으니 사람의 존재와 그 사람의 가치이다. 하느님으로부터 뽑힌 백성, 선민이라는 교만이 시작된 이래 그들은 오직 하느님만을 찾았고 그래서 그들의 눈에 인간은 보이지 않았다. 구약적 존재들은 예수님의 다른 이름이 '사람의 아들'이라는 의미를 조금도 알아들을 수 없을 것이다. "아브라함의 하느님, 이사악의 하느님, 야곱의 하느님"(탈출 3,15)만을 찾고 있는 그들에게 사람은 하느님을 위한 형용사일 뿐이었으니, 그래서 인간을 구원하기 위해 인간으로 찾아오신 메시아를 알아볼 수 없었을 것이다. '인간이 신이 되도록 인간이 되어 오신 하느님'이라는 육화와 구원의 원리가 바로 '사람의 아들'이라는 칭호에 담겨 있지만, 그들은 사람이 되어 오신 메시아를 수치로 여겼다. 하느님과 씨름하여 이긴 뒤에 야곱의 이름은 '이스라엘'로 바뀌었다. 하느님과 겨룬다는 의미이다. 경제, 군사, 정치적 다방면에서 언제나 승자이기를 원하고 추구하는 그들의 건국 이름이 '이스라엘'이었다. 모든 면에서 우수하고 똑똑하고 강한 유다인들은 자신들의 이스라엘이라는 그 이름이 좋은가 보다. 하느님이 창조하신 못생기고 커다란 토마토보다 먹기 편하고 보기 좋은 방울토마토를 품종 개량하여 전 세계로부터 로열티를 받아내고 있다. 그런 그들에게 과거 이천 년 전에 십자가에 달려 역사 속으로 사라진 예수라는 존재에 대해서는 한마디의 언급이 없으니 그들은 예수를 그저 역사 속의 한 루저로만 이해하고 있는 듯하다.

신약의 가르침의 핵심은 진복팔단(眞福八端)에 있고 그 가치가 구약을 가르는 핵심적 내용이다. 하지만 복음에 나오는 진복의 의미와 가치를 이해하기란 쉽지 않다. 더구나 살아 내기는 더 어렵다. 땅의 원리가 아닌 천상의 신비이자 하늘 나라의 경영원리이기 때문이다. 철학자들의 모임에서 인류의 역사 이래 모든 철학적 명제와 지혜는 이 진복팔단을 영원히 넘어선 적도 없고, 영원히 넘어설 수도 없는 명제라고 결론지었다. 소유, 경쟁, 독점 등 자본주의적 경제 관념에 익숙한 현대인들에게도 진복팔단은 쉽게 이해되지 않을 뿐 아니라 실패자, 곧 루저의 변으로 들리기 쉽다. 울고 실패하며 굶주리고 슬퍼하는 것이 행복이 된다는 말을 과연 누가 제대로 이해할 수 있겠는가? 정상적으로는 진복의 실체가 파악되지 않는다. 더구나 구약적 가치관으로는 도저히 파악되지 않는 원리이다.

　진복팔단은 영원히 넘을 수 없는 신적인 가치, 그 원리는 '부정을 통한 긍정'이라는 가르침에 있다. 구약의 사울은 자기긍정으로 가득 찬 사람이 었으나 신약의 바오로로 거듭나게 되었으니 그가 진복의 원리를 체득했기 때문이다. 바오로의 신학은 바로 진복팔단의 원리에 기초된 부정을 통한 긍정의 길, 부재를 통한 존재의 길이었다. 바오로 사도의 「사랑의 송가」, 성 프란치스코의 「평화의 기도」, 이냐시오 성인의 「나를 받으소서」 기도문 등 은 모두 이 맥락 안에 있다. 모두 이 진복팔단에서 발원된 것들이다. 신약 의 은총과 축복은 구약에 근거하지만, 구약은 필히 넘어서야 할 산이다. 우 리의 신앙 역시 구약에서 출발하지만, 결국 우리는 신약으로 완전해져야 한 다. 아버지 하느님께서 완전하신 것처럼 우리도 완전하게 되어야 한다.

인생의 더 깊은 곳: Duc in altum

　형제들과 바다낚시를 간 적이 있다. 선장이 지인이라서 우럭 낚시를 하기 좋은 최고의 포인트로 안내해 준다는 말에 기대를 갖고 서해로 나아갔다. 낚싯대가 아니라 얼레에 낚싯줄이 감겨 있는데 두툼하다. 내려 보니 바닥에 닿을 때까지 한참이 걸린다. 수심이 백 미터는 넘는 것 같았다. 오래되지 않아 묵직한 느낌이 들어 채어 당기니 걸렸다. 신이 나서 얼레를 감아올리니 빈대떡만 한 새까만 우럭이다. 그런데 그 꼴이 말이 아니다. 눈은 빠져 덜렁거리고 부레도 목구멍을 타고 내장까지 토해 나왔다. 선장이 설명해 준다. 깊은 곳에 사는 놈이라 수압이 갑자기 약해지면 모두 튀어나오니 천천히 끌어올리라는 것이다. 우럭매운탕의 깊고 진한 맛은 바로 그 깊음에서 나오는 것임을 알았다. 인생을 어느 정도 살고 나면 자신을 되돌아볼 마음이 생긴다. 나, 제대로 살아왔는지? 지금 이대로 살면 나머지 생도 괜찮을 것인지? 의문이 들어 자신에게 물어본다. 좀 더 깊은 곳은 없는지? 매일 아침이면 똑같은 일이 반복되기 시작한다. 연락하고 만나고 맛있는 것 먹으러 다니고, 담소하고 가끔은 여행을 떠나고……. 모두들 그렇게 산다. 이것이 인생이라 말한다. 다른 사람이라고 뭐 그리 특별한 것이 있으랴? 그러면 문득 그런 생각이 들지 않는가? 좀 더 다른 삶은 없는 것인가? 그냥 이대로 살다 가는 것이 전부인가? 오늘 예수님께서 말씀하신다. 더 깊은 곳으로 가라고……. Duc in altum!

　주님이 우리에게 원하시는 것은 좀 더 깊은 삶이다. 실제 갈릴래아 호수

길에 'Duc in altum'이라는 도로 표지판이 있는데 바로 복음의 그 현장이다. 베드로가 "스승님, 저희가 밤새도록 애썼지만 한 마리도 잡지 못하였습니다."(루카 5,5)라고 말한다. 밤새도록 수고를 했다는 것은, 우리의 삶, 즉 우리의 인생이 녹록하지 않음을 말한다. 우리 생은 본래 그리 수고스러운 것이다. 그런데 그렇게 평생을 수고했는데도 얻은 것이 별로 없다면 왜 살아야 하는가? 묻지 않을 수 없지 않은가? '그냥' 살면 수고에 비해 얻는 것이 없다. 한번 살다 가는 인생이 맹탕이고, 허탕이어서야 되겠는가? 베드로는 '얕은 곳'에 살던 자였다. 어부로 살면 갈릴래아 호수에서 자신의 조상들이 했던 것처럼 그냥 굶지 않고 살아갈 수 있는 방편이 있었다. 그것이 고기 잡는 기술이었다. 그 기술만큼은 그 누구도 따라올 자가 없었다. 그런데 오늘은 한 마리도 잡지 못했다. 그러자 예수님이 깊은 곳에 가서 그물을 내려 고기를 잡으라 하신다.

낚시도 잘 잡히는 포인트가 있고, 장사도 잘되는 목이 있다. 인생도 모든 곳에 길이 있는 것이 아니라 의미가 있는 곳이 따로 있다. 그곳을 주님은 깊은 곳이라고 표현하셨다. 그런데 그 깊은 곳이란 우리가 생각하는 그런 곳이 아님을 성경은 말한다. 깊은 곳은 바로 어둠 속에 있을 때, 절망 속에 깊이 빠져 있을 때, 삶이 내 마음대로 되지 않고 내 뜻대로 움직이지 않을 때에 처한 장소이다. 부부간 갈등의 골이 깊어지는 때이다. 자녀들이 빗나가고 부모 말씀을 듣지 않을 때이다. 사업이 부도 위기에 처하고 삶이 송두리째 흔들릴 때이다. 깊은 곳이란 바로 자아가 무너지는 곳이다. 그렇지만 그 깊은 곳에서 하느님이 기다리고 계신다. 그러니 깊은 곳은 상식만이 아닌, 그 이상의 힘이 작용하는 곳이다. 하느님의 능력과 성령의 역사가 작용하는 곳이다. 깊은 곳으로 들어가기 위해서는 어떻게 해야 하나? 지금까지의 상식과 경험을 가지고 살았던 베드로다. 고기잡이에 대해서는 베드로가 예수님보다 훨씬 더 잘 알고 있다고 자부하지만 그곳은 얕은 곳이었다. 인생의 얕은 곳은 이성, 경험, 상식, 안목에만 의지하는 곳, 곧 감각적인 사고와 세속적 삶이 있는 곳이다. 깊은 곳으로 나아감은 자기(세계, 확신, 믿음)를 무너뜨리는 일이다. 그것은 자기실패, 부정체험을 겪으면서 가능하다. 이 세상에 실패와 좌절이 있는 이유는 자신이 깨어지는 체험을 하기 위함이다. 깨어져야만 자기확신의 무모함을 알 수 있다. 사람들은 나름대로 자기가 살던 전통과 습관 속에서 빠져나올 생각을 하지 못한다. 이론적으로는 그 필요함을 느끼면서도 새롭게 도전은 하지 못한다. 어느 시인이 개 밥그릇의 밑바닥이 가장 맛있다고 말했다. 처음에는 맹물 같은 물을 꿀렁꿀렁 먹지만 맹탕이다. 맛있는 것은 모두 가라앉아 있기 때문이다. 그러나 먼저 가라앉은 건더기를 먹을 수는 없다. 수고스럽지만 맹탕을 먹어내 점차 개 밥그릇의 수위가 내려가야 마침내 맛있는 바닥을 핥아먹을 수 있게 되는 것이다. 시편의 저자는 깊은 아픔의 의미를 잘 알고 있다. "깊은 구렁 속에서 부르짖사오니 주여, 내 소리를 들어 주소서"(시편 88,7.14 참조).

산이 제 스스로 치솟아 높아진 것일까? 골이 깊어져 산이 높아진 것일까? 주역은 후자를 말한다. 깊으면 높아진다는 것이다. 산의 높이를 잴 때 해발 몇 미터라고 한다. 그 말은 산의 높이를 잴 때 위에서가 아니라 가장 낮은 위치, 곧 바다의 수면에서부터 재기 시작한다는 말이다. 산을 오르는 사람도 정상에서 시작하는 것이 아니라, 골에서부터 오르기 시작하지 않는가? 해발은 땅보다 낮은 곳에 위치한다. 결국 산이 높다는 말은 골이 깊다는 말이기도 하다. 골이 깊지 않은 산이 높이 솟을 수가 있겠는가? 히말라야의 높은 봉우리는 결국 깊은 골짜기에서 융기되어 솟은 것이다. 산이 제 잘난 멋에 우뚝 솟아 있는 것이 아니다. 높은 산을 오르는 등산가들은 정상에 서서 산의 높이를 정복한 교만함에 젖지 않는다. 오히려 깊은 골짜기에서 시작한 등산의 걸음에서 자신 또한 한없이 낮아져야 높아질 수 있다는 자연의 위대함을 배우게 된다. 그러니 주역에서 산이 땅 아래에 거처한다는 것은 깊은 성찰에서 나온 표현이다.

마찬가지로 사람의 높이도 깊이에서 재기 시작해야 하는 법이다. 이룬 것, 가진 것, 솟은 것으로부터 재기 시작하면 그것은 허상을 재는 것이다. 어찌 재물의 많음으로, 위치의 높음으로 그 인간의 됨됨이를 제대로 잴 수 있겠는가? 명함에 적힌 자신의 경력과 업적이 그 사람의 인격 모두를 대변하는 것처럼 도도한 태도에 대해 주역은 일침을 가한다. 주역의 64괘 중에 15번째에 나오는 '지산겸(地山謙)'의 의미는 인간의 깊이를 낮은 곳에서부터 재어야 한다는 의미가 담겨 있다. 그 인간의 심연, 곧 겪어 낸 고통과 십자가, 실패, 좌절 등에서부터 재기 시작해야 그 사람의 참됨을 제대로 파악할 수 있다는 말이리라. 생의 깊은 바닥을 경험해 보지 못한 사람은 겸손해질 수 없는 이유이다. 이성의 힘이 어떤 한계를 느낄 때, 자아가 손상을 입는다. 그때 다른 세계를 찾으려는 관심과 의욕을 갖게 된다. 베드로가 그곳에서 평생을 보내고 자기의 경험과 상식을 동원해서 그물을 던졌지만 그것이 실패하자 예수님의 말씀대로 다른 세계로 던졌다.

우리의 신앙은 혹시 자기 한 몸, 좀 더 나아가 자기 가족만의 안일을 위한 곳에 머물러 있지는 않은지 생각해 보아야 한다. 신은 우리를 단지 그러한 존재로만 부르지 않으셨다. 나만이 아니라 만방을 향해 나갈 것을 권유하신다. 시대를 위하여, 민족을 위하여, 더욱이 영원한 하느님 나라를 위해 달려갈 것을 기대하신다. 그러면 베드로처럼 우리의 삶을 좀 더 깊은 곳에 던질 수 있고 그럴 때 우리는 달라질 것이다. 예수님께서 말씀하시는 더 깊은 곳이란 어디일까? 영성의 세계이다. "열 길 물속은 알아도 한 길 사람 속은 모른다."는 말이 있듯이, 사람의 마음이 세상에서 가장 깊은 곳이다.

내가 내 속을 잘 모를 때가 얼마나 많던가? 그러니 다른 사람의 마음은 또 얼마나 깊어서 우리가 제대로 들여다볼 수나 있겠는가? 예수님은 베드로의 깊은 곳을 굽어보셨고 거기서 베드로를 끌어 올려 주셨다. 우리에게 세상에서 가장 깊은 곳인 사람들의 마음에 찾아가서 그 사람을 사랑의 그물로 낚아 주님께로 데려오라고 말씀하신다. 그것이 사랑이다.

자신의 목적, 자신의 방법, 자신의 가치를 버려야 한다. 대신 하느님이 주신 약속의 말씀을 붙잡고 가야 한다. 하느님은 문제가 있는 내 방법, 내 가치, 내 목적에 축복하지 않으실 것이다. 하느님의 뜻에, 말씀에 비로소 축복이 있다. 그러므로 그곳에 길이 있고 축복이 있음을 믿고 순종할 때 신앙의 기적은 일어난다. 나의 배와 나의 그물, 나의 미래를 버려야 한다. 즉, 나를 유지하고, 지탱하는 것이라 생각하는 그것, 그리고 그것을 이루는 방법을 버려야 한다. 오직 주님의 길과 방법을 소중히 여기며 따라가면 위대한 역사는 우리의 것이 된다. 수도사 토마스 켈리(Thomas Kelly)의 말이다. "모든 사람들의 영혼 깊은 곳에 성전이 있습니다. 그곳은 영혼의 성소로서 어려움 당할 때 들어가는 곳입니다. 그곳은 새롭게 창조된 삶이 나오는 곳입니다. 우리는 그 깊은 곳에서 하느님의 임재를 깨닫게 됩니다." 주님께서 말씀하시는 그곳에 그분의 깊은 삶이 있다. "나에게는 너희가 모르는 먹을 양식이 있다"(요한 4,32). 그러니, 당신의 인생을 더 넓고, 더 깊은 곳에 던져라!

성지순례와 성경해석: 탈신화화와 재신화화

　성지에 오면 환상이 깨어진다. 평소 내가 생각했던 성경 속의 이미지들이 깨어진다. 평상시 우리 모두는 성경을 읽을 때마다 한 번도 가보지 않은 장면들을 각기 자신의 사고 체계 안에서 이미지로 구성한다. 때로는 자신의 내면적 감성을 통해, 때로는 신앙적 상상을 통해 그 이미지는 더욱더 환상적으로 만들어진다. 하지만 상상된 이미지들이 현장에 와서 볼 때 실제와는 차이가 많음을 발견하고 적잖이 놀라게 된다. 황순원의 『소나기』라는 작품을 교과서에서 처음 읽으며 나는 어린 시절 그 시냇물이 흐르고 소나기가 몰려오는 장면을 내 고향의 그 어딘 가에 아름답게 설정하였다. 그로부터 50년이 흐른 어느 날, 텔레비전에서 영화화된 〈소나기〉 작품을 보고 나의 환상은 사라졌다. 내 상상 속의 『소나기』 이미지들은 더 이상 존재하지 않게 되었다. 탈신화의 과정이 이루어진 것이다.

　성지순례를 나서는 사람에게 있어서 첫 도전은 바로 이 탈신화화(脫神話化)이다. 과거에는 자신의 체험과 정서 안에서 형성된 이미지로 성경을 이해했지만, 성지순례는 다른 차원으로 나서기 위한 모험이다. 성지의 현장에 와 보면 많은 것이 달리 보일 것이다. 상상속의 아름다운 요르단 강은 도랑과 같을 것이고, 엄숙하고 장엄하고 거룩하게 설정된 십자가의 길은 시장이라는 속세, 세상의 한가운데를 통과해 가면서 무너진다. 타볼 산은 언덕배기, 우리나라의 설악산에 견주자면 조그마한 야산일 뿐이다. 최후의 심판 때 사용했던 다락방에 와보고 나서 감흥 없는 창고 같은 느낌은 그 유명한 레오나르도 다 빈치의 『최후의 만찬』 그림에 익숙해졌기 때문일 것이다. 이러한 모든 이미지는 깨어져야 한다. 내 환상 속에서 만들어진 성경적 이미지는 우선은 깨어져야 한다.

신화는 시대와 장소마다 이미지를 통해 전달된다. 신화는 그 자체가 문화이고 의미를 전달하는 표현 방식이다. 인간의 삶은 시·공간에서 구성되니 신화적 표현 역시 시·공의 형식 안에서 가능하다. 하지만 시간과 공간이 바뀌면 벗어야만 하는 외투이다. 구약성경에 나오는 묘사는 훨씬 더 신화적이다. 그 당시 근동에 유행하던 문학의 형태로부터 영향을 받았기 때문이다. 이집트와 메소포타미아의 문명 속에서 구약성경은 문학적이고 철학적인 소재들을 취했다. 특히 길가메시의 서사시와 수메르의 문학 작품들로부터 천지창조와 홍수, 노아 등의 성경적 구성에 영향을 받은 것이다. 성경은 성령의 감도하심에 따라 쓰여지는 것이지만 시대적 상황이 되는 당시의 문학적 표현으로부터 영향을 받지 않을 수밖에 없는 것이다. 그러나 오랜 시간이 흘렀고 성경을 읽는 새 독자들과는 시·공간적으로 많은 차이가 생기게 되니 성경 역시 새롭게 다가가고 다가와야 한다. 하느님의 창조과정, 지구의 형태, 시간의 개념, 하늘의 개념 등등의 (전근대적이고 비과학적인) 외투를 벗어야 한다. 성경을 문자적으로 읽어서는 안 되는 이유이다. 창세기 신화의 참된 목적은 세상이 어떻게 생긴 것인가를 객관적으로 알려주기 위한 과학서적이 아니라, 인간이 살고 있는 자신들의 세계를 어떻게 이해했고 해야 하는지를 표현하기 위함이다. 그 속에서 인간의 존재와 구원의 문제가 정의될 수 있기 때문이다.

그런데 탈신화화의 작업은 어느 정도까지 진행되어야 하는 것일까? 그 작업은 무엇에 견줄 수 있을까? 탈신화는 필요하지만 조심스럽게 진행되어야만 한다. 그것은 제거 작업이 아니라 껍질 벗기기 정도이어야 한다. 아기를 목욕시키고 난 뒤 목욕물은 버리더라도 아기를 버려서는 안 되는 이유이다. 그렇다면 바나나 껍질 벗기기와 같은 것일까? 바나나는 분명 껍질을 벗겨서 먹어야 한다. 그러나 껍질 없는 바나나는 온전한 바나나가 아니듯이 탈신화화 역시 정도를 넘어서면 안 된다. 성경의 속살, 곧 하느님의 계시는 직접적인 전달이 불가능하기에 외투가 필요해서 그 당시의 외투를 입혀 전달하는 것이다. 그래서 탈신화화는 어쩌면 양파 껍질 벗기는 작업이라고 하는 것이 더 적당할 것이다. 상황과 풍미에 따라서 적당히 벗기면 좋을 것이다. 그러나 양파가 계속 벗겨진다고 그 속을 보려고 한없이 껍질을 벗기면 결국 남는 것은 아무것도 없을 수 있다. 탈신화화가 성경의 의미를 훼손할 수도 있는 것이다.

이렇듯이 성경 해석학에서 탈신화화 작업은 필수적이라 말할 수 있다. 성경은 환상이 아니기 때문이다. 그러나 이제 더 중요한 작업이 있으니 재신화화(再神話化)이다. 탈신화화는 재신화화되어야 한다. 성지순례를 통해 환상은 깨어지고, 잘못된 이미지가 벗겨지고 난 뒤 귀국해서 성경을 보면 달리 보인다. 성경을 다시 읽는 내가 시·공감각적으로, 정서적으로 이미 달라져 있기 때문이다. 성지순례를 통해 새롭게 구성된 시간과 공간의 이미지로 성경은 다시 다가오게 되어 있는 것이다. 누구에게나 자연스럽게 재신화화가 이루어질 수 있다. 새로운 이미지 속에서 메시지를 찾으려 하기 때문이다. 도랑과 같던 요르단 강이 마음속에서 다시 의미를 갖게 되는 것이다. 복음의 매 장면 속에서 예수님의 발자취가 어디 즈음에 위치하고 계시는지 감이 잡히게 된다. 낮은 갈릴래아에서 해발 700미터의 예루살렘으로 올라가시는 예수님의 여정에서 무거운 발걸음도 느껴지게 된다.

성경은 초월적이지만, 하늘에서 떨어진 것으로 이해하거나 먼 옛날이야기처럼 듣지 마라. 그러면 너무 객관적으로 대하기가 쉽다. 객관적이라 함은 감흥과 정서가 메마른, 푸석거리는 글자들로 여겨질 수 있다는 말이다. 그렇다면 지금의 나에게 무슨 재미로 읽혀지겠는가? 성경이 머나먼 하늘나라의 이야기가 아니라, 나와 너의 이야기일 수 있어야 하기 때문이다. 성경의 시·공을 내 체험의 현장으로 끌어들이면 성경의 장면들은 살아날 수 있다. 인간적이고 인문학적인 접근을 통해 우리는 성경을 좀 더 쉽고 친근하게 대할 수 있고, 그러면 하느님께 다가가는 길이 좀 더 수월해질 수 있을 것이다.

기복과 기도, 그 미묘한 차이에 관하여

　신앙인들이 필요한 무엇인가를 신에게 청하는 것이 잘하는 일일까? 아니면 잘못하는 일일까? 우리들이 쉽게 사용하지만 오해하고 있는 단어가 있다. 복을 비는 행위를 '기복신앙'이라는 단어로 폄하하며 저급신앙으로 비판하는 경향이 그것이다. 기복을 죄악시하는 현상은 정확한가? 우리는 기복신앙이 잘못됐다고 들어왔다. 신자들은 자녀들의 입시 합격, 남편의 승진, 복권 당첨 등을 위해 기도를 해야 할까? 하지 말아야 할까? 이런 기원이 참된 기도일까? 아니면 얄팍한 상술 같은 저급 신앙일까? 기복적인 행동을 하면서 기복이 잘못된 행동이라고 어렴풋이 인식하고 있다. '마음을 드높여' 천상적이고 형이상학적 가치를 추구하지만, 역시 사람은 두 발을 땅이라는 현실에 딛고 있다. 천국을 그리워하면서도 지금 당장의 빵이 필요한 사람들이다. 기복과 미신은 초월적인 힘에 기대어 현세의 개인적 이익과 행복을 추구하고자 하는 원초적인 갈망이다. 그래서 신앙과 사욕이 충돌되기도 하는 것이다.

　인간이 신을 향해 표출하는 신앙의 형태에는 찬미, 감사, 흠숭, 사랑 등이 있을 수 있지만, 청함과 애원이라는 기복(祈福) 역시 중요한 비중을 차지하고 있다. 인간이라면 누구나 신에게서 복을 받고 싶어 한다. 이러한 기복적 경향은 인종, 시대, 지역을 뛰어넘어 인류의 공통된 바람이었다. 문명과 기술이 발달한 현대세계 역시 예외가 아니고, 유물사관에 지배당한 중국 사회 역시 기복에 대한 경향은 농후하다. 공산당의 반종교 정책으로 인해 종교를 갖고 있지 않은 대부분의 중국 젊은이들은 인터넷이라는 정보통신 기술을 통해 자신들의 소망과 기원을 실현하고자 소위 '기복빠(祈福吧)'라는 것을 만들어 종교 대용품으로 사용하고 있다. 통계로 보면 종교인들의 기복적 성향이 비종교인보다 높게 나타나고 있다. 신에게서 복을 얻고 싶은 인간의 마음은 인간의 실존과 관계가 있다. 현실에서 마주치는 고통과 실패, 다가오는 미래에 대한 불안과 불확실성, 이것이 인간의 실존이다. 그 불행과 위험에서 벗어나고 싶은 기원, 행복과 평안을 추구하는 기원이 모든 문화 안에 상징적으로 담겨있다. 종교도 문화이기에 염원과 희망을 바라는 인간적 기원이 기복으로 표현된다. 기복신앙을 비판하면서도 우리 스스로는 또 얼마나 자주 복을 기원하고 바라는 행동을 취해왔는가? 그러니 상호 모순된 적용은 잘못 알고 있는 관념에서 기인하는 것이리라.

사실 기복성은 모든 종교 형성의 기본적인 조건이자 부정할 수 없는 실체이다. 인간은 근본적으로 불안을 느끼는 존재이고, 종교는 거기서 시작되기 때문이다. 예수님께서도 "청하여라, 너희에게 주실 것이다. 찾아라, 너희가 얻을 것이다. 문을 두드려라, 너희에게 열릴 것이다."(마태 7,7)라고 말씀하셨다. 신 앞에서 인간의 부족함은 간절해질 수밖에 없다. 사실 어느 종교에게서 기복성을 제거해 보아라. 성립 가능한가? 그 종교는 단 하루도 존재하지 못할 것이다. 종교적인 감수성과 신앙적인 초월성은 모두 기복성을 바탕으로 한다. 시골 할머니의 기복적 신앙 태도를 교의나 신학으로 분석할 수 있겠는가? 미사 중에 묵주를 돌리고 예수님 상을 쓰다듬고, 사제의 손을 만지고 하는 동작들을 미신 행위라고만 폄하할 수 있는가? 성경에도 기복적 행위에 관한 묘사가 적지 않다. 하혈하는 부인이 예수님의 옷에 손을 대는 기복적 장면에서 주님은 그 믿음의 내적 요소를 긍정적으로 바라보고 치유해 주신다. 또 예수님이 맹인 치유의식에서 땅에 침을 뱉어 흙을 개고 눈에 발라주는 행위나, 간음하다 붙잡힌 현장에서 땅바닥에 주문 같은 것을 쓰시는 행동들을 하시는데, 단지 행위 외적으로만 이해하면 기복적 요소라 말할 수도 있을 것이다. 행위는 미신처럼 보일지라도 그 안에 담긴 인간의 실존적 기복성을 볼 수 있어야 한다는 가르침일 것이다. 종교는 교의에 앞서, 먼저 진정한 인간 이해가 이루어져야 한다. 어떤 사람의 종교가 다른 사람의 눈에는 종종 미신으로 비쳐진다. 천주교의 준성사 안에도 기복적 행위가 많다. 자동차나 집을 축복하고 성물, 성인들에 대한 공경의 양태들 안에는 기복적 염원이 담겨있다. 생미사와 연미사의 공동 봉헌을 금기시하는 행동, 성수 마시기, 성직자 숭배 경향도 제각각이다.

정리해 보자면, 이렇게 기복과 기도는 종이 한 장의 차이도 나지 않는 것이기에 오히려 기도와 미신을 구분하는 것이 더 합당하다고 말해야 할 것이다. 이 둘의 차이를 구분 짓게 만드는 기준은 우선 시간의 문제이다. 잠깐 하느님이 필요해서 매달리는 것은 미신이고, 끊임없이 희망을 갖고 항구하게 인내하는 것은 기도이다. 기도는 하루 이틀의 문제가 아니라 내 존재를 하느님께 던지는 행위이다. 나의 기도가 참된 기도인지 아니면 저급한 미신적 행위인지를 구분하는 척도가 바로 항구성에 있다는 말이다. 갑자기, 그리고 단기간에 하느님께 매달리는 식의 기도는 그 동기와 자세에 문제가 있는 것이다. "기회가 좋든지 나쁘든지 꾸준히 계속하십시오."(2티모 4,2)라고 성경은 말한다. 예수님께서는 빵을 구하는 친구와 공정한 재판을 요구하는 비유를 통해서 기도의 가장 중요한 요소는 항구성에 있음을 말씀해 주신다. 또 제자들에게 기도의 길을 보여 주심에도 그분은 특별한 기도의 비법이나 기술은 언급하지 않으신다. 단지 실망하지 말고 쉼 없이 기도하라는 말씀만 하셨다.

천주교 신자들 역시 점을 보고 싶어 하는 유혹을 견디느라 근질거리는 마음을 억누르고 있다가도 대사를 앞두면 양심을 가리고 철학관을 기웃거린다. 성당에서 혼인성사를 받으려는 사람들도 사주를 보며 결혼식 날짜를 웬만하면 손이 없는 날로 택하고 싶어 하는 것도 예로부터 민간에 전해져 내려오는 저변에 깔린 기복의식과 무관하지 않다. 복 받기를 간절히 원하는 우리네 정서를 들여다볼 수 있는 현상들이다. 이처럼 세상의 모든 종교 안에는 종교의 감성적 요소가 농후하다. 단순한 신앙 외적 행위를 미신이나 기복으로 판단하거나 단죄할 것이 아니라 승화시키는 작업이 필요하다. 행위 안의 인간적 실존을 이해할 수 있어야 종교는 비로소 인간을 폭넓게 포용할 수 있게 된다. 종교의 기복성이 지닌 긍정적 측면을 살리면 신앙의 큰 에너지가 된다. 기복은 신앙의 기초적 단계라고도 말할 수 있다. 종교가 참되고 신앙이 올바르기 위해서는 종교의 감성적 요소를 잘 조절할 수 있어야 하고, 종교적 기복성과 미신성은 정확히 구분되어야 하는 것이다. 미신(迷信)은 올바른 길을 잃고 헷갈린 믿음이라는 의미이다. 이는 개인의 욕망(私慾)을 신적인 힘을 이용해 득을 보려는 행위로서 곧 종교의 사사화(私事化)를 말한다. 미신이라는 한자를 풀어보면 쌀(米)에 마음을 빼앗긴다는 뜻이다. 미신은 무지함에서 비롯되며 감성적이고 비이성적이며 이기적인 종교적 표현이다. 존재의 두려움에 대한 본능적 표현에서 나온 저급 행위이다. 그러나 기복성은 방향을 제대로 잡아주면 종교생활에 큰 힘을 실어주고 오히려 종교를 발전시키는 계기가 될 수 있다. 기복은 기도와 신앙생활의 불쏘시개이다. 선교의 현장에서 느낀 바는 그런 기복적 성향을 반대, 질책, 단죄하는 것만이 능사는 아니라는 것이다. 방향을 잘 이끌어 주면 기복성은 강한 종교심으로 승화될 수 있기 때문이다.

문화라 해서 모든 것이 수용될 수 있는 것은 아니다. 불순하고 올바르지 못한 문화가 있으니 '문화 길들이기'는 바로 복음의 역할이다. 종교의 기복성을 승화시키는 길이 선교와 문화의 차원에서는 중요하다. 기복은 신앙의 방편(方便)이지 목적은 아닌 것이다. 사목자는 신앙적 교의와 이성적 원칙 안에서 인간의 심리 기저에 깔린 '불안에서 나오는 떨림', 곧 종교의 기복성을 올바로 감지할 수 있어야 하며 그 기복성의 방향성을 잡아주고 바른길로 인도해 줄 수 있어야 한다.

현양(顯揚)이 없으면 통공(通功)도 없다: 순교의 현대적 의미와 영성

이 시대의 우리들은 순교를 어떻게 이해해야 할까? 현대에는 박해의 위험이 없다. 칼에 목을 내밀 상황도 없고 피를 흘려가며 신앙을 지켜야 할 것도 아니다. 그렇다면 이 시대의 신앙인들은 현대의 순교를 어떻게 이해해야 할까? 무엇을 생각하면서 신앙과 순교의 영성을 연결해야 할까? 관광지를 여행하는 대신 순교성지를 여행하는 사람들이 늘어나고 있는데, 과연 우리들은 무슨 생각을 하면서 성지순례를 해야 할까? 제주도에서 중국 사제들에게 '주문모 피정'을 이끌면서 그들에게서 자주 받는 질문이 있다. 한국 천주교회의 성장에 대해서 들어 알고 있고 그 활력을 느끼면서 한 수 배워 보고 싶어서 그 비법을 묻는다. 그에 대한 나의 대답 중의 하나가 바로 순교의 현대적 의미에 관한 언급이다. 지금까지 제주도 주문모 피정에 참여한 중국 사제 200여 명 중 대부분이 자신들의 중화 순교성인 성녀가 몇 명인지조차 모르고 있고, 자신들 성인 성녀의 이름 하나도 알지 못한다는 데에 놀랐다. 그뿐만이 아니라 처음 중화 성인 호칭 기도를 바치자고 제안했을 때, 어떤 신부가 손을 들고 정부에서 불법 신심 행위로 규정하고 있으니 바쳐서는 안 된다고 말하였다. 귀를 의심하는 그 말을 듣는 순간 감정이 격앙되어 되물었다. "사제인 당신의 신앙은 어디서 왔소?" 중국에서는 중화 성인 성녀 호칭 기도문도 바치지 못한다니 과연 중국교회에서는 무슨 일이 있었는가?

중국에는 123위의 성인 성녀들이 있는데 대부분 2000년 10월 1일에 시성 되었다. 그러나 중국정부는 공산당 창립기념일인 이날에 시성식을 거행한 바티칸에 대해 국가적 도전이라 간주하였고 보복 조치를 다각적으로 실시하였으며 지금도 진행 중이다. 의화단 사건에 연루된 순교자들이 시성되는 것에 대하여 내정간섭으로 선포하였고, 성인 성녀들을 '투페이(土匪, 도적떼)'로 간주하여 교회에서 공식적으로 성인을 현양하지 못하도록 하였다. 그러나 제주도 '주문모 피정' 프로그램에서 만들어 준 중화 성인 호칭 기도문을 바칠 때, 중국 사제들로 하여금 자신들의 중화 순교성인들에 대한 현양을 강조하면서 기도를 이끌어 왔다. "현양(顯揚)이 없으면 통공(通功)도 없다."라는 구호 안에서 중국 사제들에게 순교의 현대적 영성을 되물었다. 이에 큰 사명감을 지닌 몇 명의 중국 사제들이 귀국하여 성인 현양에 앞장서고 있다. 특히 천진의 한 본당신부가 이 업무를 맡아 몇만 장의 성인 호칭 기도문을 인쇄하여 무상으로 피정에 참석한 사제들에 보내주고 있는 상황에서 전국적으로 호칭 기도문 요청이 쇄도하였다. 이 성인 현양 운동은 점차 전국으로 확산되고 있는데, 주문모 피정 참석자들을 중심으로 이루어지고 있다. 지금까지 사제 자신들은 물론, 신자들마저 한 번도 중화 성인 호칭 기도를 바쳐본 적이 없음에 자괴감이 들었다고 말하였다. 중국 사제들이 자아반성을 통해 중화 성인 현양에 앞장서고 있으니 참 다행이라 생각한다. '순교정신'은 단지 '죽는 동작'만을 의미하는 것이 아니다. 순교는 자기희생의 행동을 넘어서는 신앙의 보편적 영성이 되어야 하는데 그것은 십자가를 의미한다. 각자가 자신의 삶 안에서 묵상하고 생각하고 찾아내야 하는 삶의 영성이 되어야 한다.

순교의 현대적 의미는 첫째, 인간의 근본을 생각하게 함이다. 나는 어디에서 와서 어디로 가는 존재일까? 회귀(回歸)해야 하는 우리 인간의 실존, 마땅히 돌아가야 할 곳이 있지 않을까? 그것을 김대건 성인께서는 '임자(土

有)' 사상이라고 정의 내렸다. 임자는 소속을 의미한다. 하느님은 나의 존재에 대한 임자이시다. 나는 하느님의 것이다. 부부끼리 "임자!" 하고 부를 때는 상대에 소속되어 있음을 의미한다. 마찬가지로 우리 인간들 역시 원래 본 주인에게 되돌아가야 하는 회귀의식은 순교의 영성과 맥을 이룬다. 회귀는 지상에 대한, 현세에 대한, 재물에 대한 애착에서 벗어남이다. 종교의 목적이 마음의 평화, 복을 받고 만사형통하기를 바라는 것으로만 생각한다면 그것은 이기적인 종교이자 기복적이다. 그러나 순교의 영성은 우리들에게 원초적인, 원천적인, 그리고 궁극적인 질문을 던지게 만든다. '어디서 왔으며 어디로 갈 것인가?'를 묻게 하고 그 길을 찾아 준다. 이는 마치 연어가 모천으로 되돌아가야 하는 본능적 소명에 따름과 같다. 치어로 태어나 강을 따라 바다로 나가 성장하지만, 자신의 기억 어딘가에 은밀히 감추어져 있는 회귀적 본능에 의지하여 거슬러 오른다. 순교자들은 감지되는 원초적 영성에 따라 자신의 삶이 어디서 시작되었고 그래서 그 원천으로 회귀해야 함이 소명임을 알고 따라가는 사람이다. 그래서 이 세상을 살면서도 세상 너머에 하느님의 존재를 감지하는 민감한 사람들이다.

둘째, 파스카 체험을 구체적인 실행으로 가능하게 하는 것이 순교의 영성이다. 구원은 은총이지만 거저 주어지는 선물이 아니다. 이 지상에서 인간적인 실존은 비구원적 상황이다. 누구나 예외 없이 고통, 실패, 아픔, 질병, 사고와 같은 부정체험을 하지 않을 수 없다. 불교에서는 그 부정적 실체를 제거하고 싶어서 멸고(滅苦)라 말하지만, 그리스도교에서는 구원의 방법으로 사용된다. 삶에서 다가오는 부정체험은 우리를 파스카의 여정으로 이끈다. 자신의 삶에서 다가오는 부정체험과 신의 부재감, 공허는 인간이 필히 통과해야 하는 실존이다. 그것들을 인식한다는 것은 이론이 아니라 뼈아픈 고통이 수반된다. 자신을 수용하고 승화시키지 않으면 파스카의 여정을 통과할 수 없게 되니 이 작업 역시 순교적 희생과 감내가 수반된다.

셋째, 신앙 속에서 십자가를 인식함이다. 신앙생활을 하다 보면 많은 장애물을 만나게 된다. 나태함, 신앙의 무의미함, 신에 대한 의심, 의미상실, 타성화와 같은 장애물에서 벗어나려는 원동력, 그 힘은 순교정신에 있다. 주일 아침에 일어나 나태해지면 미사에 가고 싶지 않은 유혹을 받을 수 있다. 그런데 내 마음속에서 미사에 참석하지 않고 싶은 이유를 뽑으려면 수십 가지도 넘을 것이다. 이런 일은 신앙생활 중에 수도 없이 엄습해 온다. 무슨 힘으로 그 나태함과 지루함, 권태로움을 극복할 수 있을까? 중국에서는 신자들이 성당에 나오려고 하지 않는다며 한탄만 한다. 그러나 순교의 영성을 일깨워 주면 열심은 당연히 따라오게 된다. 장애물을 넘어서는 신앙의 강인함 없이는 십자가를 넘어 하느님께 도달될 수 없고 그 원동력은 순교의 영성이 뒷받침되지 않으면 안 된다.

넷째, 'martyr'라는 순교의 어원은 신앙, 증거, 증언이다. 순교정신은 선교를 가능케 한다. 신앙이 단지 나 혼자 잘 살고, 받기 위함이 아니라 이타적이며 적극적인 다가감이다. 순교는 선교의 방법이고 결실이다. 이웃을 사랑함이 가장 큰 사랑이고 그 실행 방법이 선교이다. 선교를 가능하게 하는 것이 순교의 영성이고 그것을 하느님의 선교라 한다.

순교는 결코 과거에 대한 회상이나 추억이 아니다. 역사적인 돌아봄만도 아니다. 순교의 가치는 신앙의 현주소를 물어보게 하는 가장 현실적인 영성이다. 신앙의 가장 근본적인 문제, 곧 이 땅에 살고 있지만, 내세와 천상을 생각하게 하는 영성이다. 그러니 순교의 영성은 실존적이면서 가장 궁극적이고 초월적인 가치를 지향함이다. 오늘 하루를 어떻게, 무엇을 지향하면서 살아내야 하는지를 가리키는 지남철의 역할이 순교의 정신이요 가치이다. 성경공부나 희생, 봉사, 기도, 미사 참석 등 많은 신앙적, 신심적 활동이 있겠지만 신앙의 성숙도는 순교의 영성에 비례한다. 실제 옛 교우촌 마을에 가서 신자들과 얘기를 나누어 보면 그들의 말속에 삶의 원천의식과 회귀적 영성이 담지되어 있는데, 그들의 열심은 순교영성에 근거한다. 열심한 신앙생활을 하도록 강론대에서 훈계하고 질책하면 될 듯하지만 가장 빠른 길은 순교의 영성과 실천에 있다. 제주도 주문모 피정에 참석했던 사제들 중 적지 않은 사제들이 자신들의 신자들을 이끌고 한국의 순교성지를 돌아보면서 신앙교육을 하고 있다. 순교의 영성은 우리가 두 발을 땅에 딛고 살아도 마음은 '마음을 드높이, 주를 향하여'라는 방향성을 발견하고 사는 일이다.

십자가, 인생의 기묘한 두 얼굴

　군에서 기합을 받을 때와 헬스장에서 운동할 때, 팔굽혀펴기를 한다. 그러나 차이가 있다. 전자는 악으로 참지만 후자는 달갑게 인내한다. 십자가와 짐의 차이도 같은 원리이다. 예수님께서는 우리에게 각자 자신의 십자가를 지고 따르라 하신다. 무겁고 버겁기에 십자가는 고통의 대명사로도 사용된다. 누구든 그 십자가를 달콤하다고 말하기는 쉽지 않을 것이다. 그러나 성인들은 하느님께서는 우리가 지고 갈 수 있을 정도의 무게만을 허락하신다고 말하며 감내한다. 반면 우리는 자신의 십자가가 가장 무거운 양 힘에 벅찬 얼굴을 하며 마지 못해 한다. 십자가, 우리의 신앙적 삶에서 가장 가깝고도 가장 멀리 느껴지는 두 얼굴을 지닌 이 실체를 우리는 어떻게 이해해야 할까? 걸림돌일까? 디딤돌일까? 누구에게는 은총으로 다가오고 누구에게는 혐오와 기피의 대상으로 인식되니 야누스적이다. 예수님께서도 인간적으로 헷갈리셨던지 "아버지, 아버지께서 원하시면 이 잔을 저에게서 거두어 주십시오. 그러나 제 뜻이 아니라 아버지의 뜻이 이루어지게 하십시오."(루카 22,42)라는 고뇌의 말씀을 뇌이셨다. 지난 2천 년 인류의 삶에서 가장 많이 사용된 상징이 십자가이지만, 십자가는 여전히 두 얼굴로 다가온다. 일반 사람들은 고난과 희생, 자기부정을 먼저 연상하지만 믿는 사람들에게는 예수 그리스도의 고난과 구원과 용서의 상징으로 다가온다. 유다인들에게 있어서도 십자가는 흠모와 존경의 대상이 아니라 증오와 멸시의 대상이다. 사실 1세기경의 유다인들에게 십자가는 로마의 형틀로서 박해의 상징이었다. 당대의 역사가 요세푸스는 수천 명의 유다인들이 로마인들에 의하여 한꺼번에 갈릴리에서 십자가 처형을 받은 사실을 기록하고 있다. 이스라엘을 지배하고 있었던 로마인들은 아무런 특별한 이유 없이도 유다인들을 십자가에 처형할 수 있었다. 이처럼 십자가는 예수 당시의 유다인들에게는 이방인들에 의한 유다인들의 박해의 상징이었다. 따라서 예수님께서 십자가를 지라고 하신 말씀은, 유다인들이 이방인들에 의해 부당하게 수난과 박해를 받은 것처럼, 복음을 따르는 사람들도 믿지 않는 사람들에 의해 수난과 박해를 받게 될 것을 예고하신 것이다.

성경에서 최초로 십자가를 지고 간 사람은 누구일까? 아니, 예수 말고 또 십자가를 지고 간 사람이 있었는가? 랍비들은 아브라함이 아들 이사악을 희생 제물로 바치기 위해 모리야 산을 향해 갈 때, 이사악을 단죄받은 사람으로서, '자기 등에 자신의 십자가를 지고 가는 사람처럼' 나무를 지고 갔다는 해석을 하고 있다(창세 22,6 참조). 신학계에서도 이사악을 예수 그리스도의 전형으로 보기도 한다. 이사악의 희생을 예수의 십자가 사건과 결부시킨 것이다. 예수님께서는 이사악처럼 자기가 달려 죽게 될 십자가를 지고 골고타 언덕을 향해 올라가셨다. 이사악도 자기를 희생 제물로 바칠 때 사용할 나무를 손수 등에 짊어지고 형장을 향해 올라갔는데, 이 나무를 성경학자들은 십자가로 이해한 것이다.

십자가를 이해함에 있어 우선 십자가의 형상미학(形象美学)을 살펴보자. 십자가의 형상은 단순하나 명료하다. 로마인들은 형틀로 사용했으나 이제는 구원과 행복의 상징으로 통한다. 믿지 않는 자들마저도 그 단순미에 매료되어 귀에도 달고 목에도 건다. 그 어떤 도형보다도 단순한 두 개의 획으로 만들어지는 십자가는 완전하고 짜임새 있게 안정적인 형상을 취하고 있다. 상하좌우로 이뤄지는 두 획은 우선은 시공(時空)을 연상케 한다. 평면적인 공간에(一) 수직적인 시간이(I)들어와 짜이면 역사가 된다. 시공의 날줄과 씨줄 안에서 인간은 삶이라는 각각의 베를 짜는 것이다. 생김새를 보면 수평인 공간은 정적이다. 횡으로 펼쳐진 수동적인 형태이다. 반면 수직적인 시간은 종적이다. 날카로운 수직선은 언제든지 공간의 어느 틈을 비집고 들어설 듯한 자세이다. 치열하고 적극적인 자세가 엿보인다. 그래서 수직이 좁고 치밀하며 반듯한 원칙(테마)에 비유된다면, 수평은 넓고 융통성 있는 변칙(에피소드)에 비유할 수 있다. 수직이 높이 치솟은 고산의 위엄에 비유된다면, 수평은 넓게 펼쳐진 바다의 관용에 비유될 수 있을 것이다. 수직과 수평은 상대적으로 존재하면서도 그 가치는 독립적이다. 수직과 수평 의식의 조화로움, 이것이 바로 십자가의 도(道)이다.

시공을 초월해 계시는 하느님이 인간의 존재 양식인 시공 안으로 들어오셨는데 이를 육화(肉化)라고 한다. 이 육화의 신비도 십자가의 구조 안에서 형상화된다. 위로부터 수직으로 내려오신 말씀이 인간 세상 속에서 인성을 취하시어 구유에 수평으로 누워 계신다. 그리스도의 강생은 수직과 수평의 조화이다. 하느님이시면서 동시에 인간이 되신 그리스도야말로 유일무이한 천인합일(天人合一)의 본체요, 십자구도의 원형이 되신다. 천주교 신자들이 기도 시작 전후에 긋는 십자성호는 그래서 먼저 상하에서 시작되어 좌우로 그어지니, 그 천인합일의 과정을 순서에 맞게 표현하고 있는 셈이다. 이는 마치 건축 현장에서 쓰는 라인레벨 측정기로 먼저 수직을 정확하게 잡으면서 수평을 가늠하는 것과 같다. 곧 수평을 바로 잡기 위해서는 먼저 수직을 정확하게 잡아야 한다는 것이다. 이는 원리가 되는 신과 인간의 수직관계가 올바로 잡히면 인간과 인간의 문제인 수평적 차원은 원리로부터 자동적으로 유출될 수 있다는 말이다. 그래서 주님이 이렇게 말씀하셨으리라. "너희는 먼저 하느님의 나라와 그분의 의로움을 찾아라. 그러면 이 모든 것도 곁들여 받게 될 것이다"(마태 6,33).

그리스도의 구원 방법이자, 상징인 십자가가 건축물로 형상화된 곳이 바티칸 베드로 대성당이다. 하늘 높이 치솟은 제대 위의 첨탑은 머리를 들어 하느님을 바라보고 그리워하는 효심의 상징이다. 곧 "마음을 드높이!"는 상하수직적 정신이다. 베드로 성당의 정문 밖에서 시작되는 반원형의 회랑은 십자가에서 팔을 벌려 인류를 품에 안고자 하시는 그리스도의 인간애를 수평적으로 형상화하였다. 곧 베드로 성당의 첨탑은 그리스도의 머리요, 회랑은 양팔이니 십자가를 통해 인류를 구원하신 그리스도의 몸을 고스란히 형상화해 내고 있다. 신인(神人)이신 예수 그리스도께서 율법의 정신을 재해석하시면서 첫째가는 계명은 하느님을 사랑함이요, 둘째가는 계명은 사람을 사랑함이라고 천명하셨다. 이 또한 십자가의 원리가 적용되는바, 첫째 원리는 신과 인간의 상하관계 속에서 이뤄지는 천도(天道), 곧 경천(敬天)이요, 두 번째 원리는 좌우 수평관계 속에서의 인도(人道), 곧 애인(愛人)이다. 이 두 도(道)가 만나 교차하는 지점에 예수 그리스도는 자신의 몸을 매달아 구원의 마침표를 찍으셨다. "아버지의 뜻이 하늘에서와 같이 땅에서도 이루어지소서."라는 주님의 기도가 바로 이 십자가의 형상을 이루고 있다.

수직과 수평의 조화인 십자가는 또한 더함(+)이다. 수직(|)에 수평(─)이 더해져 온전한 십자(+) 표시가 된다. 하느님과 인간의 관계는 서로 더해져야 온전해지고 아름다워진다. 이 원리에서 인간의 삶은 더하기표의 여정이다. 남자와 여자가 서로 더해지면 가족을 이루게 되고, 둘이나 혹 셋이 모여서 이루면 행복에 행복이 더해질 수 있다. 하느님께서 거기 계시기 때문이다. 시너지 효과는 더하기에서 나온 덤인 셈이다. 하느님 사랑의 걸작인 이 세상에는 수직만이, 또 수평만이 있을 수 없다. 이 둘이 서로 합쳐져 균형과 조화를 이루어 나갈 때 더 아름다운 세상, 더 완전한 세상이 만들어져 간

다. 그래서 구원의 상징인 십자가가 더하기(+)표라는 것은 상징적 의미를 지닌다.

십자가는 단순하다. 이보다 더 단순하면서 명료하게 진리를 담지하는 표지는 없다. 십자가가 유다인들에게는 비위에 거슬리고 이방인들에게는 어리석게 보일 수 있겠지만 그리스도인들에게 십자가는 인생의 의미와 방향을 잡아주는 척도요, 가치관의 균형(수평)을 잡아주는 도구이다. 삶이 헷갈릴 때 십자가를 바라보면 답을 얻을 수 있다. 마치 광야에서 뱀에게 물려 사경을 헤매다가도 구리 뱀을 보면 살아나듯이, 실망하고 미워하며 분노하고 포기하고 싶을 때 우리가 바라보아야 하는 곳이 바로 십자가이다. 인간의 삶은 실존적으로 수직과 수평 속에 위치하니 그 조화를 지켜야 올바르고 풍요로워진다. 상하와 수평의 관계가 제대로 연결되어 있을 때, 인간은 비로소 올바른 존재가 되고 그 가치도 제대로 자리 잡을 수 있다. 수직의식과 수평의식이 절묘하게 직조되면 그 개인이, 그 사회는 아름답고 조화로운 한 폭의 비단을 짜낼 수 있는 것이다. 인간의 가장 아름다운 모습은 십자가의 형상미를 닮을 때 드러나게 된다.

부활, 그 현실성에 대하여

부활! 다시 태어난다는 의미이다. 그러니 부활하려면 먼저 죽어야 한다. 하지만 지금 죽을 수 없으니 원칙적으론 지금 부활도 없는 것이다. 사도신경에 나오는 '육신의 부활을 믿으며'라는 신앙고백은 나중의 일이다. 그러면 부활의 의미가 지금 나에게는 뜬구름 같은 이론인가? 공허함인가? 지금 우리에게 부활은 어떤 의미가 있는 것일까? 부활의 일상적이고 현실적인 의미를 찾아보자.

교회는 지금 부활 주일을 지내고 있다. 장엄한 부활 대축일 미사가 끝나고 "부활을 축하합니다!"라는 말로 서로에게 기쁨의 인사를 나눈다. 그런데 생각해 보면 누가 누구의 부활을 축하한다는 말인가? 흔히 '예수님의 부활은 우리 교회의 정점이요 완성'이므로 우리는 예수님의 "부활을 축하한다."라고 말하는 것이리라. 그러나 주님의 부활을 축하하는 차원에만 머무른다면 우리는 신앙의 본질적인 의미를 놓칠 수 있다. 주님의 부활을 축하한다고 말하는 것은 어쩌면 그 부활이 나와는 조금 관계없는 것처럼 들리지 않는가? 부활신앙은 이천 년 전 예수님의 육신의 부활을 기념하는 것도 중요하지만 오늘을 사는 우리들의 부활(거듭남)에 더 큰 비중을 두어야 한다고 생각되기 때문이다. 주님께서 죽음에서 다시 살아났다는 단순한 생물학적 변화에 머물지 않고, 죽음을 물리쳐 이긴 이천 년 전 그때 그 사건의 신앙적 의미가 오늘 내게 과연 무엇이냐에 무게를 더 많이 두어야 한다는 말이다. 그러므로 우리는 먼저 예수님의 부활을 함께 기뻐하고(Happy

Easter!) , 서로에게는 "(당신의) 부활을 축하합니다."라고 인사해야 하는 것은 아닐까? 우리가 예수님의 부활을 계기로 변화된 모습으로 거듭나게 되었으므로 어제의 우리가 아닌, 새로운 우리들의 부활을 격려하고 축하하는 의미로 인사해야 하는 것이 아닐까 생각해 본다. 그래서 "부활 주일을 지내는 나는 진정 새로 거듭났는가?"라는 질문에서부터 시작하자. 부활은 1년 365일 우리 삶의 중심이어야 한다. 일상 속에서 부활의 현실적 의미를 찾을 수 있어야 한다.

안식일 다음 날 이른 새벽, 제자들과 여인들은 주님의 무덤으로 달려간다. 그들의 태도를 보면 주님 부활을 찾아 만나러 간 것이 아니다. 시신에 바르기 위한 향료를 준비하고 무덤막이 돌을 걱정하며, 시체가 사라졌다고 울고불고하는 그들의 행동은 모두 과거의 기억에 의지한 연장선상에서 나온 것들이다. 어디 하나 주님 부활에 대한 믿음을 찾아볼 수 없다. 마리아 막달레나, 토마스, 어부로 복귀한 베드로, 낙향하는 엠마오 제자 등등 모두 불신자들의 기록이고 한결같이 주님과의 과거에 집착한다. 과거의 주님에 대한 회상에 잠겨 지금 부활하여 함께 걸어가는 주님마저 알아보지 못한다. 배와 그물을 버리고 주님을 따르기로 했던 그들이 다시 옛 그물을 챙기고, 어부로 돌아간 것은 과거에로의 복귀이다. 그물을 오른편으로 던지라 말하는 주님마저 인식하지 못하는 그들은 과거에 눈이 멀어 있는 사람들이다.

기억하라. 부활하신 예수님이 마리아 막달레나에게 하신 첫 말씀은 "나를 더 이상 붙들지 마라."(요한 20,17)이다. 지금 마리아 막달레나의 심리상태는 어떠한가? 사흘을 슬픔 속에 뜬눈으로 기다리다 이른 새벽 무덤으로 갔다. 무덤의 어스름함 속에서 느끼는 무서움은 곧이어 주님의 시체가 사라진 놀라움과 서러움으로 변해 복받쳐 울기 시작한다. 그러다가 부활하신 주님을 만났을 때의 놀라움과 기쁨은 우리의 상상을 초월한다. 그러나 반

가운 주님의 첫 말씀은 '나를 붙잡지 말라.'는 냉정한 듯한 말씀인데, 이것이 부활의 키워드이다. 신앙은 추억놀이가 아니다. 과거에 집착하지 말아야 하는 것이다. 마리아 막달레나는 3년 전 예수님으로부터 마음의 치유를 받고 제자가 되어 뒤를 따랐다. 수없이 많은 감동적인 말씀과 놀라운 기적들이 생생하지만, 부활신앙은 그렇게 과거 지향적 삶이 아닌 것이다. 분명 마리아가 예수님을 붙잡으려는 심리적 태도 안에는 그리움, 다시 잃고 싶지 않음, 과거에의 집착 등등이 있었을 것이다. 그러나 주님은 마리아를 부활 체험으로 이끄신다. 그러려면 먼저 나를 안다고 생각했던 과거의 이미지를 버려야 한다고 하신다. "만일 네가 나를 붙잡는다면 너는 여전히 과거의 나와 너를 고집하면서 너의 이기적인 자아에 집착하게 된다. 그러면 부활을 이해하지 못하게 된다. 부활은 과거의 연장이 아니라 새로운 실재, 현존이다. 과거의 나를 떠나 보내면 너는 더 깊은 실재를 알게 될 것이다. 나는 옛날의 내가 아니고 너도 이제부터 옛날의 네가 아니어야 한다. 나는 부활하였고 너는 부활한 나를 새롭게 인식해야 너도 부활할 수 있다. 기억이 아니라 기념이다. 두려워하지 말라. 나는 언제까지나 너와 함께 있을 것이다." 부활신앙, 그것은 과거에서 벗어나 하느님에 대한 현존체험(아남네시스, anamnesis)으로 나아감이다. 부활로 가는 길은 '과거 탈출'에서 시작된다. "나를 기억(기념)하라."(루카 22,19 참조) 하시는 주님의 이 한 말씀에 우리 신앙의 현주소가 들어 있다. 매 순간 각자의 상황에서 그리스도를 되살리고 만나며 증언하는, 그런 의미에서 단순한 과거의 기억이 아니라 생생한 재현이라는 의미의 아남네시스가 부활신앙에서 완성되는 것이다. 이제 우리의 차례이다. 아남네시스는 단지 과거에 대한 회고가 아니라고 했으니 지금 여기 나의, 또 우리의 삶의 자리에서 부활의 의미가 생생히 되살아나는 재현이라야 우리가 부활을 체험하는 것이다. 부부간의 문제 역시 속을 들여다보면 상대에 대한 과거의 집착 때문인 경우가 많다. 그러나 그때의 그 부부들은 이미 과거의 시·공을 건너와 현재를 살고 있으니 과거의 향수에 젖어서는 현실의 문제를 풀 수가 없는 것이다.

신앙이란 무엇일까? 한마디로 정의하면 시·공의 제한을 받는 유한한 인간존재가 시·공을 초월하시는 하느님의 존재를 믿고 수용하는 행위, 곧 유한한 인간존재가 신의 현존성에 참여하는 행위이다. 인간의 하느님에 대한 현존체험이 신앙이고 그 현존의 원리는 주님 부활에 있다. 그러니 신앙의 핵심은 부활신앙에 있는 것이다. 유한한 인간이 '천 년도 당신 눈에는 지나간 어제 같은' 하느님의 현존을 깨닫는 일이다. 그래야 부활하신 주님께서 이천 년을 거슬러 오늘 여기 있는 나에게 삶의 의미로 다가온다. 우리는 모두 부활해야 한다. 죽음에서는 아니지만 과거에서 벗어나 지금 여기서 새롭게 하느님을 체험해야 한다. 이것이 우리들의 부활이다. 라뿌니(스승님)!!!

파스카는 우리에게 무슨 의미가 있는가?

주님께서 부활하셨다. 죽음을 이기고 다시 살아나셨다. 십자가의 길을 걸어 영광의 길로 나아 가셨으니 참으로 승리하신 것이다. 주님께서는 과거와는 다른 모습으로 변화되셨고 우리에게 그 부활을 나누어 주셨다. 그런데 의문이 생긴다. 부활은 변화됨이라는데, 과연 무엇이 변화되었다는 말일까? 주님 부활 이후 세상에 달라진 그 무엇이 있는가? 주님이 부활하신 그날에도 헤로데는 여전히 건재했고, 로마는 강했으며 이스라엘은 그 속박에서 벗어나지 못했다. 사람들은 구약 시대처럼 여전히 태어나고 고통받고 죽어갔다. 먼 시간이 지난 오늘 우리의 입장에서 보아도 주님을 믿는다는 우리에게도 여전히 고통과 죽음은 변함없이 신비이며 도전이다. 세례를 받고 나서 구원을 받았다고 말하며 축하해 주는데 외적으로 보면 달라진 것이 없다. 그래서 정직하게 물어볼 수 있어야 한다. 주님의 부활이 나에게는 어떤 의미가 있는 것이며, 주님의 부활로 우리에게 주신 구원이란 과연 무슨 의미가 있는가? 그냥 믿으면 복을 받고 천당에 간다든지, 마음의 평화를 얻기 위해 믿는다라고 말한다면 주님이 주신 엄청난 구원의 선물을 설명하기에는 너무나 빈약한 대답이지 않은가?

구원이란 무엇인가? 한마디로 말하자면, 주님의 부활은 파스카의 신비가 완성된 것이고 우리가 구원을 받았다는 것은 우리 역시 이 파스카의 신비 속에 초대된 것이라는 뜻이다. 조금 어렵게 느껴질지라도 우리 신자들은 이 점을 명확히 알고 있어야 한다. 파스카의 신비는 우리 신앙의 핵심이기 때문이다. 예수님의 부활은 파스카의 완성이다. 그럼 파스카의 신비는 무엇인가? 'Passover'라는 의미의 라틴어 파스카는 '넘어간다.', '건너간다.', '뛰어 넘다.'라는 뜻이다. 중국어로는 유월(逾越)이라 한다. 그 원형은 구약 시대 탈출기에 나오고 주님께서는 신약 시대에 그것을 당신 최후의 만찬에 완성을 하신 것이다. 이집트에서 종살이하던 이스라엘 백성들의 모습은 가히 비참한 상황이었다. 마치 흑인들이 아프리카에서 미국 남부 농장에 팔려 와 고생하던 모습, 아니면 우리 민족이 일본 전쟁터의 위안부, 노역병으로 끌려와 고생하던 모습, 그 고통과 질곡의 이집트에서 벗어나 생명의 땅으로 들어간 것이니, 우리로 보면 8·15 해방절, 광복절에 해당하는 이날은 이스라엘 민족의 가장 큰 축제일이다. 예수님께서는 이 구약의 파스카 형태를 당신의 최후 만찬에서 재현하셨고 이어서 수난과 죽음, 그리고 부활이라는 과정 속에서 새롭게 변형시키셨다. 새로운 파스카, 신약의 파스카가 새롭게 생긴 것이다. 하지만 파스카는 명사가 아니라 동사이다. 그래서 파스카는 어느 순간, 어느 실체가 아니라 그 과정인 것이다. 십자가만을 의미하는 것도 아니고, 부활만을 의미하는 것도 아니다. 파스카는 과정이다. 죽음에서 부활로, 고통에서 영광으로 넘어가는 과정이다. 또 실망에서 희망으로, 타락에서 회개로, 실패에서 성공으로, 분열에서 일치로 넘어가는 과정이요, 또 상처에서 치유로, 죄지음에서 죄사함으로, 불안에서 평화로 넘어가는 과정을 말한다. 그러니 전자가 없는 후자는 없고, 후자가 없다면 전자는 무의미한 것이다. 생각해 보라. 십자가 없는 영광이 가능한지? 그리고 영광이 없는 십자가는 얼마나 허무한지?

인간의 존재를 흔들고 위협하는 비존재, 곧 고통이나 죽음은 인간이 스스로 풀 수 없는 신비이다. 세상의 모든 종교는 이 비존재를 초월적으로 풀어 보려는 데서 시작되었다. 불교에서는 멸고(滅苦)라 하여 이 비존재성을 적극적으로 소멸시키려 했고, 도교는 무위자연(無爲自然)의 개념 하에 소극적으로 이해하려 하였다. 과거 구약 시대에도 질병, 실패, 고통, 죽음 등의 부정체험은 없어야 될 것, 있으면 좋지 않은 몬스터 같은 것이었다. 하느님의 징벌이고 비존재라고 여겼다. 광야에서 파스카의 축제를 지내면서도 모든 생각은 하느님께서 주신다던 젖과 꿀이 흐르는 가나안 복지에만 집중되었다. 이집트는 생각조차 하기 싫고 그 방향으로는 얼굴도 돌리지 않았다. 그러나 이집트에서 자신들의 잘못과 굴종을 묵상해야 가나안으로 들어갈 동기와 가치가 나오는 것이다. 이스라엘 백성들은 파스카를 과정으로 이해한 것이 아니라 자신들의 욕심을 채우는 목적으로만 이해했던 것이다. 그러나 신약에 와서 예수님께서는 몸소 이스라엘 백성들이 외면했던 십자가의 길을 가시고 고통을 받으시어 돌아가셨다. 예수님께서 비존재를 입으시자 모든 것이 바뀌었다. 그분은 인간이 싫어하는 비존재의 실체를 모두 겪으신 후에 다시 부활하셨다. 그러자 만물이 달라졌다. 그 비존재로 여겨졌던 고통의 실체들이 파스카의 한 과정으로 들어와 승화되고 의미를 갖게 된 것이다. 새로운 신약의 파스카가 탄생한 것이다.

구약과 신약 모두 파스카를 말하지만 분명한 차이점이 있다. 구약의 파스카는 형식만 있는 껍데기일 뿐이었다. 그 형식에 인생의 새 가치관이 담기자 파스카는 변화되었고, 비로소 신약의 내용이 담긴 실체적인 파스카가 완성된 것이다. 그래서 주님의 부활은 새 창조라고도 말한다. 구약의 실체와는 다른 의미가 창조된 것이다. 부활은 죽음에 대한 생명의 승리, 미움에 대한 사랑의 승리, 죄에 대한 은총의 승리이다. 이것을 '새 하늘과 새 땅'이라고 말한다. 나는 지금 신약의 파스카에 들어와 있는가? 만일 내가 비존재를 대하는 태도가 지나치게 부정적이거나, 삶 속에 다가오는 십자가의 가치 체계를 받아들이지 못한다면 나는 아직도 구약의 파스카에 정체되어 있는 것이다. 죽음이 없는 부활은 사기극이고, 부활이 없는 죽음은 공허함이다. 상처 없는 치유, 치유가 안 되는 상처 이 모두가 성립 불가이다. 혹 십자가 없는 영광을, 실패 없는 성공을, 원할 수도 있지만 그것은 인간의 욕심에서 나오는 것이지 주님의 것은 아니다. 타보르 산에서 베드로 사도가 하느님의 영광을 맛보고 산을 내려가지 않으려 한다. 내려가면 주님께서 죽임을 당하실 것을 알기 때문이다. 이때 주님께서 베드로의 마음을 사탄의 생각이라고 지적하신다.

　자연 현상 중에 파스카의 모습을 닮은 것들이 많다. 계란에서 병아리로 깨어나는 과정은 부활의 상징으로 겨울에 죽은 듯이 보였던 앙상한 가지에서 새순이 돋고 꽃이 핀다. 우주의 변화 속에도 파스카의 형상이 숨어 있다. 달이 차면 기울다가 점차 커지고, 오르막이 있으면 내리막이 있다. 동양 철학에서는 우주를 이런 순환과정으로 이해하는데, 음양설이나 사상의학 등도 사실은 이런 파스카의 원리를 담고 있다. 차이가 있다면 믿지 않는 자들은 자연의 한 현상일 뿐이라고 이해하고 말지만, 신자들은 그 속에서 주님의 십자가와 부활의 신비를 헤아려 볼 수 있다는 것이다. 사람은 일생 중에 몇 번의 기회와 또 몇 번의 위기를 맞는다고 한다. 지금까지 지나온 나의 삶을 돌아보면 주님의 파스카처럼 그렇게 엄청난 사건은 아닐지라도 분명 내 삶 속에 크고 작은 파스카의 과정이 있었음을 알 수 있다. 혹 그 당시는 내가 그것을 파스카의 과정이라고 인식하지 못했을 수도 있다. 그러나 지나고 되돌아보면, "아차! 그때였구나." 하는 생각이 들 수 있다. 때로는 하루 중에도 여러 번 작은 파스카 체험을 할 수도 있다. 문제는 나는 나의 삶 속에 다가오는 이 과정을 주님의 파스카 신비와 연결하느냐 못하느냐 하는 점이다. 믿지 않는 이들은 "재수가 있네 없네, 옴 붙었네! 운수가 좋네, 좋지 않네." 등등 말할 것이다. 혹 우리 신자들이 점을 보러 철학관에 간다든지 하는 행위들은 파스카의 과정을 받아들이지 않고, 쉽게 갈 수 있는 길은 없는지 찾아보려는 욕심에서 나온 행동들이다. 부활의 의미는 계란을 나누어 먹고 축하하며 "이천 년 전에 주님께서 부활하셨다고 하더라!!!"라는 데서 그치는 것이 아니다. 주님의 그 파스카 신비가 우리에게도 일어날 것이고 우리는 그것을 은총의 과정으로 이해해야 한다는 것이다. 먼저 당신이 부활하셨고 다음이 우리 차례라는 주님의 말씀이 바로 이 뜻이다. 그리하여 '부활하신 예수님을 믿는 사람은 낡은 인간에서 벗어나, 새 인간으로 거듭남'(콜로 3,9-10 참조)을 의미한다. 그러기에 우리는 사후의 부활만을 기다리지 않고, 지금 여기에서 그 영원한 생명과 완전한 행복에 대한 부활신앙을 실천해야 한다. 오늘 우리의 삶에서 죽음을 이기신 주님의 부활을 체험하고 부활을 증언하며, 우리가 만나는 모든 사람에게 부활의 희망을 선포하여야 한다. 갈대가 부러졌다 하여 베어버리지 않으시고, 심지가 깜박거린다고 하여 꺼버리지 않으시는 하느님은 우리의 파스카가 완성되기를 기다리시는 하느님이다. 그러니 이 부활시기에는 낡은 것을 털고 새롭게 일어설 일이다.

나는 무엇을 통곡할 것인가?

내가 이스라엘 통곡의 벽에서 벌어지는 모습을 처음 보았을 때는 조금 어리둥절했다. 머리를 벽에 찧어가며 기도하는 사람, 벽을 부여안고 우는 사람, 벽에 손을 대고 기도하는 사람, 정말 우는 사람과 눈물 없이 우는 시늉만 하는 사람 등등 각지 각색의 모습을 처음 바라보았을 때 조금은 웃음도 났다. 나는 아웃사이더처럼, 관광객처럼 그냥 바라만 보았다. 사람들이 뜸한 틈을 타서 그 벽에 가까이 가 보았다. 통곡의 벽 틈에는 수없이 많은 눈물 젖은 종이들이 쟁여져 있었다. 작정하고 와서 울고 간 사람들의 흔적들이었다. 호기심이 발동하여 그 쪽지 몇 개를 틈새에서 빼어 읽어본 적이 있다. 많은 언어들로 적혀진 '울 거리'들이 각각의 사연들을 담고 통곡의 벽 틈 속에 끼워져 있다. 대부분 이스라엘 언어였지만 영어로 된 것도 적지 않아 읽어 보았다. 그런데 여행에서 돌아와 자꾸 생각나는 것이 바로 그 서벽의 장면이었다. 수많은 사람들이 내면의 울음으로 자신을 돌아보고 가족을 돌아보고, 관계를 돌아보는 그 진지한 모습에서 나를 반추해 보았다. 나는 살아오면서 그렇게 절절히 통곡해 본 적이 있는가? 그렇게 진지하게 자신을 마주 대하며 살아가고 있는지 되돌아보았다. 내가 다시 서벽에 가서도 그 장면을 단지 구경거리로 수수방관한다면, 그것은 아니라 생각하였다.

그래서 다음 해에 내가 이끄는 성지순례 단원들에게 말하였다. "이번 여행 중에 우리는 통곡의 벽을 가게 됩니다. 많은 이들이 통곡의 벽에 손을 대고 울고 있는 모습을 보게 될 것입니다. 구경만 할 것이 아니라 우리도 울 준비를 하고 갑시다. 울음 글을 써서 읽으며 마음으로 울고 나옵시다. 그리고 그 울음의 주제가 적힌 종이는 그 벽에 끼워 놓고 나오는 거지요. 돌아와서 삶이 지치고 힘들 때 그 통곡의 벽을 생각하면 카타르시스 작용이 일어날 것입니다. 거기서 우리는 각자 자신의 시간을 가지면서 통곡의 벽, 곧 하느님의 벽에 의지하며 울어야 하겠습니다." 그냥 가면 울음이 나오지 않는다. 울 준비를 해서 가야 한다. 그리고 기왕에 울어야 한다면, 잘 울어야 한다. 아닌 것에 우는 것은 가치도 없고 헤퍼진다. 잘못 울면 통회의 곡이 아니다. 십자가 길에서의 예루살렘 부인들의 울음은 방향이 잘못된 울음이었다. 예수님은 당신의 십자가를 따라오며 우는 여인들을 향해 "나 때문에 울지 말고 너희와 너희 자녀들 때문에 울어라."(루카 23,28)라고 하셨다.

어떻게 울어야 잘 우는 것일까? 또 무엇을 울어야 할까? 진지한 울음이란 자신만을 위해서가 아니라 남을 위한 공명(共鳴)이어야 한다. 복음의 가치를 믿는다면 고통을 받는 사람, 외로운 사람, 병든 사람, 슬픈 사람을 위해서 우는 눈물이 필요하다. 의인의 눈물 어린 기도는 하늘에 이른다고 하였다. 한국의 문화에서 울음과 남자의 연관성은 부정되고 있다. 남자가 울면 안 된다는 유교적이고 남성 우월주의적 관념 속에, 어린 시절 나도 울지 말라는 말을 많이 들으며 컸다. 과연 울면 안 되는가? 아니다. 사람은 울 수 있어야 한다. 울어야만 한다. 우는 일은 영혼이 순수하고 맑아지는 행위다. 기쁨이 사무치든, 그리움이 사무치든 간절해지면 울어야 한다. 불통즉통(不通即痛) 울음을 참으면 가슴이 막히고 막히면 아파진다. 통즉불통(痛即不痛) 눈물의 물꼬가 트이면 흐르고 막힘이 없으면 아픔이 사라진다. 가슴이 열리고 트여야 세상이 건강해진다. 그래야 세상 모든 길이 열리고 트인다. 울고 싶을 때 마음껏 울어야 한다.

예수님도 우셨다. 성경에는 예수님께서 웃으셨다는 기록이 한 번도 나오지 않지만 우셨다는 기록은 두 번 나온다. 예수님은 자기 자신을 위해서는 한 번도 우시지 않았다. 아무리 매를 맞으셔도 울지 아니하셨다. 가시관을 쓰시면서도 울지 않으셨다. 십자가를 지시면서도, 십자가에 높이 달려 계시면서도 예수님은 울지 않으셨다. 그러나 예수님은 사람을 위해서는 우셨다. 죽은 친구 라자로의 무덤에서 우셨고 예루살렘에 입성하실 때에도 우셨다. 하느님이시고 구세주이시지만 예수님은 눈물을 흘리셨다. 연민과 안타까움, 그리고 동정과 사랑이 어린 주님의 눈물이었다. 성령께서는 말할 수 없는 깊은 탄식으로 우리 인간의 처지를 보며 우신다고 한다(로마 8,26 참조). 나를 향한 동정과 연민의 눈길을 주시면서, 믿음이 없는 나를 안타까워하시면서, 주님은 연약한 나를 위해 그렇게 깊이 탄식한다고 하셨다. 내 안에 계신 주님은 이렇게 오늘도 나를 위해 우신다. 진실한 울음은 깊음에서 나온다. 절실하지 않으면 울음이 나지 않는다. 나만을 믿고 자신만 의지하며 사는 이에게는 울음이 수치로 여겨지겠지만, 하느님 두려운 줄 아는 이에게 탄식은 깊고 그 절실함은 하늘에 미친다.

우리 시대의 비극은 눈물이 없다는 것이다. 이웃에 엄청난 비극과 불행이 닥쳐도 눈물이 메말라 강 건너 불 보듯 한다. 부화뇌동(附和雷同)이 부정적으로 쓰이면 자기 생각이나 주장 없이 남의 의견에 동조한다는 뜻이다. 그러나 긍정적으로 보면 우렛소리에 맞추어 주파수가 같은 천지 만물이 함께 울린다는 뜻으로 공감을 의미한다. 한 사람, 한 공동체가 아픔에 우는데 어찌 따라 울지 않을 수 있는가? 공명(共鳴)이 없으면 공생(共生)이 없다. 아픈 사람 따로 있고 즐기는 사람이 따로 있다면 그 사회는 주파수가 맞지 않는 불통의 공간일 뿐이다. 우리 사회는 웃고 즐기는 일에는 적극적인데, 감동과 눈물을 흘리는 일에는 소극적인 것 같다. 인간이 살아가는 데에는 웃음만이 아니라 눈물도 필요하다. 프라이(Frey) 박사의 눈물에 대한 재미있는 연구가 있다. 양파를 자를 때 흘리는 자연 생산적인 눈물과 정서가 움직여 나오는 눈물과는 화학성분에 차이가 있다고 한다. 또 통곡할 때의 눈물과 흐느낄 때의 눈물은 성분이 달라 정신에 미치는 영향도 다르다고 한다. 실컷 울고 나면 속이 후련한 것이 과학적으로도 증명된 셈이다. 울어서 행복하게 된 사람이 성경에 몇 명 있다. 다윗과 베드로 사도의 참회의 눈물, 마리아 막달레나의 환희의 눈물, 자캐오의 감동의 눈물 등이다.

한동안 우리 사회는 웃는 열풍에 빠져 있었다. 전국에 웃음치료 강좌가 넘쳐나고 웃기 위해 노력을 많이 하는데, 나는 오늘 울자고 말하는 것이다. "철들고 나서 울어 본 적이 있습니까? 힘들고 지쳐서 어쩔 수 없어 울 수밖에 없었던 적이 있나요?" 혹 살면서 한 번도 울어 본 적이 없다면, 통곡을 해 본 적이 없다면 나는 하느님 앞에서 진복을 얻을 수 없을지도 모른다. 예수님께서는 "지금 우는 사람들아, 너희는 행복하다. 너희가 웃게 될 것이다."라고 말씀하고 계시기 때문이다. 정말 진하게 울어 본 적이 있는가? 그리고 수준 높게 울어본 적이 있는가? 나의 울음터는 어디인가? 눈물은 영혼의 빗물이다. 모든 아픔을 씻어 주는 물이다. 참된 행복은 깊은 울음에서 나온다. 울음은 자아성찰이요 자기통회이며, 자아수련의 과정이다. 울며 씨를 뿌리러 나가는 자는 정녕 기쁨으로 그 곡식 단을 가지고 돌아오리라는 말씀(시편 126,6 참조)처럼 우리는 창조적인 울음을 울 줄 알아야 한다.

이 시대의 신들, 아이돌과 명품

어린 시절 종교적인 환경에서 자란 나는 부모들로부터 전수받은 나만의 '위기관리센터'를 알고 있었다. 물건을 잃어버려 당황할 때는 안토니오 성인을 찾았고, 음악시간 노래 부르기 시험 전에는 체칠리아 성녀의 이름을 속으로 외웠다. 웅변대회에 나가서는 바오로 사도에게 기도했고, 성 니콜라스에게는 예쁜 여자친구를 보내 달라고 청했으며, 눈이 아플 때는 라파엘 대천사에게 기도했다. 마음이 불안하고 걱정이 될 때마다 마치 처방전에 따른 약을 복용하듯이 주보성인들을 찾았고 그러면 불안한 마음이 가라앉아 침착해질 수 있었다. 어린 시절 여러 성인과의 통공(通功)은 나의 삶을 풍요롭게 만드는 양약이었다. 하지만 나의 조카들은 이런 이름들이 지니고 있는 의미와 통공을 알지 못한다. 지금 젊은 그들을 설레게 만들고 심장을 뛰게 하는 것은 노스페이스, 나이키, 방탄소년단 등일 것이다. 이 시대에 우리 사회의 주인공은 누구인가? 사람들은 어떤 가치를 최고로 치고 환호하며 추종하는가? 사회를 이끌어 가는 그 기능과 가치 면에서 현대의 아이돌과 명품은 어떤 면에서 과거의 기능적인 성인들과 닮아 있다.

이 시대를 영웅 부재의 시대라 한다. 존경하는 인물도 없고 인생의 모델이 될 성인들의 삶과 영성도 없다. 과거의 인물들과 생활 방식은 박물관 속의 퀴퀴한 냄새처럼 간주될 뿐이다. 대신 명품과 아이돌이 판을 친다. 자본주의는 돈이 모이는 곳에 아이템을 만들어 선전을 통해 우상화하고 사람들에게 최면을 건다. 그렇게 급조된 사람이나 상품에 아이덴티티를 부여해 마음과 영혼을 갖다 바치게 만든다. 이는 몇천 년 전 바알이나 금송아지의 머리를 공경하며 춤을 추던 것과 사실은 크게 다를 바 없는 우상적 행동이다. 어느 시대, 어느 장소에서나 인간은 자신들의 혼을 갖다 바칠 대상을 필요로 하였다. 그것을 우상(아이돌)이라 하는데, 원래는 이미지를 의미하는 'idolo'에서 파생된 말이다. 하느님의 모상(이미지)이 인간의 욕망에 부응하여 변질이 되면 우상(idol)이 된다. 그런데 사실 바보(idiota)라는 말도 같은 어원에서 나왔으니 아이돌 추종은 바보놀음인 셈이다. 우상을 숭배하는 것은 보이지 않는 하느님을 보이는 형상으로 만들어 숭배하는 것을 뜻한다.

성인은 본래 있었던 것이 아니라 사회의 제도 속에서 필요에 의해 만들어진 기능적 개념이다. 그리스도교가 동로마에 이어 서로마에서도 세력을 확장하더니, 결국 국교로 선포되기에 이르렀다. 384년 원로원 회의장에서 철거된 승리의 여신상 니케를 둘러싼 심마쿠스와 암브로시우스의 논쟁에서 테오도시우스 황제가 암브로시우스의 손을 들어 주는 것을 시작으로 그리스도교는 로마의 이교를 제압했다. 교회의 강력한 힘은 공식 제의뿐 아니라 사적인 제의에서도 과거의 로마교를 금지했다. 모든 로마교의 신전을 교회로 바꾸라는 칙령에 따라 천 년을 지켜온 로마 신상들은 완전히 파괴되고 폐기되었다.

서기 388년 테오도시우스 황제는 로마 원로원 회의에서 "그대들은 로마인의 종교로서 유피테르가 좋은가? 그리스도가 좋은가?"라는 질문을 던졌다. 한 사람만이 자결하고 나머지 의원들은 '그리스도'를 선택함으로써 기독교가 앞으로 로마제국의 국교가 되었다고 선언했다. 그리스도교의 일신교와 충돌하면서 로마의 다신교는 백기를 들었고, 그리스도교화 속에서 로마의 신들은 하루아침에 사장되고 말았다. 정치와 사회의 조직은 새롭게 정비되고 빠르게 대체되었지만, 갑작스레 그리스도교로 개종한 로마 백성들의 마음은 허전함을 감출 수가 없었다. 로마교는 다신을 숭배하는 종교였기에 백성들은 직능에 따른 로마 신들의 이름을 부르면서 위안과 힘을 얻었다. 미네르바는 음악의 신이요, 케레스는 채소의 여신이며 머큐리는 웅변가의 신이다. 로마인들의 사소한 일상 속에서 모든 직능들이 여러 신들과 연결되어 인간의 삶을 풍요하고 평화스럽게 만들어 주었다. 부부의 금슬을 주관하는 신, 부엌을 주관하는 신, 전쟁을 주관하는 신, 아픔을 치유해 주는 신 등등 수백 가지가 넘는 신들은 인간을 위해 봉사하였다. 마치 옛날 우리 조상들의 신처럼 로마의 신들은 여러 기능과 직책을 수행하면서 긴 세월 인간과 공존하였다. 그러나 하루아침에 모든 기능적인 신을 잃고 형이상학적이며 유일한 신인 하느님께 기도를 드려야 하는 로마 그리스도인들은 내적인 허전함을 감출 수 없었다. 로마교의 실용주의와 다원화 현상에 익숙해 있던 일반 백성들은 모든 소소한 일상의 문제들을 들고 그리스도에게로 나아가기가 정말 어려운 일이었고 정서적으로도 익숙하지 않았다. 그리스도교의 신은 초월적이었고, 형이상학적이었으며 또 유일신이었기에 로마인들에게는 요원한 존재로만 인식되었다.

암브로시우스 주교는 이러한 상황을 간파한 후 로마의 다신제도를 모방하여 성인제도를 만들게 되었다. 서민들의 소소한 일상의 일로 절대 유일신인 그리스도를 찾기보다는 특별한 영성을 지닌 성경상의 인물이나 열심한 가톨릭 신자, 고위 성직자들을 성인화하여 로마 시민들이 섬기던 다양한 신들을 대신하게 했던 것이다. 그는 일종의 수호성인이라는 제도를 만들어 백성들의 삶에서 직능별로 성인들을 구분하여 종교의 감성을 처리하도록 배려하였다. 정리해 보면 로마의 신들이 교회에 침투하여 정착하고 토착화된 것이 바로 가톨릭의 성인제도라 말할 수 있다. 암브로시우스 주교는 사후에 성인으로 시성되었다. 이런 전통 속에서 지금도 가톨릭교회의 신자들은 영세와 동시에 성인 성녀들의 이름을 따서 세례명을 짓지만, 그 기능과 직능은 거의 사라지고 이름만 남은 셈이다. 그 이유는 모든 가치관과 인생관이 시장의 원리와 자본주의의 이치에 맞게 세상이 변해버렸기 때문이다. 다른 우상이 나타나 기존의 세계 질서를 대체하기에 이른 것이다. 성(聖)에 속한 듯하지만 신자들의 삶 역시 속(俗)의 한가운데에 존재하고 있으니 더 이상 성인 성녀에게 기도할 필요가 없어진 것이다.

자본주의는 인간에게 많은 유익을 주기도 하지만 반면에 인간을 병적인 소비주의자로 만들고 있다. 이러한 소비적 인간이 많아질 때 자본주의는 하나의 거대한 우상이 되어버리는 것이다. 벤츠는 자동차의 신이 되고 롤렉스는 시계의 신이 되었다. 화장품(美의 여신)의 신인 아모레, 신발의 신 나이키, 삼성, 아르마니, 에르메스, 프라다, 샤넬, 페라리, 몽블랑, 구찌, 루이뷔통 등의 이름에서 현대인들은 그 어떤 성인 성녀들의 이름보다도 더 친숙함을 느끼고 환호하며 그런 대상들을 열광하고 추구한다. 아이돌에 대한 추종과 열광 역시 명품추구 현상에 연결되어 있어 자본주의는 현대의 젊은이들에게 최면을 걸어 영성을 마비시키고 있다. 아이돌에 대한 군중의 숭배는 거의 신에 대한 숭배와 같은 정도이다. 단지 춤과 노래를 잘한다는 이유하나로 군중들은 자신의 모든 정신과 영혼을 투사한다. 선물과 꽃과 열정을 봉헌하는 추종자들은 마치 고대의 종교적인 예식과 같은 정도의 열광속에서 진행된다. 세계 각국에서 벌어지고 있는 현대 소비문화의 한 특징인 '명품 열풍', 그 한가운데 우리들의 욕망이 자리를 잡고 있다. 명품을 향한 불타는 욕망은 곳곳에서 감지된다. 비싸면 '짝퉁'이라도 대체하려는 이유는 상품 자체의 의미라기보다는 그 호사스러운 명품들과 관련된 이미지, 부가된 의미들을 원하는 것이다. 광고는 물질에 부가가치를 부여하고 물건에 투사된 자아의 존재를 과대 포장하여 다른 사람들로 하여금 동경의 대상, 성공의 상징으로 여기게 만든다.

『럭셔리 신드롬』이라는 책의 저자인 제임스 트위첼이 말한다. "명품의 소비는 제품의 효용과는 상관없이 쾌감이나 정복감, 억압으로부터의 해방감까지 느끼게 한다." 또 "50cm쯤, 그녀의 얼굴이 다가왔을 때 차이가 느껴졌다."라는 어느 화장품 선전광고의 문구는 아름다움을 추구하는 여인들의 감성과 상상력에 최면을 건다. 자본주의는 부의 추구를 향해 맹렬하게 싸우는 게임이고 명품은 그 게임의 경품이라고 한다. 소설도, 광고도, 심지어 종교조차도 '꿈'을 파느라 여념이 없다. 꿈은 이 덧없고 혼란스러우며 고통에 가득 찬 현세로부터 도피하는 유일무이한 길이라고 말하면서 상품을 팔고 있다. 소비적 자본주의를 사는 현대인은 '만질 수 있는 꿈'을 원하고 있다. 그것이 바로 명품이다. "나는 명품을 산다. 고로 나는 존재한다."라고 말하는 현대인들은 사실은 자본주의라는 종교의 충실한 신도들인 셈이다. 어느 시대에나 유행이 있었고 그 유행을 따라가는 사람들이 있었다. 그 추구의 원동력은 욕망에 있다. 예수님께서 "너희는 무엇을 구경하러 광야에 나갔더냐? 바람에 흔들리는 갈대냐? 아니라면 무엇을 보러 나갔더냐? 고운 옷을 입은 사람이냐?"(마태 11,7-8)라고 물으신다. 메시아가 여기 있다, 저기 있다고 말하는 사람들이 나타날 터인데 그 허황됨에 넘어가지 말라고도 경고하신다. 이 시대에 현대인들이 허상을 찾아 몰려오고 몰려가는 그 대상과 형식은 바뀌었을지 몰라도 여전히 과거의 오류는 반복되고 있다. 그것은 허한 것이요 실체가 없는 것이니 신기루와 같은 것들임을 알아야 할 것이다.

일상과 축제: 향자아(向自我)와 탈자아(脫自我)

인간의 심성에는 두 가지 원초적 본능, 곧 '향자아(向自我)'와 '탈자아(脫自我)'가 있다. 마치 우주에 구심력(求心力)과 원심력(遠心力)이 있는 것과 같은 이치이다. 향자아는 일상으로, 탈자아는 축제로 표현된다. 희랍신화에서 아폴론은 질서를, 디오니소스는 자유를 상징한다. 태양의 신인 아폴론은 마치 날이 밝으면 모든 만물이 제자리를 잡고 질서 있게 돌아가듯이 일상을 성실하게 주관한다. 반면 바커스라고도 불리워지는 술과 축제의 신인 디오니소스는 언제나 들떠있다. 일상과 축제, 누구 편을 들어야 할까? 그러나 어느 것을 더 중요시하거나 어느 것을 덜 중시할 수 있는 대상은 아니다. 마치 하늘을 나는 새들의 두 날개가 중요하듯, 어느 한 편으로 기울어도 날아가고자 하는 방향에서 점점 멀어질 수 있다. 일상과 축제는 어느 하나를 편애할 수도, 어느 하나를 폄하할 수도 없는 인생의 두 날개이다. 시소는 양쪽의 무게가 비슷할 때 올라가고 내려가기를 반복하면서 재미가 생기는 법이다. 만일 한쪽이 너무 무겁거나 가벼우면 이 놀이는 진행불가다. 일상과 축제는 상호를 위해 존재할 때 참 가치가 드러나는 법이다. 축제에 들어오는 사람은 성실, 의무, 노력이라는 팽팽한 현을 풀어버린다. 거기에는 황홀, 낭만, 일탈, 환희가 있다. 인간은 자아가 너무 정리되어 있으면 흩뜨려 보고 싶고, 흐트러져 있으면 정리하고 싶은 야누스적인 심술을 갖고 있다. 어린 시절을 돌이켜보자. 방안에 일사불란하게 정렬되어 있는 책과 가구들, 그리고 적막감 속에 들어가 있으면 몸이 근질거려 온다. 일탈이 필요한 때이니 원심력이 작용한다. 얼마 동안 어지럽히고 장난치며 놀다 보면, 방이 이러면 되겠는가 싶어 정돈하고 싶은 마음이 발동하기 시작한다. 일상으로의 복귀, 곧 구심력이 발동된다. "맛은 현실적이요, 멋은 이상적이다…… . 맛과 멋은 리얼과 낭만과 같이 아름다운 조화를 이루는 것이다…… . 맛에 지치기 쉬운 나는 멋을 위하여 살아간다." 피천득 선생의 「맛과 멋」이라는 수필에 나오는 내용이다. 맛을 일상으로, 멋을 축제로 바꾸어도 문장의 맥은 흐른다.

한 마디를 살아내면 마디를 정리하여 꽃을 피우고, 또 한 마디를 기다리는 오이나 호박 덩굴처럼 우리 인생에도 마디가 있다. 정성을 다해 온 힘을 다해 한 토막을 살아내면 그것을 정리하고 또 다른 마디로 넘어간다. 이 마디를 삶의 통과의례라고 부른다. 줄기가 일상이라면 마디마디에서 맺어지는 꽃과 열매는 축제이다. 줄기가 꽃과 같이 아름답지 않다고 해서, 열매처럼 달콤하지 않다고 해서 줄기이기를 포기할 수 없듯이 일상은 그렇게 힘이 들고 고달파도 포기할 수 없는 것이다. 역사는 이렇게 뿌리가 깊고 줄기가 굵은 평범한 성실 속에서 간간이 꽃을 피워가는 것이다. 노동과 일상은 원죄를 범한 인류가 신에게서 받은 징벌이 아니라 인간의 숭고한 자기창조 행위이다. 산다는 것은 그 자체가 고해(苦海)이다. 그러기에 일상은 언제나 달콤하고 행복하기만 할 수 없어 삶의 멍에가 버거워지면 축제가 그리워진다. 취하고 싶어지는 것이다. 함께 어울려 '상징적 환각상태'에 빠지고 싶은 충동, 이것이 바로 축제의 원리이다. 일상을 수식하는 단어들이 경건함, 진지함, 성실, 노력등이라면, 축제를 따라다니는 말에는 설렘, 웃음, 울음 등이 있다. 정리해 보자면 일상은 물음표(?)의 친구요, 축제는 느낌표(!)의 친구다.

사람들은 언제까지나 진지하게 일만 하면서 사는 마소 같은 존재가 아니다. 일상에 짓눌려 파김치가 된 몸과 마음은 한바탕 놀이를 통해 긴장을 풀고, 잔치를 열어 몸보신하며 휴식을 취해야 한다. 그래야만 다시 힘겨운 삶터로 되돌아갈 수 있는 것이다. 이것이 '일탈'의 가치이다. 그러나 오로지 축제만을 추구한다면 공허함과 적막감뿐일 것이다. 경기가 끝난 운동장에 나붙은 플래카드나 철 지난 크리스마스 장식이 초라해 보이는 것은 바로 그 때문일 것이다. 살아간다는 의식조차 없이 살아가는 매너리즘에 빠진 일상이 아니라, 힘든 일에 억눌려 지내면서도 꿈을 버리지 않는 탄력 있는 일상은, 바로 축제를 삶의 한 과정으로 이해할 때만 가능한 것이다. 일상이 테마라면 축제나 유희는 에피소드다. "인간은 이성적 동물이다.(homo sapiens, 호모 사피엔스)"는 명제는 전자에 속하고, "인간은 유희적 동물이다.(homo ludens, 호모 루덴스)"라는 명제는 후자에 속한다. 공자의 가르침과 삶이 테마 쪽에 가깝다면 장자는 에피소드에 가깝다. 공자가 보는 유교적 인생은 규범과 명분으로 이루어진 명교(名敎)이다. 이에 반해 그의 처가 죽었을 때 시체 앞에서 질그릇을 두드리며 노래를 부르는 장자의 행위는 소유유(逍遙遊) 정신의 진수를 잘 표현해 주고 있다. 이런 점에서 테마가 필연적이라면, 에피소드는 우연적이다.

초등학교 시절 교과서에서 읽은 「개미와 베짱이」의 주제는 무엇일까? 우리에게 교훈을 전달하려 한 교과서 편찬위원들은 '근면'을 염두에 두었을 것이다. 내 기억으로도 선생님들은 개미의 근면함을 칭찬하면서, 상대적으로 베짱이의 삶을 '건달'이라는 한마디로 폄하해 주었기에 우리는 모두 '베짱이는 나쁘고 개미는 좋다.'라는 흑백논리로 이 이야기를 결론지으면서 살아왔다. 그런데 이러한 평가가 과연 옳은 것일까? 수십 년이 지나고 나서야 나는 개미처럼 살아온 내 삶에 이의를 제기하기 시작했다. "언제 행복할 수 있느냐?"는 물음에 '개미처럼' 살면 된다고 말하는 것에 문제가 있음을 느끼기 시작한 것이다. 근면 하나로 너무나 바쁘게 살아온 지난날 우리 민족들의 삶과, 그 속에 감추어진 경쟁논리를 미덕으로 알고 살아온 삶이 도전을 받게 된 것이다.

　김소운 선생의 『가난한 날의 행복』이란 수필에 나오는 이야기다. 가난한 신혼부부인데 남편은 실직하여 집에 있고 아내가 집 근처의 직장으로 나간다. 아침을 굶고 출근하는 아내에게 남편이 말한다. "점심은 어떻게 해서라도 지을 테니 조금만 참으오……." 점심때 돌아온 아내가 방안을 보니 신문지 덮인 밥상이 놓여 있는데 남편은 출타 중이었다. 신문지를 걷어보니 따뜻한 밥 한 그릇과 간장 종지가 놓여 있다. 쌀은 어떻게 구했지만 찬까지는 마련하지 못했던 모양이다. 아내가 수저를 들려다가 문득 상 위에 있는 쪽지를 보았다. "왕후의 밥, 걸인의 찬……. 이걸로 우선 시장기를 속여 두오." 지금 가진 것은 없어도, 남편 노릇 제대로 못해도 삶의 맛을 아는 이 남자에게서는 일상의 향기가 느껴진다. 그 향기에 취해 맨밥을 먹으면서도 왕후가 된 듯한 그 여인의 행복이 내게도 떨림으로 전해져 온다. 밥을 먹는 행위는 일상이다. 너무나 평범한 일상이라서 때로는 건너뛰고 싶은 일, 더욱이 가난한 자의 밥 먹는 행위는 식사라고도 못할 그저 그런 하루 중의 통과의례일 뿐이리라. 그날 밥상 위에 한 그릇의 밥 역시 일상의 또 다른 반복으로 끝날 수 있었을 텐데, 그 테마 위에 한 구절의 에피소드가 뿌려지자 그 진부한 일상은 축제로 변한다. 맹맹한 콩국수 위에 적당량의 소금을 뿌리면 고소함이 살아나듯 말이다. 사람들은 가난하든 부유하든 하루 세끼 밥을 먹는다. 그러나 누구나 먹는 한 그릇 밥일지라도 그 맛을 느끼는 사람의 입맛은 천차만별이리라. 서러움에 눈물을 뿌리며 먹는 밥, 때가 되어 먹어야 하는 그냥 밥, 굶주림에 지쳐 허겁지겁 쓸어 넣는 밥……. 그러나 그 어느 밥이 이 아내의 '축제의 밥'에 견줄 수 있을까? 그 누가 이 여인의 일상을 진부한 것이라 말할 수 있겠는가?

삶의 멋, 멋진 삶! 그것은 일상이 꽃을 피울 때 생기는 향기이다. 에피소드의 역할은 바로 일상의 축제화이다. 구두 닦는 일, 청소하는 일, 밥하는 일, 이 모든 자질구레한 일들이 하찮은 일상의 진부함을 털어내면 일상은 하늘로 하늘로 높이 고양될 수 있는 것이다. 에피소드는 숨을 고르고 쉬어가는 쉼표이기도 하고, 잠시 고개를 숙이고 삶을 음미하는 느낌표일 때도 있다. 때로는 고개를 들어 갸우뚱거려 보는 물음표이기도 하지만, 굳게 다문 입에서 나오는 결심의 마침표는 언제나 테마의 몫이다.

신앙은 거룩한 귀소본능이다: 반박귀진(返朴歸眞)

　신앙인들에게 믿는다는 것은 무엇이고 그 신앙의 정점에 선 순교자들은 어떻게 순교할 수 있었을까? 그 동력, 동기, 그 힘의 원천은 어디에서 나오는 것일까? 그 해답을 찾으려 성 김대건 신부의 삶을 들여다보았다. 김대건 신부의 일생은 짧다. 총 25편의 편지가 남아있는데 일생 중 가장 중요한 시기인 1842년부터 1846년까지 5년간에 걸쳐 쓴 편지이다. 편지를 읽으면서 성인의 행동 양식은 나로 하여금 생각나게 한 것이 있었으니, 곧 연어였다. 성 김대건 신부의 25년이라는 젊음의 시간을 한마디로 정리하자면 '떠남과 돌아옴'이다. 두 동작 같지만 하나의 과정에서 이해된다. 어린 나이에 고국을 떠나 수년간 몇만 리 먼 곳에서 수학을 하면서도 그의 마음은 언제나 고국에 있었다. 마침내 성직자가 되어 금빛나는 아름다운 연어가 되었지만, 바다의 그 찬란함과 광활함, 젊은 청년 사제의 웅비는 펼쳐보이기도 전에 죽음으로 끝이 났다. 그는 마치 원초적인 본능에 따라 바다와 만나는 강 어귀, 변경을 배회하는 연어처럼 시작하면서 회귀를 꿈꾼다. 연어의 회귀(回歸)는 귀소(歸巢) 본능에서 나오는 운명적 행위이니 미물일지라도 숭고하게 느껴진다. 편지를 통해 본 김대건 신부의 마지막 3년은 마치 연어가 처음 태어난 곳으로 거슬러 올라가는 회귀! 죽음을 향해 나가는 여정!! 그렇게밖에 설명이 되지 않는다. 15세에 조국을 떠나 10년간의 신학, 철학, 서양 문물 등을 배우고 소팔가자에서 부제 서품을 받게 되면서부터 그의 모든 생각과 행동은 구체적으로 조국에 닿아있다. 편지의 모든 내용은 한마디로 바로 조선교회에 대한 노심초사, "그래서 어떻게 하면 조국으로 돌아갈 수 있을까?" 하는 것이었다. 상해에서, 장춘에서, 연변에서 국경을 배회하며 항상 조국과 끈을 연결하려고 노력하였다. 이제는 성직자가 되었고 국제적인 지식과 견문을 얻어 조선의 교회와 국가를 위해 해외에서 간접지원을 하고 때가 되면 큰 일을 할 수도 있었을 텐데, 마치 임정요원들이 상해에 임시 정부를 세우고 독립운동을 하면서 때를 기다리던 것과 같이…… 그러나 성인의 모든 관심은 오로지 조국과 교회뿐이었고 그 길은 돌아가는 것뿐이었다.

연어는 먼바다에서 자기가 부화한 장소로 돌아가는 특성을 지니고 있다. 연어의 회귀는 귀소본능에 감추어진 희미한 기억에 의존한다. 자신이 몇 년 전에 태어난 강으로 거슬러 올라가는 것은 신비스럽기도 하지만 그것은 존재의 목적이요, 사명이다. 연어는 강물에 포함된 물질에 후각이 자극을 받아 자신이 태어난 곳을 기억하고 되돌아간다는 것이다. 그 기억이 연어에게는 원초적 본능인 것이다. 그러나 올라가야 하는 강의 상류에는 평안한 쉼과 행복이 자리하는 것이 아니라 고통과 죽음이 기다리고 있다는 것도 본능은 알고 있으리라. 연어가 회귀하는 도중에는 아무것도 먹지 않고 수천 킬로를 무조건 거슬러 올라간다. 도중에 가로막는 장애물이나 폭포가 있어도 뛰어 넘기 위해 온 힘을 다쓰고 결국 상류에 도달해서는 알을 낳고 생을 마친다.

연어의 회귀가 신비스럽다지만 김대건 신부의 그 회귀는 인간적으로는 설명이 불가능하다. 그 강의 상류에서 무슨 일이 벌어지고 있는지는 이미 바다까지 흘러온 피 섞인 바닷물의 색깔과 내음으로도 알 수 있다. 지금 고국 조선에서는 얼마나 무서운 일이 벌어지고 있는지 추론이 가능한 상황이고 돌아가면 그의 신상에 무슨 일이 생길지는 불을 보듯 뻔한 일이다. 그렇게 위험한 상황을 감지했다면, 인간적으로 보면 좀 현명하게 처신하여 귀국을 미루었을 수도 있었을 것이다. 조선교회에서도 10년 만에 어렵게 이룬 조선 첫 사제의 꿈이 일순간에 무너지는 일이 없도록 김 신부님의 귀국을 만류하기도 했었다는 내용이 있다. 그러나 김대건 신부님의 모든 생각과 행동은 오로지 자신이 태어난 근원으로 회귀하지 않으면 안 된다는 소명, 숙명만이 있을 뿐이다. 변경에 나아가서 상황을 보고 고국과 연락을 취하면서 고국으로 돌아가려는 행동과 마음에서 오직 연어의 회귀가 생각이 난 것이다. 처절하게 거슬러 올라가려는 연어처럼 김대건 신부는 그렇게 여러 차례 수없이 많은 난관을 겪으면서 뱃길로, 육로로 귀국을 모색하는 모습이 고스란히 편지에 담겨 있다. 그러다가 결국 만주를 통해 귀국하게 된다. 10년 만의 귀국, 귀소, 그러나 그가 목격하고 체험한 그 상류, 고국은 처참하기 그지없었다. 스승이시요, 목자이신 주교님과 신부님들은 순교하셨고 아버지도 칼을 받아 치명하셨으며 어머니는 풍비박산된 집을 떠나 거지가 되어 전교활동에 나서있는 상황이었다. 결국 그 회귀는 죽음으로 연결되었다.

귀소본능을 지닌 동물들이 많다. 철새들이 대표적일 텐데, 몇 가지 점에서 텃새와 다르다. 우선 철새들의 뼛속은 텃새들보다 비어 가볍다. 집을 지어도 잠시 떠나갈 텃새들의 집은 간단하고 작다. 가볍게 왔다 가볍게 갈 줄 알기 때문이다. 그러나 까치집을 부수면 밥 세 끼를 할 수 있다고 했다. 북한산에 올랐다가 평창동 쪽으로 내려온 일이 있다. 산에 이어져 경치 좋은 곳에 자리 잡고 지었는데 너무나 크고 잘 지은 집들이 많았다. 저렇게 잘 지어 놓은 집을 짓고 사는 사람은 도대체 어떤 마음으로 이 세상을 살까? 마치 돌아가야 하는 존재임을 거부하는 듯한 굉장한 집, 몇백 년을 살고도 남을 저 집을 놓고 세상을 떠나갈 수 있을까 하는 잡념이 들었다. 욕심을 내고 부산한 듯하지만 인생만사가 사실은 모두 부질없는 것이다. 갈 때가 멀지 않았으면 삶에서 자꾸만 덜어내는 생활을 배워야 하는 법이다. 왜 그렇게 개미처럼 자꾸만 물어다 쌓아 놓고 살아왔는지? 어느 시인이 말한 대로 택배기사처럼 제 것 아닌 것을 들고 그렇게 바삐 뛰어다니고 있는지 돌아볼 일이다.

귀성(歸省) 역시 작은 귀소이다. 설이 되면 한국은 연인원 3,000만 명, 중국은 40일 동안 연인원 30억 명이 이동한다고 한다. 가히 민족의 대이동이고 명절은 마치 전쟁과 같다. 오고 가는 길이 힘들고 험난하지만 연어처럼 마다하지 않는다. 그것은 고향이기 때문이고, 고향은 존재의 근원이기 때문이다. 명절에 고향에 모이는 것은 인간이 지닌 귀소본능이다. 부모님과 친척들은 내 존재의 근원이며, 고향 땅은 내가 태어난 장소의 근원이며, 고향은 내 존재가 시작된 시간과 공간의 근원, 근원에로의 회귀, 그것은 본능이다. 일생에 코끼리는 자신이 죽을 장소를 세 번 찾아와 확인하고 냄새를 저장한다고 한다. 복음에 보면 예수님은 아버지에게로 나와서 아버지에게 돌아가신다는 말씀을 여러 번 말씀하셨는데 이 역시 예수님의 귀소 행위이다. 예수님의 예루살렘행은 원초적 귀소본능 같다. 어린 시절 예루살렘 성전에 봉헌되었던 때와, 성전에서 자신을 잃어버렸다고 찾아온 부모에게 아버지의 집에 있어야 하는 존재임을 자각한 기억으로 그의 공생활의 흐름은 언제나 예루살렘을 향해 있었다. 제자들과 함께 세 번 예루살렘에 올라가셨는데 그때마다 언젠가 자신이 죽어야 할 곳이 바로 예루살렘임을 직감적으로 느끼셨는지 수난과 죽음의 예고를 여러 차례 들려주셨다. 그리고 마침내 예수님은 예루살렘에서 생을 마치셨다.

우리들의 평범한 인생에도 떠나감과 회귀는 존재한다. 젊은 시절, 하고 싶은 일들도 많고 모험을 떠난 적도 있지만 나이가 들면 결국 자신에게로 돌아오게 되어있다. 인생의 만추에서 느끼는 감정을 시인은 '이제는 돌아와 거울 앞에 선 내 누님'이라고 말했다. "회귀요, 귀환이다. 돌아가자!"라는 것이다. 노자 『도덕경』의 근본사상은 자연으로 돌아가자는 자연주의, 곧 반박귀진(返樸歸眞)이다. 순박했던 때로 되돌아가야 참된 것을 회복할 수 있다는 것이다. 단순함의 미학이 바로 반박(simple life)이고, 그래야 모든 것이 제대로(귀진) 된다는 말이다. 그래서 본래 상태, 곧 초심으로 돌아가려는 반박귀진은 회귀본능에서 나오는 것이다.

프란치스코 교황님은 강론에서 '영혼의 치매, 영적인 건망증'을 언급하셨다. 내가 어디에서 왔고 어디로 가는지? 그리고 마땅히 돌아가야 할 곳을 잊고 산다면 그것은 바로 영적인 치매에 걸린 사람이다. 고향을 파기하고 근본을 잊어버리면 인간에게 행복은 없다. 마찬가지로 신자가 영원한 고향인 천국과 진정한 아버지이신 하느님을 잊고 산다면 그것은 안 될 일이다. 우리 인생의 영원한 고향, 우리 역사 최초의 고향인 하느님을 생각하면서 살고 생의 마지막에는 하느님께로 돌아가는 것이야말로 진정한 신자의 삶이요, 은총이다. 내가 '돌아가야 하는 존재'임을 인식하며 산다는 것은 백 마디의 기도보다도, 천 가지의 선행보다도 더 중요하다. 코끼리처럼 우리도 삶의 중간에 자신의 귀소, 자신의 죽음을 확인하며 사는 행동이 필요하다. 하느님 품에서만 지치고 상한 인생과 역사가 쉴 수 있다. 우리가 돌아갈 본향이 있고, 우리 생명의 근원이신 하느님께서 우리를 기다리신다는 사실은 가장 아름다운 은총이다. 거기가 진정한 고향이고 이 믿음이 소중하다. 이 믿음에서 우리가 살아가야 할 방향이 명확해지고 인생은 의미를 지니게 되며 신앙인들의 녹색 순교도 가능한 것이니 이것이 신앙의 현주소이다.

하느님 아버지의 뜻: 천명(天命)

　신자들이 서로 너무 쉽게 자주 쓰는 말 중에 "다 하느님의 뜻", "모든 것이 다 신의 섭리(攝理)"라는 표현이 있는데 이 말에 문제는 없는가? 라는 물음으로 시작하자. 우리는 나이가 들어가면서 지천명(知天命)을 쉽게 입에 담는다. 그러나 피조물인 인간의 비천함과 나약함을 감안하면 어느 누가 감히 천명을 안다고 말할 수 있을까? 그런데도 우리 신앙인들은 너무나 쉽게 이것은, 혹 저것은 하느님의 뜻이라고 단언한다. 요절한 젊은이의 장례식에 가서는 "하느님이 뜻이 있어 미리 데려가신 것이다."라고 말하고 실패한 사업가에게 위로한다고 "다 하느님의 뜻이 있을 것이다."라고 말한다. 시험에 낙방한 이들에게도 우리는 너무나 쉽게 다 하느님의 뜻이라고 습관처럼 말한다. 이해가 안 되고 설명이 안 되는 상황에서 얼버무릴 수밖에 없어 하는 말이라는 생각도 든다. 그러나 신자들이 쉽게 쓰는 "다 하느님의 뜻"이라는 표현에 나는 이의를 제기한다. 신앙심의 발로에서 하는 말처럼 보이지만 그 속에 담긴 메커니즘은 문제가 많다. 물론 넓은 의미에서 만물의 이치는 창조주의 뜻에 달려있지만, 인간의 그 누가 과연 하느님의 뜻을 잘 파악하여 그렇게 단정 지어 말할 수 있단 말인가? 어찌 인간이 자신의 생각을 담아 하느님의 뜻이라고 감히 왜곡할 수 있겠는가? 자신의 욕심과 생각을 투사하여 '다 하느님의 뜻'이라고 단언하는 것이 열심한 신앙인의 모습으로 간주되어서는 안 된다.

　전에 화제가 되었던 영화 〈밀양〉은 이청준의 소설 『벌레 이야기』를 가지고 만든 것이다. 이 소설에 나오는 김 집사의 열심한 신앙은 죽은 알암이(영화에서는 준이) 엄마의 가슴에 신앙의 불을 놓는다. 알암이가 유괴당하고 죽은 것은 다 하느님의 계획이라고 말하며 알암이의 엄마를 설득하고, 교회로 인도하여 마침내 세례를 받게 한다. 하느님의 깊은 섭리의 역사를 인간으로서는 헤아릴 수 없다는 말은 맞는 말이다. 그런데 김 집사는 자신의 해석을 덧붙인다. 알암이의 불행한 사고가 알암이의 엄마로 하여금, 주님을 영접하게 할 은총의 기회로 계획된 것이라는 것이다. 하느님은 영광과 은총을 예비해 두고 계시지만 우리를 단련시키려고 시련과 고통을 주시는 것이라고 말한다. 그러니 아들이 무참히 강도의 손에 죽어간 것도 다 하느님의 뜻으로 받아들여야 한다고 충고한다.

인간의 고통과 불행에 대한 두 가지 잘못된 태도가 있다. 하나는 "그래, 인간은 신의 벌레에 지나지 않으니, 우리 인간의 모든 행복과 불행은 다 신의 뜻이다."라는 자학적이고 피동적인 태도이다. 이 안에는 어느 정도 운명론적인 인생관이 들어있다. 다른 하나는 욥과 같이 신에게 도전하는 자세이다. 인간의 불행이나 고통은 죄의 결과, 곧 신의 벌이나 보복일 텐데 나는 잘못한 것이 없으니 하느님이 나와서 나의 불행에 책임을 지라는 식의 태도이다. 살면서 하느님에 대해 실망을 느껴본 적이 있는가? "하느님은 왜? 하필 내게 이런 고통을 주시는 것일까? 내가 무엇을 잘못하였기에 하느님이 내게 이러시지?" 이러한 질문은 고통을 인과론적 관점에서 바라보는 입장이다. 다 하느님의 뜻이라고 말하던 신자들이 하느님께 토라지고 배반하는 경우에까지 이르면 어찌 지천명을 했다고 말할 수 있겠는가? 공자는 『논어』에 "나이 오십이 되면 천명을 안다.(五十而知天命)"라고 말하였다. 하늘이 명한 바, 곧 하늘의 뜻이 바로 천명이다. 『중용』은 그 첫머리에 천명을 다룬다. "하늘이 명한 바는 성이다. 그 성을 따르면 도에 이르게 된다." 천명지

위성(天命之謂性)이요, 솔성지위도(率性之謂道)는 의미이다. 도의 시작이 바로 천명에 있음을 말하고 있다. 그렇다면 하늘의 뜻과 명하신 바를 우리 인간은 어떻게 파악할 수 있는 것일까? 이 세상에서 인간은 하느님의 뜻을 어떻게 알아들어야 하는 것일까?

어느 종교이든 상선벌악을 말하고 가르친다. 그러나 상선벌악을 신의 의지와 결부시키는 것은 올바른 신앙적 태도일까? 신은 인간의 선행 하나하나에 상을 주시고, 악행의 각각에 맞게 벌을 하시는 분이신가? 그래서 "하느님은 헌금 백만 원을 내면, 만원을 한 사람보다 그 몇 배의 축복을 더 해주시고 악행을 하면 즉각 그에 대한 보복적 벌을 내리시는가?"라는 질문이다. 신자들은 일상생활에서 겪는 행복과 불행을 모두 신과 결부시키는 자신의 태도(체념적이든 반항적이든)를 신앙심의 발로라고 여기는 경향이 짙다. 아니다! 상선벌악은 신이 인간의 개별적 행위에 대해 내리는 작위가 아니다. 하느님이 당신의 목적을 달성하기 위해 악이나 불행, 혹은 은총을 이용하여 인간을 조종하는 것이 아니라는 말이다. 태중에 소경이 된 것은 누구의 죄 때문도 아니라고 예수님은 말씀하신다. 그 부모가 무슨 잘못을 해서 신이 내린 벌도 아니고 혹은 하늘의 저주나 운명의 장난도 아니라는 것이다.

종교와 기복성은 불가분의 관계에 있다. 세상의 그 어떤 종교도 예외 없이 기복성을 지니고 있다. 그러나 그 기복성은 인간의 신에 대한 표현일뿐이지, 신의 속성은 아니다. 선행 안에는 그 자체 안에 마음의 평화와 행복, 혹은 선행의 시너지 효과 등이 내재하여 있는 것이고, 악행은 그 행위과정 안에 불안과 고통이라는 벌이 내재되어 있는 것이다. 이 세상에서는 밀과 가라지가 함께 자랄 수 밖에 없는 것이고 그것이 인간세의 실존이다. 이런 점에서 신학은 문학을 고발한다. 문학은 인본주의적 입장에서 인간이 신 앞에 벌레만도 못한 존재임을 항변하고, 알암이 엄마의 고뇌와 아픔(신에 항거한 자살)에 동참하도록 독자들을 감성적으로 선동한다. 그러나 신학은 그러한 태도에 문제가 있음을 고발하고 인간의 고통은 인과론적으로 이해되어서는 안 된다고 말한다. 욥이 자신은 정정당당한데 왜 이런 불행이 오는가라는 항변은 사실, 나는 피조물이 아니라는 말과 같은 것이다. 곧 인간 그자체 안에 비존재적 요소가 존재하는 것을 인정하지 않으려 하는 태도, 바로 욥의 교만이며 오류이다. 내 삶은 내가 잘못을 하지 않으면 내가 원하는 대로 돌아가야 한다는 기복적 논리는 신적인 결정권을 인간이 자신의 것인 양 사용하고 싶어 하는 태도이다.

신과 인간의 근본적 차이를 인정하는 것이 진리의 시작이다. "내가 땅을 세울 때 너는 어디 있었느냐?"(욥 38,4)라는 하느님의 욥에 대한 물음은, 곧 의문투성이의 인간이라는 존재는 사실 자신의 실존에 대해 아무것도 모르는 존재가 아니냐는 창조주의 질책이다. 하느님은 욥의 고통과 불행이라는 개별적 문제에 답변하시는 것이 아니라 신과 인간의 근본적인 관계에서 욥에게 질문을 시작하신다. 고통의 문제는 존재론적인 문제이지, 현상적인 문제가 아니라는 것이다. "너는 자신이 누구라고 생각하느냐? 인간이냐? 그러면 너는 고통을 당하는 존재이지 그것을 묻고 따질 존재는 아니다."라는 것이다. 이것이 바로 천명, 곧 하늘이 정하신 바요, 인간은 그 천명을 받는 존재일 뿐이니 이것을 인간의 본성(本性)이라 한다. 그러니 누구를 위로한답시고 당신의 고통과 죽음, 불행은 하느님 뜻이라고 어물쩍하게 말하기보다는 우리 인간의 실존적 상황에서 발생할 수 있는 필연적인 요소임을 말해주고 이를 수용하도록 이끌어 주어야 하는 것이 올바른 신앙인의 자세이다.

신앙인은 '주님의 기도'를 수도 없이 되뇌인다. 그러나 그 기도 안에 담긴 천명사상을 제대로 이해하는가는 의문이다. 하늘에 계신 '아버지의 뜻(천명)

이 땅에서도 이루어지소서'라는 이 기도를 얼마나 사심 없이 바칠 수 있는가? 스스로에게 물어보아야 한다. 그리고 "제 뜻이 아니라 아버지의 뜻이 이루어지게 하십시오."(루카 22,42) 하고 진실되이 말할 수 있어야 그가 지천명했다고 말할 자격이 있는 것이다.

자신의 푼수를 알고 경우를 지킴이다: 시중(時中)

　모두들 유행어처럼 중용(中庸)하자고 한다. 불리하면 중용하자고 타협을 요구하고 유리하면 중용의 도를 지키라고 책망한다. 잘못 알고 있다. '중용'은 무엇인가? 중용이란 단순히 물리적인 가운데가 아닌 적중(適中)함이다. 양극단을 피하는 기계적인 타협은 중용이 아니다. 처한 상황이 제대로 파악된 뒤의 배려가 포함된 판단이다. 그래서 중용은 상황이나 시점의 중간을 의미하는 시중(時中)이다. 시중은 상황인식에서 나온 자유로움이며 관용이다.

　시중의 진의와 진가를 잘 파악할 수 있는 장면이 성서에 나와 있다. 가나의 혼인 잔치에서 두 '시간'이 만나 기싸움을 한다. 삼십 년을 곁에서 지켜보며 '그 때'를 기다리던 성모님께서 아들 예수에게 한 말씀 하신다. "포도주가 없구나."(요한 2,3), "……?" 그 옛날 가브리엘 천사의 예언을 가슴에 깊이 새기며 당신 아들이자 하느님의 아들인 예수가 장차 하느님의 어떤 위대한 일을 할 것인지 기다려오던 어머니의 마음이었다. 30년이라는 긴 세월은 일상의 연속이었고 평범함의 반복이었다. 매일 자라고 배우더니 목수가 되었다. 그러나 해야 할 위대한 일이 목수 일은 아닐 텐데 대체 언제 시작할 것인가? 성모님의 마음속에는 어머니로서의 마음 외에도 하느님 사업의 협력자로서 당신 아들 예수의 '그 시작'을 보고자 하는 마음도 있으셨으리라.

　그러나 그 청년 예수는 아직도 평범이었고 일상이었다. 스스로 생각하는 '그 때(時)'를 더듬어 보고는 있었겠지만 지금은 아니라는 생각이 들었는가 보다. 그런데 갑자기 그의 '때'가 어머니의 지적에 의해 혼란을 받는다. 어머니의 한 말씀에 영향을 받아 예수의 때가 잠시 흔들렸다. 마치 호수 위에 떨어진 두 돌멩이의 각기 다른 파동이 점차 다가와 서로 교차하면서 간섭무늬가 생기는 것처럼, 어떻게 할 것인가? 분명 조정이 되기는 해야 하는데……. 여기서 시중의 정신과 원리가 빛을 발한다. 어머니의 때와 자신의 때가 만나 상호 관계되고 여기서 예수는 자신의 때를 앞당겨서 물을 포도주로 바꾸며 그 때를 앞당기게 되는데 이러한 정신을 시중이라 한다. 시중은 무편심(無偏心), 곧 거룩한 무관심(indifference)에서 나온 배려이고 상황에 대한 통찰의 결단이다. 그래서 시중을 적중(適中)이라고도 말한다. 충청도 사람들은 말싸움하다가 꼭 쓰는 말이 있다. "갱우(경우)가 맞아야 하는 법!" 그러면 더 우길 수 없는 것이다. 그래서 시중은 시기에 맞고 상황에 맞는 경우의 수이다. 예수님은 밀이삭을 비벼 먹는 제자들을 안식일법 위반으로 고발하는 바리사이파 사람들에게 오히려 따져 물으신다. "다윗과 그 일행이 배가 고팠을 때, 다윗이 어떻게 하였는지 너희는 읽어 본 적이 없느냐?"(마태 12,3) 그리고 예수께서는 이렇게 말씀하셨다. "사람의 아들은 안식일의 주인이다"(마태 12,8). 형식이 아니라 내용이 무엇인지 먼저 읽으라는 뜻이요, 판단하기 전에 경우를 읽을 줄 알아야 한다는 뜻이다.

시중을 이해하지 못하는 바리사이들에게 율법은 언제나 가두는 테두리요, 걸리는 올가미일 뿐이다. 허기졌을 때와 한가로운 때에 하는 행동에는 동기와 목적이 다른 법이지만 그 적절한 시기(시중)를 이해하지 못하면 경직되고 좁아진다. 법(法 = 水+去)이라는 글자 속에는 물이 흘러가듯이 적용하라는 의미가 담겨있고, 그 반대로 경직되거나 고착되지 말라는 교훈도 들어 있다. 오 리를 가 달라고 하는데 십 리를 가주라는 말씀 속에는 바로 상황에 대한 배려와 사랑이 들어 있어야 한다는 의미이지, 율법의 조문대로 몇

보를 걸을 수 있고 없음를 말함이 아니다. 오 리를 거리로 풀려는 사람은 법의 올가미에서 벗어나려 함이고, 십 리를 가주는 사람은 시중의 도를 실천하려는 사람이다. 잠언서에 모든 것은 다 때가 있다고 말한다. 그 가장 적절한 때가 곧 시중이다. 무화과 잎이 돋거든 여름이 온 줄을 알라고 하시며 시대의 징표를 읽어내라는 주님의 가르침은 바로 시중의 마음으로 세상과 삶을 돌아보라는 말씀이시다. 유다인들은 무화과나무의 잎이 돋아나는 시기를 잘 알고 있었기 때문에 그 잎이 돋아나면 그들은 이제 여름이 가까운 줄로 알고 그에 맞게 대처를 했다. 농사일도 시중을 읽어내야 하거늘, 하물며 우리 인생의 상황인식은 더 말해 무엇하랴.

어린 시절, 교실에서 짝꿍하고 책상을 반으로 금 그어 본 적이 있는가? 서로 미워하면서 자로 재어 책상을 정확히 반으로 나누고, 칼로 마음의 깊은 골 같은 금을 긋는다. 어느 물건이든지 이 금을 넘어오면 몰수를 당하거나 칼로 그어진다. 정확히 반으로 나누었으니 공평한 처사이고 중용에 따른 것이니 시중이라고 말할 수 있는가? 잘 지낼 때는 아무 문제없이 나누어 쓰기에 비좁지 않던 책상이 양분되면서 좁아진다. 책상이 좁아진 것이 아니라, 마음이 좁아진 것이다. 넓으면 바다 같다가도 좁아지면 바늘 끝처럼 편협해지는 것이 사람 마음이다. 모든 것을 수용하려던 넓은 마음이 옹졸해지면, 실 한 가닥 꿰기도 어려운 좁은 바늘귀 같아지는 것이 인간의 마음인 것이다.

부부간의 금실이 좋을 때는 이해(利害)의 눈금에 편차가 있어도 문제가 되지 않는다. 그러나 사랑이 사라지면 시중이 부재하고 대신 저울 눈금이 보인다. 사사건건 시비가 교차하고 이해득실이 난무하면 더 이상 부부가 아니다. 책상을 두 쪽으로 나누고 칼금을 긋는 행위와 같은 것이다. 이런 부부가 공원에 나와서 시소를 탄다고 하는데 서로 각자 자기 자리에 앉아 요지부동이다. 지지 않으려고 양보하지 못해 기싸움을 하다가, 그러면 중용의 덕에 맞추어 정확히 반을 나누어 타고 시소 놀이를 하자고 한다. 움직일까? 재미가 있을까? 시중은 논리적이고 수학적인 반이 아니라 무게가 더 나가는 그 누가 앞으로 당겨 않는 자리, 양보하는 자리, 배려하는 자리이다. 내가 져주는 자리가 곧 시중인 것이다.

시중은 낚시찌와 같은 것이다. 낚시터의 수면은 항상 평온하지는 않으나, 낚시찌는 물결 따라 요동치면서도 언제나 오뚝이 같이 직립을 유지하려 한다. 요동 속에서도 곧추서려는 상태를 '시중'이라고 한다. 그래서 군자는 마땅히 화목하면서도 흘러가지 않고 기대지 않고서도 중립을 유지하는 '형평자(故君子和而不流中立而不倚,《中庸》)'인 것이다. 그 요동은 물결에 순응하는 것임과 동시에 물결을 거슬러 바로 서려고 노력하는 과정이기도 하다. 사람의 삶 속에서 표현되는 진리는 영원히 불변하는 무상(無常)의 상태가 아니다. 유한적인 인간의 시공 속에서는 시중으로 표현될 수밖에 없는 것이다. 중용이란 이처럼 흐르는 시간 속에서, 그리고 바람의 움직임 속에서도 변함없는 방향성, 곧 변화하는 공간 속에서 곧추선 상태를 유지하려고 노력하는 연속과정을 이른다. 그렇다면 삶이란 곧 중(中)을 획득하려고 시시각각 요동치는 찌의 움직임이요, 죽음이란 과유불급(過猶不及)으로 인해 찌가 수면 아래로 가라앉거나 물 위에 누워버린 데 비유할 만하다.

중용의 핵심인 중(中)은 물리적이고 기계적인 양극단의 가운데를 말함이 아니라, 기쁘고 노하고 슬프고 즐거운 감정 등등이 일어나지 않은 상태를 말한다. 곧 시중은 희노애락(喜怒哀樂)의 감정이 발(發)하지 않은 순수한 본연의 성(性)의 상태, 곧 사사로움과 치우침, 편협함, 사욕 등이 전혀 없는 순수한 상태라 할 수 있다. 그래서 시중의 반대말이 'difference', 곧 집착, 사욕편정, 욕심, 억지, 앙탈이다. 이냐시오의 『영신수련』 23항에 나오는 원리와 기초에도 이 중용의 원리가 들어 있다. 'Tantum Quantum'이라는 말은 사물을 대하는 올바른 태도를 지적한다. 곧 인간은 창조된 목적을 달성하는데 도움이 되면 그만큼 사물을 이용하고, 방해가 되면 그만큼 배척해야 한다는 의미이다. 물질은 사악한 것이니 무조건 피해야 하는 것도 아니요, 그렇다고 물질에 푹 빠져서도 안 되는 것이다. 그러나 'Tantum Quantum'은 이 양극단을 피하기만 하면 되는 기계적 중용이 아니라 내적 자유에 의거한, 진정한 의미의 중용이다. 하느님의 영광을 위해서 도움이 되면 되는 만큼만 취하고 방해되면 그 만큼 배척해야 하는 척도인 것이다. 여기서 벗어난 모든 행동을 사욕편정이라 한다. 야고보와 요한의 어머니가 사심으로 예수님께 다가와 아들들 쪽의 천칭을 슬그머니 누르려 하자, 다른 제자들의 심기가 시중을 잃고 화를 내며 다투는 것과 같다. 시중을 잃으면 흐려지고 흔들리며 사사로워진다. 유교 전통에서 최고의 덕으로 간주하는 시중은 이론이 아닌 지극히 실천적이고 사회적인 영향력을 지닌 사상이다. 시중 속에서 도가 자리를 잡고 발하여 만물에 생기를 불어넣어 준다. 시중은 유한적 시공(時空) 속에서 사람을 아름답게 빚어내게 하는 상황의 미학이다.

느보 산에서 모세, 경계에 서다

구원의 역사 속에서 안타까움과 회한이라는 인간적 정서가 적용될 수 있는 곳, 느보(Nebo) 산 정상에 서서 그곳에 섰던 모세의 심정을 헤아려 본다. 아르논 계곡을 떠난 일행은 느보 산에 올랐다. "(가나안 땅을) 보게 하여 주십시오"(신명 3,25). 모세가 간절히 청하지만, 하느님은 거절하셨다. 야훼께서 말씀하신다. "피스가 꼭대기에 올라가서, 서쪽과 북쪽과 남쪽과 동쪽으로 눈을 들어, 네 눈으로 똑똑히 보아라. 너는 이 요르단을 건너지 못할 것이다"(신명 3,27). 모세가 이집트에서 출발하여 40년 만에 이곳에 와서 하느님께 가나안 땅으로 가게 해달라고 빌었으나 거부당하고 결국 여기에서 120세 생을 마쳤다. 죽음 직전에 그는 이곳에서 마지막 설교를 했다. 무슨 말을 했을까? 한두 달, 길어야 일이 년이면 끝날 줄 알았을 파스카 출애굽의 시작이 40년에 걸쳐 마침내 마지막 여정인 느보 산에 섰다. 저 조그마한 도랑 같은 요르단 강을 건너가 야훼께서 마련해 주시는 가나안이다. 산을 삼킬 듯한 홍해의 높은 파도를 가르고 패스오버, 파스카! 넘어온 그였건만, 고지가 바로 저기인데 넘어갈 수 없다. 가나안 땅을 바라보는 그의 눈가에 맺히는 눈물은 무슨 의미일까? 머리는 백발이나 장정 같은 노인의 힘 넘치는 손아귀에는 불뱀을 몰아내던 광야의 지팡이가 들려 있다.

반만년을 건너 나 역시 성지순례단을 이끌고 시나이 광야를 넘어, 오늘이 산 위에 섰다. 나의 눈으로, 모세의 눈으로 요르단 강 너머 가나안 땅을 굽어 보고 있다. 순례단들이 여기저기 모세의 안타까운 마음을 읽어 냈는지 웅성거리고 그 속에는 하느님에 대한 질타인지 투정 섞인 말들이 오가는 소리를 듣고 있으려니 마음이 헷갈려 온다. 마치 모세와 함께 정상에 선 이스라엘 백성들의 불평과 불만 섞인 말들이 재현되는 것 같아 현기증을 느낀다. "하느님은 왜 모세를 가나안 땅으로의 입성을 허락하지 않으셨을까? 질투하셨나? 속 좁은 분일 거야. 하느님께서 너무 무정하시고 매몰차시다."라고 인간은 말한다. "40년 동안 하느님의 말씀을 따라 이스라엘 백성을 이끌어 여기까지 인도해 왔는데, 가나안 땅을 밟게 하셨으면 얼마나 좋았을까? 저 작은 요르단 강을 건너는 게 뭐 그리 대단한 일이라고, 한번 건너가게 하시지. 이스라엘 백성들의 관심이 모세에게 전이되는 것을 질투한 것은 아닐까?" 너무 부질없는 사람의 추측이요, 억지이다. 겉으로만 보면 모세가 약속의 땅으로 들어갈 수 없었던 것은 페트라의 '와디 무사'에 있는 모세의 샘과 관련이 있는 것처럼 묘사되어 있는 성서 구절을 듣고 나서 저리들 속닥거리는 것이다. 야훼는 모세에게 바위에 물을 내라 명하라 했음에도 불구하고, 모세는 굳이 바위를 쳐서 물이 나오게 하는 기적을 보였다. 모세의 자기주도적인 행동과 능력이 우매한 백성들에게는 신기루처럼 번져서 보였을 것이다. 그들의 얄팍함은 모세의 손이 가리키는 가나안과 하느님의 뜻을 보지 않고 그의 손만 보았던 것이다. 그 신기루 역시 우상이건만 모세는 점차로 이스라엘 백성들에게 신에 버금가는 존재가 되어가고 있었던 것이다. 야훼 하느님은 백성들의 그 우매함을 경계한 것이리라.

하느님은 이스라엘 백성들이 가나안 땅을 밟을 준비가 안 되었다 생각하시고 38년 동안 광야를 헤매게 하셨다. "카데스 바르네아를 떠나 제렛 시내를 건너기까지 걸린 기간은 삼십팔 년 동안"(신명 2,14)이라고 신명기는 말하고 있다. 저 작은 시내를 건너는데 38년을 황량한 광야에서 훈련시킨 하느님의 뜻은 인간의 생각을 뛰어넘는 그 무엇이 있는 것이다. 이스라엘 백성이 제렛 시내를 건너면서 얼마나 큰 감동을 받았을지 누구도 짐작할 수 없을 정도였으리라. 이제 요르단 강을 눈앞에 두고 있다. 요르단 강은 제렛 시내와는 또 다른 엄청난 상징적 의미가 있다. 요르단 강을 건넌다는 건 이스라엘에게 일어날 수 있는 체험 가운데 가장 중요한 경험일 터였다. 그건 이제는 광야생활이 끝난다는 뜻이고, 하느님께서 선물로 주신 그 땅에서 자신들의 집과 같은 편안함을 갖게 된다는 뜻이다. 이제껏 나그네와 행인 같은 삶을 살았다면 이제부터는 그 땅의 주인으로 자리 잡고 살게 된다. 요르단 강을 건너 가나안 땅으로 들어간다는 것은 이집트의 노예 신분에서 벗어나 명실상부한 하느님의 백성이 된다는 뜻이다.

지금까지 하느님의 돌보심 아래 만나와 메추라기를 먹고 구름 기둥과 불 기둥으로 인도하심을 받았던 어린아이와 같았다면, 요르단 강을 건너는 순간 당당한 성인으로 자기 앞가림을 스스로 해야 한다. 그래서 이스라엘을 하나의 국가로, 하느님이 세우시는 하느님의 나라라는 걸, 온 천하에 선포하는 순간이 되는 것이다. 이스라엘이 새로이 거듭나는 그 순간 지도자의 교체도 자연스레 이뤄지는 게 마땅하다. 이제껏 모세가 수고하고 애쓴 건 사실이지만, 새 나라는 새로운 지도자에 의해 새롭게 시작되어야 한다. 백성들이 바라보아야 하는 것이 더 이상 모세여서는 안 된다. 그들의 눈에는 영웅이요, 지도자요 아버지인 모세는 하느님을 대신해서도 안 되고, 백성들은 그렇게 헷갈려서도 안 된다. 모세의 죽음은 그렇게 그들을 성숙시키기 위한 '떠나감'이었다. 마치 철부지 같던 제자들을 두고 승천하시던 예수님의 말씀처럼, "내가 떠나는 것이 너희에게 이롭다. 내가 떠나지 않으면 보호자께서 너희에게 오지 않으신다"(요한 16,7). 모세의 퇴장은 새 하늘, 새 통치의 입장을 의미하는 것이고 그것은 영적인 성숙의 필연적 통과의례이기 때문이다.

인간이 동물과 구분 짓는 그 경계선은 무엇일까? 인간의 생물적 삶과 형태는 동물과 큰 차이가 없기에 우리는 어디에서부터 경계를 지어 사람이라고 인식하는가? 마찬가지로 우리는 신의 모상을 지니고 있어 그 분여된 속성에 있어 신과 닮았지만, 그 경계를 인식함은 중요하다. 신라 시대에는 서원이나 향교에 홍살문을 설치하여 신성시되는 장소를 보호하는 금줄의 의미를 가지고 있다. 비슷한 의미로 절에는 일주문(一柱門)이 있다. 이 문을 경계로 하여 문밖을 속계(俗界)라 하고 문 안은 진계(眞界), 곧 불계(佛界)라 구분 짓는다. 느보 산에 서서 나는 그 홍살문과 일주문을 보았다. 홍살문은 경계 지음이다. 이것과 저것을 경계 지음으로써 영역에 차이를 나누는 경계선이다. 모세의 지팡이가 느보 산 정상에 박혀 있어, 그 너머는 거룩한 하느님의 땅임을 경계 짓고 있었다. 인간이 인간일 수밖에 없고 신은 인간과 다른 존재임을 인식하는 것은 종교의 지혜이다. 모세가 그 경계에 서서 생을 마칠 수밖에 없었음을 수용하는 것은 인간의 실존이다. 현대 과학기술 문명의 발달로 그 홍살문이 제거되어 인간은 신의 영역을 조금씩 잠식해 들어가고 있다. 그것은 인간의 본질을 넘어서는 죄이고 인간의 비극이 시작되는 곳이다. 느보 산에 선 인간은 그 누구나 사람이란 피조물의 현주소를 깨달아야 한다. 그로부터 반만년이 흘러 이 산의 정상에 서는 그 어느 인간도 예외는 없다. 느보 산은 어디 까지가 인간이고, 어디서부터 하느님인지를 알게 하는 곳이다. 방황하던 광야는 인간의 영역이고 그 너머가 바로 신의 영역임을 알게 해주는 곳이니 바로 인간의 한계를 깨닫는 곳이다. 코로나19는 인류의 삶에 이의를 제기하고 있다. 과거 백여 년간 우리가 살아온 방법은 광야의 방황처럼 신에게 머리를 쳐들고 반항하였다. 코로나19 시대에 우리 인류는 경계에 서 있다. 더 이상 넘어가선 안 되는 신의 금줄을 밟고 있다. 이러한 우리에게 시편의 "너희는 멈추고 내가 하느님임을 알아라."(시편 46,11)라는 말씀은 실존적 경고이다. 인간이 아무리 뛰고 날아도 거기 까지라는 한계점을 인식함은 지혜이고 바로 신앙이 시작되는 곳이다. 느보 산이 바로 그 경계이며, 인간은 단지 그곳에 서서 신의 뜻을 기다려야 하는 것이다.

제	1	부		신	철	논	형	‖		
‖	.		희	망	의		샘			

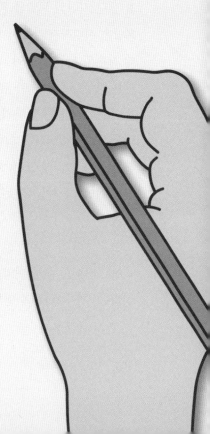

영혼 삽니다! 영혼을 파세요

이 세상에서 가장 비싼 물건이 무엇일까? 그 값은 얼마나 되고 그것을 사려면 무엇을 지불하면 될까? 사람들은 장수하고 싶어 한다. 그러니 가장 귀한 것은 젊음이라고 생각할 것이다. 괴테(Johann Wolfgang von Goethe)라는 사람도 같은 생각이었나 보다. 1800년대에 60여 년간 쓰인 『파우스트』는 그의 자전적인 희극이다. 괴테 자신의 인생 이야기가 담겨져 있기 때문이다. 84세까지 살면서 온갖 영화를 추구했던 괴테는 실제로 60세 때 20대의 처녀와 함께 살았다. 그는 영혼을 팔아서라도 젊음, 욕망, 성취, 영생을 추구하려 했던 자신의 모습을 파우스트에 투영시켜 극을 전개한다. 인간의 깊은 욕망은 어디까지 가는지 알고 싶었던 것이다. 파우스트는 악마 메피스토에게 사후의 영혼을 팔아 생전의 청춘과 욕망을 샀다. 세상에 사는 동안 악마는 파우스트의 종이 되고 그가 원하는 것은 무엇이든지 다 들어주되, 죽은 뒤에는 영원히 악마의 종이 된다는 조건이었다. 마녀가 준 물약을 먹고 파우스트는 젊어진다. 희랍의 최고 미녀 헬레나를 불러내어 결혼하고 아이를 낳는다. 그러나 그가 영혼을 팔아서 얻은 젊음과 행복은 결국 헛되고 헛된 것이었음을 깨닫게 된다. 마지막에 파우스트는 "멈춰라!"라고 말하면서 죽음을 맞이한다.

그로부터 한 갑자가 흐른 뒤 영국의 유명한 소설가 오스카 와일드가 『도리언 그레이의 초상』이라는 소설을 발표하면서 사회에 큰 물의를 일으켰다. 어쩌면 『파우스트』의 영향을 받아서 쓴 소설인지는 모르지만 이 소설 역시 자신의 젊음을 위해서 영혼을 파는 유미(唯美)주의적 경향을 강조했다고 해서 그는 감옥생활까지 해야만 했다. 도리언 그레이의 두 친구 헨리경과 화가 바질은 이 젊은이를 우상화시켜 나르시시즘(Narcissism)에 빠지게 만들어 젊음과 아름다움만을 추구하는 외모지상주의의 화신으로 타락시킨다. 화가가 그려준 자신의 아름다운 초상을 영원히 간직하고 싶은 강렬한 욕망이 초상화와 빅딜을 하게 된다. "아, 반대로 되면 얼마나 좋을까? 나는 언제까지나 젊은 모습 그대로 남아 있고 초상화가 나 대신 점점 나이를 먹는다면 얼마나 좋을까? 그렇게 된다면 난 무슨 짓이든 할 거예요. 내 영혼이라도 바칠 거예요." 세월의 짐은 모두 초상화가 떠맡고 자신은 영원한 젊음을 유지하며 흠 없이 화려한 빛만 발하게 해달라고 기도한다. 결국 그대로 되어 초상화는 점점 추악해지고, 이 젊은이는 점점 더 젊어지지만 그의 오만과 정념으로 뭉친 영혼과 정신은 방황을 하다 결국 파멸로 이르게 된다는 결말이 설정되어 있다. 평범한 우리는 과거 자신의 젊었을 때 사진을 들여다보며 점차 늙어가는 자신의 모습에 한숨짓는다. 컬러 사진이 아직 개발되지 않았던 그 시대에 지금 우리들과 같은 염원은 단지 그림에 전이되었다는 차이일 뿐 동일한 것이다. 그런데 이런 정도의 염원은 지금 현대의 흐름을 보면 애교수준이 아닐까? 강남의 거리에 줄지어 늘어선 성형수술 전문 병원들을 보면, 오스카 와일드가 탐미적이었다는 사회의 고발로 감옥에 2년간 살아야 했던 일이 너무 억울하게 느껴질지 모른다.

이 시대에 우리는 무엇을 사고 싶어 하는가? 유혹자 자본주의가 우리에게 영혼을 팔아서라도 사고 싶게 만드는 유혹은 무엇인가? 장안에 동안 열풍이 식지를 않는다. 요즘 남녀 모든 사람들이 가장 듣고 싶어 하는 말 중에 으뜸은 "나이보다 젊어 보인다."는 말이라고 한다. 여성들은 나이가 들수록 예쁘다는 말보다 젊어 보인다는 말을 더 듣고 싶어 한다고 한다. 동안 피부, 피부 미인, 도자기 피부……. 온갖 이상적 피부의 욕망을 담고 있는 단어들이다. 자본주의는 여성들의 그런 심리를 판매 전략에 넣어 사회에 최면을 걸고 있다. 피부를 위해서라면 먹는 것도 양보하게 만든다. 가히 미모지상주의에 올인한 한국의 민낯이다. 지금 인공지능의 시대에 인류는 회춘, 노화방지, 풍요, 장수를 위해 과학기술을 총동원하여 가능하다면 무슨 짓이라도 하고 있으니 파우스트나 도리언 그레이만을 고발하고 지적할 일이 아니다. 오스카 와일드가 설정한 초상화는 무엇을 상징하고 있는가? 자아의 그림자요, 트라우마 된 내면의 못난이다. 부정하고 싶은 추악한 자아, 타인들에게는 감추고 싶으나 자신만은 가끔 들춰보고 싶은 비밀스러운 자아다. 도리언은 부정된 자아를 대신하는 아바타적인 자아라는 가면을 쓰고 뭇사람들로부터 칭송과 감탄을 탐닉하면서 산다. 그러다가 밤에 비밀스러운 장소에 숨겨놓은 점점 추악해지는 자아의 초상화, 자신마저 정면으로 대면하고 싶지 않아 덮개로 가려놓은 초상화를 몰래 훔쳐보면서 관음증적 쾌락을 즐긴다.

"우리는 누구나 마음속에 천국과 지옥을 동시에 가지고 있다."라고 도리언은 화가에게 말한다. 자신의 양심은 진실을 알고 있지만 세상을 속이는 교묘함과 그 속임수에 걸려든 세상의 우매함을 혼자 키득대면서 즐기는 도리언의 영혼은 점차 악마로 변해간다. 마침내 그 초상화를 그린 화가를 살해하는데, 자신만이 알고 있는 비밀의 쾌락이 노출된 것에 대한 보복이다. '젊음의 경이로움'을 추구하도록 부추기기 위해 초상화를 완성한 화가에 대한 분노의 표현이었을 것이다. 자신을 우상처럼 추켜세웠고, 외모에 대한 허영심을 갖도록 세뇌(마음의 성형수술)시킨 책임을 화가에게 전가하였다. 우리는 노화와 외모의 추함이라는 자연적인 현상에서 그 누구도 예외일 수 없고 결국 죽음에 이르게 된다. 하지만 자신의 젊음과 매력의 상실을 거부하기 위해 영혼을 팔려고 드는 유혹은 자연에 대한 앙탈이요 거부다. 진선미(眞善美)의 순서를 헷갈리지 말고 조작하지도 말아야 한다. 미선진이거나, 미진선이어서는 안 된다. 그러나 우리는 사회적인 최면에 걸려 그 순서를 조작하려 들고, 그러고 나서 조금도 양심의 가책을 느끼지 않는다. 자아의 현실성에 대한 불만, 자아의 외적인 추함에 대한 부인에서 나오는 갈등은 자존감의 결여에서 나오는 것이다. 파우스트는 "멈춰라!"라는 말로써 자신을 참회한 것이다. 악마 메피스토에게 미와 젊음을 위해 영혼을 팔았던 빅딜의 어리석음에 대한 외침이다. 이 말로써 파우스트는 악마에게 진 것이고 결국 죽음을 맞게 된다. 그러나 그의 외침은 고백성사요, 참회의 증언이었다. 그러자 천사들이 내려와 합창한다. "사랑의 불길이여, 밝은 곳으로 향하라! 죄를 깨닫고 스스로를 벌하는 자는 그 진실에 의해 위로받고, 악으로부터 기꺼이 구원되어 모두 한 몸으로 정화된 축복을 받으리라."고 노래하면서 파우스트를 천국으로 승천시킨다. 구원을 받은 것이다. 천사들은 인간에게 신의 메시지를 전한다. "그대들의 본성에 없는 것을 그대들은 피해야만 한다"(『파우스트』 비극 제2부 참조).

『중용』의 첫마디는 '천명지위성(天命之謂性)'으로 시작한다. 곧, 성(性)은 하늘이 명한 바라는 의미다. 그런데 오욕(五慾)이 가미되면 이 본성은 정(情)으로 분화된다. 이 둘을 합쳐서 성정(性情)이라고 하는데 인간의 됨됨이를 말한다. 한국문화 안에서 정은 긍정적으로 평가되고, 정으로 많은 일을 처리하는데 그 실체는 혈연, 지연, 학연이다. 그러나 조금도 합리적이거나 공정하지 않은 이 정은 사욕을 많이 담지하고 있다. 거기서 정체불명의 가치관과 행동 방향이 나온다. 그 수혜를 누리는 자는 "우리가 남이가?"라고 어깨동무를 하고 달려들지만, 그 그늘에는 비리와 부정에 희생되는 사람이 있기 마련이다. 햇빛은 무색이지만 프리즘을 통과하면 일곱 가지의 색(色)으로 분화되는데 그 현란함에 마음을 빼앗기면 본래의 태양 빛을 잊게 된다. 정이 성을 뒤엎어 버리는 것에 비유될 수 있다. 만물은 신의 모상에 의해 창조되었다. 만물은 신의 조각을 담지하고 있다는 말이다. 인간 역시 '이마고 데이(Imago Dei, 하느님의 모상)'의 표현이다. 그 신의 모습을 담고 태어난 본성을 오욕에 의해 바꾸려 들지 말아야 한다. 성형수술을 해서 모두가 다 미남, 미녀가 되어야 하는 것은 아니다. 호박꽃의 본성은 장미를 닮으려 하지 않는데 그것이 바로 자연이다.

현대인들은 과학기술이 제공하는 풍요, 오락, 욕망, 재미들에 의해 풍요로워졌지만, 그것이 영혼을 팔아 얻은 것이라면 그 풍요는 무슨 의미가 있겠는가? 복음은 아직도 우리 인류에게 "사람이 온 세상을 얻고도 제 목숨을 잃으면 무슨 소용이 있느냐?"(마르 8,36)라며 묻고 있다. 과학기술이라는 메피스토는 지금 우리의 영혼을 사서 지상에서는 기꺼이 우리들의 종이 되어 기쁨을 주고 있다. 그러나 현대의 문명 속에서 우리의 혼은 방황하고 있다. 스마트폰 기기를 팔기 위한 광고에 그리스 여신을 연상시키는 스타가 나와 "영혼을 팝니다!"라고 외친다. 파격적인 카피와 함께 여배우의 귀여운 표정과 생기발랄한 몸짓에 현대인은 환호하였다. 유한적 인간이 제한적인 시·공을 초월하려고 안달하고 있고, 조금이나마 그 한계를 뛰어넘어보면서 자만하고 있으니 이 또한 인류가 영혼을 팔고 있는 행위가 아니겠는가? "멈춰라!"라는 파우스트의 충고가 우리에게 들려오는 듯하다.

한국은 '거위의 꿈'을 꿀 수 있는 사회인가?

칼 마르크스(Karl Heinrich Marx)는 인간의 역사를 계급과 신분의 갈등으로 보았다. 신분과 계층의 문제는 오랜 시간 동안 사회 구조의 핵심을 지배해 왔고 앞으로도 그러할 것이다. 한국 사회가 배움에 올인하는 현상은 학업을 통한 신분상승의 기대 때문이었다. 과거제도의 합격, 고시 패스 등은 서민과 빈자들이 신분상승을 할 수 있는 절호의 기회이자 로망이었지만 이제는 그것마저 어려운 사회로 가고 있다. 명문대에 들어가기 위해 중·고등학교, 심지어는 초등학교 때부터 과외에 매달린다. 영어를 배우기 위해 조기교육을 시키는 등의 극성교육을 "한국은 교육열이 매우 높다."라는 어느 미 대통령의 단순한 칭찬으로 우리는 긍정할 수 있는가? 교육을 통한 신분상승의 꿈은 과열되다 못해 폭발 직전까지 왔으며 교육은 배움의 진정한 의미를 상실하고 있다. 창업에 의한 신분상승도 어려워졌고 자영업의 실패율은 날로 급증하고 있다. 그 결과 사회적 신뢰가 무너지고 비혼(非婚)과 저출산이 늘면서 고비용 사회가 되었다. 그래서 '신분상승의 건전한 사다리, 한국에는 존재하는가?'라는 질문은 함께 고민해야 할 이 글의 화두이다.

강남불패, 오렌지족, 재벌세습, 교회세습, 대학교수의 모교 진출 등등, 한국은 보이지 않는 수많은 신분의 연합과 야합이 이루어진 사회이다. 혈연, 지연, 학연이라는 비합리적이고 공정하지 않은 배타성이 사회적 관행으로 합법화되어 견고한 시스템을 구축하고 있다. 한국의 사회적 문제의 핵심은 바로 구조적인 결함에서 비롯된다. '우리가 남이가?'라는 말속에 담긴 야합과 비리는 한국을 선진국 속에서 부패 공화국이라는 오명으로 만들고 있다. 영국 옥스퍼드 사전에 오른 한국어에는 기수(kisu), 재벌(jaebul), 갑질(gabjil), 애교(aegyo), 화병(hwabyung) 등이 있다. 마지막 단어는 한국 사회의 경직된 조직문화의 기수(期數)를 의미하는데, 모두 한국 사회만의 부정적이고 독특한 사회 현상을 보여주고 있다. 한 번 재벌의 아들이라면 2대, 3대, 4대를 넘어 지속되는 한국 사회이다. 금수저와 흙수저의 대립 속에서 신분상승, 신분탈출은 영원히 불가능할 것 같은 한국 사회의 어두운 면을 보면서 버나드 쇼(George Bernard Shaw)의 작품 『피그말리온』을 다시 읽는다. 이 작품은 예술가가 자신이 만들어낸 작품과 사랑에 빠진다는 그리스 신화 '피그말리온'에서 그 제목과 모티브를 가져왔다. 키프로스 여성들은 아프로디테의 저주로 나그네에게 몸을 팔게 되고, 키프로스의 왕 피그말리온은 여성에 대한 혐오의 죄로 결혼을 할 수 없게 된다. 대신 피그말리온은 지상에 아름다운 여인 조각상을 만든 뒤 갈라테이아라고 이름을 붙이는데, 지상의 그 어떤 여인보다도 아름다운 이 조각상을 사랑하게 된다. 아프로디테의 축일에 피그말리온은 여신에게 이 조각의 여인과 결혼을 하게 해달라고 빈다. 아프로디테는 조각상을 살아 있는 여성이 되게 하고 둘은 결혼하는 것으로 신화는 해피엔딩한다. 그러나 영국 사회에 무겁게 던지는 도전장 같은 주제를 가지고 시작한 스토리를 버나드 쇼는 동화적인 수법으로 마무리하기에는 속이 차지 않았을 것이다. 그는 영국 사회에 과감히 도전장을 내던졌다.

1800년대 말에 영국에서도 신분상승은 사회적인 이슈였다. 제도화되고 경직된 사회의 신분체계 속에서 거리의 꽃 파는 아가씨가 언어교정과 예절훈련으로 신분상승을 이룬다는 이야기를 통해 인간 존엄성의 진정한 가치를 설파하고 있다. 거리에서 꽃을 파는 일라이자와 그녀의 아버지 둘리틀은 멋지게 신분상승을 통해 사회를 고발한다. 귀족과 신사와 상류층의 행동과 가치관은 불가침적 성역이 아니라 평범한 인간도 진입이 가능해야 함을 선언한다. 작가는 신분과 돈에 굴복하는 영국 사회가 신분도 없고, 돈도 없는 꽃 파는 소녀에게 속아 넘어가는 것을 통해 신분 사회의 숭고함이 허울뿐임을 지적하고 있다. 불과 몇 달간 언어 전문가에게 훈련받은 꽃 파는 소녀가 영국 사회의 최상류층에게 왕족으로 인정받을 수 있다면 신분 사회는 더 이상 신성불가침한 것이 아니라는 말이다. 그들이 믿는 혈통과 교양은 얼마든지 다른 것으로 대체될 수 있는 허구이기 때문이다. 인순이가 부르는 「거위의 꿈」은 일라이자의 외침처럼 들린다. 흑인 혼혈로서, 마치 길거리의 꽃 파는 일라이자처럼 누구에게도 호감이 되지 못했을 그녀이지만 꿈을 이루고 창공을 날고 있다. 그러나 지금의 한국 사회를 들여다보면 젊은이들에게 「거위의 꿈」은 현실감으로 다가오지 않는다. 두 주먹을 불끈 쥐고 이 노래를 부르면서 자신을 추스르고 격려하려던 어느 젊은이는 이 노래를 끝까지 부를 수 있을까? 어쩌면 끝내 마저 부르지 못하고 흐느낄 것 같은 가사의 내용은 지금 한국 사회의 무거운 현실의 벽 앞에서 공허한 메아리로 울릴지 모른다. 2포, 3포를 넘어 얼마나 더 포기해야 하는지? 이제는 접을 꿈마저 없는 현실의 암울함을 우리 젊은이들이 느끼고 있다는 생각이 든다. 지난 조선 사회는 크게 보면 '양반-상놈'의 이원적 계급 사회였다. 그래서 누구나 하층신분을 벗어나 양반이 되고 싶어 했고 그 길은 정도이건, 비리이건 사회에 널리 통용되었다. 특히 조선 후기에 신분상승 운동이 들불처럼 일어났다. 어느 날 갑자기 신분상승이 된 사람이 "이 양반아, 이제 나도 양반이야!"라고 버젓이 양반 행세를 하는 경우가 많아졌다고 한다.

많은 외침 전쟁을 겪으면서 정부는 난국을 극복하기 위한 방편으로써 합법적으로 신분상승의 기회를 열어 주었다. 전쟁의 와중에 전투에서 공을 세운 사람에게 벼슬을 내리고 양반신분으로 인정해 주었다. 군량을 모으기 위해 임시방편으로 재물을 받고 벼슬을 내려 주던 납속책은 전쟁이 끝난 뒤에도 수시로 시행되었다. 천주교의 전래와 급속한 수용은 신앙적 차원 외에 사회적 갈등 해소로 이해되었다. 앞뒤, 상하가 꽉 막혀 있던 답답한 조선 사회에 신분과 인격에 대한 새로운 복음의 평등개념은 사회적 혁명으로도 인식되었던 것이다. 인간이라면 누구나 신의 피조물이기에 신분과 남녀의 불평등은 비복음적임을 자각하면서 조선 사회는 처음으로 근대적 사고와 인문적 가치에 눈을 뜨게 된 것이다. 이런 점에서 조선 후기 서양 문물과 정신(종교)의 도입은 근대 사회로의 진입을 의미한다고 말할 수 있을 것이다. 봉건제도에서 근대 사회로의 진입 조건 중 하나가 신분이동의 자유이다. 과거 봉건제도의 견고한 틀 안에서는 불가능한 것이 가능한 이유는 자유, 평등의 가치가 숭상되기 때문이다. 위로는 양반도 없고, 아래로는 노비도 없이 모두가 평등한 사회라야 진정한 근대 사회의 충족조건에 부합되기 때문이다.

신분상승은 주변인, 약자들의 로망이다. 특히 억눌리고 소외된 여성들에게 결혼은 신분상승의 기회가 된다. 누구나 신데렐라가 되어 백마 탄 왕자를 만나 질곡에서 벗어나고 싶어 한다. 그러나 한국 사회에서 결혼은 인연의 맺음이 아니라 투자처럼 인식되어 가고 있다. 재벌은 재벌과 결혼하고 강남 사람들은 강북 사람들을 짝으로 선호하지 않는다. 어느 사회이든지 한 인간의 흥망성쇠는 자연스러운 일이고 그로 인해 신분하락과 신분상승의 교체와 순환은 계속 일어나는 것이다. 물이 고이지 않는 사회, 빈부의 상하가 자연스럽게 교체되는 사회는 대기의 순환처럼 신선한 공간을 형성한다. 그러나 물이 정체되고 공기가 순환되지 않는다면 문제가 되듯이 사회의 신분 체계가 고정화되고 경직되어 있다면 그 속의 인간들은 불행해진다. 한 번 부자면 영원히 부자인 사회, 한 번 재벌이면 대물림 되는 사회는 부패하게 되어 있다. "신분상승은 꿈도 꾸지 마!"라고 포기하는 한국 젊은 이들의 어깨가 외로워 보인다. 그러나 이 소설에서 버나드 쇼는 신분상승 이란 외부적인 조건에 의해서가 아니라, 자신이 자아를 존중하는 조건으로 결정되어지는 것임을 말한다. 일라이자가 교육과 견습을 통해 귀족으로 인식되는 내기에서 승리를 하자, 그녀는 과감히 그 귀족적 신분을 박차버린 다. 자신의 신분은 외적인 조건의 굴레였음을 저항으로 벗어 던진 것이다. 경제 지위나 사회적 지위에서의 신분상승만이 행복의 조건은 아님을 선포한 인간승리였다. 성경에도 신분상승의 이야기는 나온다. 사마리아 여인, 페니키아 여인, 마리아 막달레나와 같은 여인들은 그 당시 하급 신분으로서 성(聖)의 영역에 들어올 수 없는 속(俗)한 자들이었다. 그러나 예수님과의 만남을 통해 영적 신분상승이 이루어지는 과정이 성경에 아름답게 묘사되어 있다. 신데렐라식 상승이 아니라 자아가 긍정되고 정신과 영혼이 수용되자 그 인격은 날아오를 수 있음을 보여준다. 지금 아픈 한국에 가장 필요한 치유적 영성이 있다면 그것은 자아가 수용되는, 자존감이 긍정되는 사회이어야 할 것이다.

혼쉼은 뉴에이지적 유혹이다

　주 5일 근무제가 실시된 지 십여 년이 지났다. 주말만 되면 여행이나 나들이 계획을 하면서 변화된 여가문화가 많이 감지된다. 그런데 우리, 지금 잘 쉬고 정확하게 힐링하고 있는 것일까? 건전하고 평화로운 여가문화가 정착되고 있는가? 여러 가지 사회적 현상을 들여다보면 심히 의문이 간다. 지금 한국 사회에서 들려오는 소리들은 아프다는 얘기, 관계로 어려워한다는 말들이다. 요즘 흔히 듣는 말들 속에 혼술, 혼밥, 혼(자)영(화), 졸혼, 혼놀, 혼(자여)행 등등 전에는 듣지 못하던 단어들이 트렌드처럼 사용되고 있다. 노는 것도, 사는 것도 함께하고 싶지 않다는 것이다. 이런 경향은 나홀로족들의 가벼운 편리주의나 문화 현상을 넘어 경제의 흐름도 바꾸고, 시대적 가치관도 바꾸어 놓고 있다. 1코노미, 각자도생(各自圖生)이란 신조어 속에 젊은이들이 인생 중대지사인 결혼마저 포기하면서 대한민국의 미래가 댓돌부터 흔들리고 있다. 자녀출산 기피 현상을 단지 경제적 가난의 이유로만 말할 수 없다. 로마 시대에도 팍스 로마나 시대에 접어들면서 가난했던 시절보다 출산율이 급격한 감소를 보인 적이 있다. 전쟁이 종료되면서 사회가 안정되고 쾌적한 인생과 즐길 거리가 많아지면서 사람들은 독신 풍조와 출산 기피 풍조가 확산되었던 것이다. 이에 대해 아우구스투스 황제는 '쿠라 모룸(Cura morum)'이라는 법령을 제정하여 결혼을 거부한 50대 독신 여성들의 재산권을 박탈하는 강수를 두기도 하였다.

　지금 한국 사회가 겪는 가장 큰 위기 중의 하나는 '인구절벽'의 문제이다. 결혼과 출산의 거부 현상 기저에 깔린 심리적이고 사회적인 원인은 매우 복잡하여 획일화할 수 없겠지만, 근본적으로 이 시대의 개인주의는 뉴에이지적 문화 현상과 연결되어 있는 것으로 판단된다. 과거 기존의 가치관은 사회적이고 공동체적이어서 '너와 나의' 공동선을 지향했으나, 뉴에이지는 개인의 안녕과 평화만을 추구하려 든다. 신앙도 개인화하려 들고 자기 수련을 통해 자력 구원을 목표로 삼는 그들은 종교를 개인의 신비적이고 감성적인 경향으로 이끌고 있다. 혼자가 편하다고 느끼는 싱글족들이 혼자 노는 이유는 자기계발이나 자기향유를 확보하려는 이기적인 마음, 공동체 속에서 불이익을 당하지 않으려는 폐쇄성, 유교적 관념에 연결된 복잡한 관계로부터 벗어나고자 하는 탈공동체성에서 비롯된 것이다. 현실의 행복을 추구하는 신세대들은 자녀들에게서 제삿밥을 얻어먹어야 할 필요성을 느끼지 못하고 따라서 후대를 이어 나가야 할 소명과 의무마저 폐기해 버렸다. 그런 그들에게 결혼이라는 제도는 거추장스러운 구 시대의 제도로 간주할 뿐이니, 나 자신만의 행복과 평화 자유스러움을 추구하려는 뉴에이지적 자아실현은 전통적 결혼관마저 휘저어 놓고 있다.

뉴에이지는 종교도 아니고 제도도 아닌 하나의 문화적 경향, 사회적 현상이다. 그러기에 표면적으로 큰 위험처럼 느끼지 않겠지만 더 깊고 쉽게 가랑비에 젖어 들듯 현대인들의 삶 깊숙이 스며들어 올 수 있다. 영화, 음악, 춤, 연극, 명상 등의 새로운 문화 현상이 뭐 그리 큰 문제일까? 라고 말하는 사람들이 많다. 더구나 뉴에이지 운동 추종자들이 추구하는 신과의 합일, 자연주의, 평화 추구 등으로 다가오는 뉴에이지의 현상들은 신선함으로 위장되어 온다. 그래서 일부 수녀원이나 신학교에서 아침 묵상 시간에 조지 윈스턴의 피아노곡이나 엔야의 음악을 틀어 놓는 경우가 있다. 겉으로 들리는 느낌은 물 흐르듯 잔잔하니 영혼이 고양되고 평화로운 마음이 솟아나는 것 같다. 그러나 뉴에이지 음악과 문화의 폐해는 생각보다 더 깊고 넓다. 그렇다면 과연 뉴에이지 현상은 무엇이 잘못되었다는 말인가?

종교는 마음의 평화만을 위해서 존재하는 것이 아니다. "내가 세상에 평화를 주러 왔다고 생각하느냐? 아니다. 내가 너희에게 말한다. 오히려 분열을 일으키러 왔다"(루카 12,51)라는 예수님의 말씀은 바로 종교와 신앙의 가치와 역할에 대해 잘못 생각하지 말라는 충고의 말씀이시다. 베드로 사도가 타보르 산에서 느끼던 평화, 신비, 안락함, 아름다운 자연은 인간이 종착해야 하는 가치가 아니라 십자가와 부활의 여정에 이르는 하나의 에피소드일 뿐이다. 그런데 이 느낌, 이 환영에 취해 천막을 치고 머물고자 하는 베드로 사도의 속뜻은 산을 내려가고 싶지 않다는, 파스카의 쓴 길을 가고 싶지 않다는 마음이 숨겨져 있는 표현일 것이다. 베드로 사도의 이 능청스러운 태도는 우스개 삼아 그가 바로 뉴에이지의 원조라고 말할 수 있을 정도이다. 그는 불과 며칠 전, 예루살렘행의 여정에서 이미 주님으로부터 사탄이라는 질책을 받았다. 죽음과 부활을 예고하는 주님의 계획이, 자신이 생각하는 메시아적 사명과 다르다는 생각에 반대하려 들다가 듣게 된 질책이다. "너희는 그의 말을 들어라."(루카 9,35)는 하늘로부터 들려온 말씀은 베드로에게 마치 "산을 내려가라."는 뜻으로 들린다. 인생은 이 세상에서 참된 평화와 행복, 평안과 휴식을 취할 수 있는 상태가 아니라 계속 나아가야 하는 '파스카적 존재'임을 말씀하신 것이리라.

뉴에이지의 음악이 지친 삶의 현장에서 돌아와 잠시 듣는 음악이라면 그리 문제 될 것은 없다. 그러나 추구하는 가치가 무사안일이요, 나만의 평화라면 영성적이고 수도자적인 삶은 영적인 사치일 수 있다. 삶의 현장에서 겪는 땀과 노력, 경쟁, 위험, 불안 등이 빠진 위안, 평안, 휴식, 영혼의 고양은 자기 속임수일 수 있다는 것이다. 물 흐르듯 흐르는 뉴에이지 음악을 듣다가 격정 가득한 베토벤의 운명 교향곡을 들어 보라. 삶이 그렇게 녹록한 게 아님을 알 수 있을 것이다. 밀린 월세를 재촉하는 문 두드리는 소리가 베토벤에게 그렇게 폭력적이고 검은 분위기로 다가온 것에서 삶은 얼마나 치열해야 하는지를 느낄 수 있을 것이다. 자신만을 위한 세계에서 평화와 안전망을 구축하고 거기서 신과의 합일을 추구한다면, 더구나 그 신이 바로 나 자신 안에 있다고 말하는 뉴에이지 추종자들의 정신세계는 바로 극단적인 이기주의, 불간섭주의, 무정부주의, 무신론적 유물사관인 것이다. 그들에게는 공동체, 친교, 희생, 사랑이라는 가치와 질서가 우습게 들릴 것이다. 감히 내가 구축해 놓은 재물과 시스템에 해가 갈까 두려워 통일, 민족의 화해와 공존, 공영이라는 가치가 수용될 여지가 없는 기득권자들은 자신들도 모르는 뉴에이지의 추종자들인 셈이다. 지금 우리가 추구하는 쉼, 힐링이 바로 이러한 경향이라면 그야말로 잘못 쉬고 있는 것이다. 그것은 힐링이 아니라 도피이기 때문이다. 인생에서 십자가를 제거해 보려는 유혹은 베드로 사도가 잘못 이해한 파스카의 오류와 같은 것이다.

쉼은 숨이다. 숨은 들숨과 날숨의 리듬이다. 들숨은 함이요 날숨은 하지 않음이다. 잡음이요 놓음이다. 이 둘이 삶에서 조화를 이루어야 진정한 쉼이 된다. 평화로운 사람에게서는 숨소리가 고르고 편하다. 대자연의 숨소리 역시 편안하다. 사심이 없기 때문이다. 또 진정한 쉼은 결코 외부의 조건에 의지가 되는 것이 아니다. 사람은 결국 사람들 속에서 관계를 이루어야 편안해할 수 있으니 그것이 인간의 실존적 상황이다. 너를 배제하고 나만 잘 쉬려는 이기적인 사람은 평생 욕심을 부리다가 제대로 한번 쉬지 못하는 바보일 뿐이다. 그렇게 평안한 쉼이 없는 사람은 그 숨소리가 거칠고 편안하지 않다. 함께 살아가는 공동체 안에서 진정한 평화와 힐링이 나오니, 사실 쉼과 힐링은 같은 말이다. 인생의 숨 고르기, 그것이야말로 진정한 힐링이다.

흐르는 물은 달을 안고 가지 않는다: 수급불류월(水急不流月)

메시아의 도래 이후 우리 신앙인은 지금, 참 특별한 시기를 살아가고 있다. 특별하다는 의미는 우리 시대가 그 어느 때보다도 복잡하고 위험하다는 현실에 대한 인식이고, 또 21세기는 이제까지 인류가 겪어보지 못한 변화의 속도 때문에 과거와의 단절을 경험하고 있다는 말이기도 하다. 신의 창조에 대한 인간의 도전이 도를 넘고 있다. 이룩한 업적을 보고 스스로 똑똑해졌다고 믿는 인간은 이제 '호모데우스'를 자칭하고 있다. 하지만 생태계의 파괴는 무제한의 성장주의와 무한의 경쟁 속에서 회복 불능의 임계점을 넘어가고 있다. 생태계의 파괴로 인해 세계 곳곳에서 일어나고 있는 자연재앙의 실태를 보면 과학기술이 말하는 밝고 찬란한 핑크빛 꿈을 꾸기에는 너무 암담한 현실이 되고 있다. 1850-1950년까지 한 세기 동안에는 1년에 한 종(種)이, 1989년에는 하루에 한 종(種)이, 2000년에는 매시간에 한 종(種)이, 그리고 2005년에는 분마다 한 종(種)이 사라지고 있다고 한다. 연구 결과에 따르면 50년 안에는 지구온난화로 인해 동물과 식물의 25%가 사라질 것이라고 한다. 아픈 생태계가 비명을 지르며 인간에게 절규하고 있고, 그 절규가 보복으로 다가오고 있다. 나뭇잎이 검어지면 여름이 온 줄을 알아야 한다. 시대의 징표를 읽을 수 있어야 한다는 의미이다. 과연 우리는 복음을 통해 이 시대를 올바로 진단해 낼 수 있는가?

인공지능 시대에 영성의 위기를 말하는 사람도 있고, 새 시대에 새로운 영성이 필요하다고 말하는 사람도 있다. 나 역시 몇 군데에서 원고 청탁과 강의 요청으로 새 시대의 새 영성을 찾고 있었다. 그러나 새 영성이라는 말에서 더 나아가지 못했다. 아무리 생각을 하여도 영성이 변할 수 있는 것은 아니라는 생각이 들었기 때문이다. 믿음, 희망, 사랑, 복음의 가치, 인간 구원, 형제애, 봉사 등등 이 모든 것이 시대가 변한다고 바뀔 수 있는가? 복음과 하느님, 그리스도 예수의 존재와 가르침은 불변의 보편적 가치이다. 진복팔단, 신망애, 구원 등은 시·공의 변화에 좌우되지 않아야 하는 것이 아닌가? 중국의 고전 『세림보훈(細林寶訓)』에 '수급불류월(水急不流月)'이라는 말이 있다. 직역하면 '물은 급하게 흐르지만 수면 위에 비친 달은 흐르지 않는다.'라는 의미다. 물은 부단히 흘러가지만 물에 비친 달은 따라 떠내려가지 않고 그 자리를 지킨다는 말속에서 영성의 위치를 찾을 수 있을 것이다. 이는 세월이 아무리 빠르게 변한다고 해도 본질은 흔들리지 않아야 한다는 뜻이다. 문득 영화 〈봄날은 간다〉에 나오는 대사가 생각났다. 무덤덤하게 헤어지자고 하는 은수에게 간절히 부탁도 해보고 따져도 보지만, 대답 없는 그녀에게 상우는 혼잣말로 "어떻게 사랑이 변하니?"라고 말하며 쓸쓸히 헤어지는 장면이 있다. 오래전에 본 영화이지만 아직도 그 말이 인상적이다. 세월이 흘러도 변하지 않는 것, 세속의 가치에 흔들리지 않고 살아갈 이유와 그 가치에 대한 믿음은 변하지 말아야 한다. 시대의 흐름에 휩쓸려 가지 않고 거슬러 오르는 힘, 변화와 혁신을 강조하는 현대의 급변 속에서 그래도 하느님과 진리는 불변하고 우리는 그 힘으로 살아간다고 믿어야 하지 않을까? 그러니 변화란 무조건 좋은 것이 아니라, 변화되어야 할 것만 변화해야 하는 것이다. 변화라는 이름 아래, 지키고 있어야 할 것까지 모두 변한다면 이보다 더 큰 불행은 없을 것이다. 이 세상에는 변화되는 것만큼 지켜져야 할 것도 많은데 그것이 바로 영성이다. 그래서 급변하는 이 시대에 나도 외치고 싶다. "어떻게 영성이 변하니?" 시대에 맞는 영성은 없다.

흐름 속에서 변하고 바뀐다면 그것은 더 이상 영성이 아닐 것이다. 시·공을 초월한 신적이고 절대적인 원리가 영성이다. 시대의 정신과 시대의 흐름, 징표는 있으나 그 안에서 살아내야 하는 원리는 변하지 않아야 한다.

디지털이라는 무한 질주 속에 요즘 뜨는 단어가 '디지로그'라는 말이다. 아날로그와 디지털의 합성이다. 아무리 과학이 발달한다 해도 기계적인 아날로그 방식은 여전히 필요하다는 생각에서 나온 말일 것이다. 새 술은 새 부대에 담아야 한다고 하지만, 맛이 변할 수는 있어도 술이라는 실체가 그리 크게 변하지는 않는 것이다. 여기서 새 부대의 문제에 집중한다는 것은 시대의 징표를 읽어내야 하는 지혜로움을 말한다. 시대의 흐름에 따라 표현 방식은 달라질 수 있을 것이다. 하지만 '진정한' 것은 변하지 않는다. 과거에 우리는 장미 몇 송이면 행복했었다. 그러나 요즘 디지털적 새 인류는 셀 수도 없이 많은 이모티콘 꽃다발을 안겨 대지만 그게 어찌 감흥이 같을 수 있겠는가? 불교에서는 색즉시공(色卽是空), 공즉시색을 말한다. 색(色)은 물질적 현상으로서 현란한 듯 보이지만 사실은 변화의 한 과정일 뿐이고, 실체라는 것도 있는 듯하지만 이 역시 사실은 공(空)에 불과하다는 의미이다. 시대가 바뀌면 관점도 변한다. 만물 안에서 공과 색은 다르게 표현된다. 그러니 변할 수 있는 것과 변하지 않는 것을 구분할 수 있어야 한다. 색은 변하는 것이니 디지털적이라고 말할 수 있다. 반면 공이라는 원리, 곧 공은 여전히 아날로그적이다.

시대의 흐름과 트렌드를 읽어주는 철학자 앨빈 토플러는 인공지능 시대에 '제5의 물결'이 다가오고 있는데 그것을 곧 '영성'이라 말했다. 과거 학문의 세계에서는 금기시되어 왔던 단어가 영성(靈性)이라는 말이었다. 검증되지 않은, 비객관적이고 비이성적인 허구로 보았던 것이다. 그러나 지금 현대 사회에서 영성은 트렌드요 대세이다. 종교인이 아니어도 모두 영성을 말한다. 멘탈에 지친 '멘붕'상태의 현대인은 자아회복과 치유를 목말라 하고 있다. 특히 탈구조주의를 넘어 '탈 트루스' 시대에 진입하면서, 사람들은 이성과 현상이 지배하는 사회에 염증을 느끼게 되었다. 그래서 만물 안에서 영성을 발견하고 그 영성을 회복시키려 하고 있다. 이럴 때 영성은 '혼'이라고 말한다. 만물은 하느님의 형상(形象, 이마고 데이, Imago Dei)으로 창조되었으니, 만물에게는 모두 신의 조각이 분여(分與)되어 있는 셈이다. 혼이 감지되지 않는 기계, 기술문명에 대한 한계 인식과 반작용인 셈이다. 제품 하나에도 혼을 불어넣어야 한다는 것은 단지 감상적인 복고주의가 아니다. 기술 장난으로 난장판을 만들어 놓은 이 세상에서 인간의 치유와 평화는 영적인 접근을 거치지 않고는 불가능하다는 성찰에서 나온 것이다. 인간을 포함한 만물이 본래의 제 자리를 회복하는 것이 바로 영성이다.

'수급불류월' 속에 두 가지 주체, 곧 물과 달이 있다. 물은 시대의 흐름(트렌드)이고 달은 변하지 않는 원리, 곧 영성으로 알아들을 수 있겠다. 시대의 징표를 읽어 내는 것은 지혜로움에서 나온다. "가지가 부드러워지고 잎이 돋으면 여름이 가까이 온 줄 알게 된다."(마태 24,32)라는 예수님의 말씀은 바로 항상 깨어 이 물의 흐름을 감지하라는 말씀이다. 그러나 하느님의 말씀은 일점일획도 변하지 않을 것이라 말씀하신다. 바오로 사도의 말씀대로 단지 변하지 않는 것이 세 가지가 있으니 '믿음'과 '희망'과 '사랑'이다. 이 세 가지는 세상 끝나는 날까지 변하지 않고 어느 곳에서나, 어느 시대에나 완전히 적용될 수 있는 가치이며 원리이니 이것이 바로 영성인 것이다. 그 가운데에서도 으뜸은 사랑이니, 사랑은 바로 하느님의 다른 이름이다. 인디언들은 말을 타고 들판을 가로질러 열심히 달리다가 갑자기 멈춰 서서, 달려온 길을 뒤돌아보며 있는다고 한다. 너무 빨리 달리는 바람에 자기의 영혼이 미처 따라오지 못할까 봐 기다려 주는 것이라고 한다. 눈코 뜰 사이도 없이 바빠서 사는 뜻을 물어볼 겨를이 없다는 우리들이야말로 하루에도 몇 번씩 멈춰 서서 내 영혼이 제대로 나를 따라오고 있는지 살펴봐야 할 것이다.

새 시대는 에코페미니즘이 답이다

지금 인류의 존망을 위협하는 현대세계의 가장 큰 문제점은 환경이다. 인간이 숨을 쉬고 물을 마시고 음식물의 환경에 문제가 생겼다면 이것은 총체적인 생존의 문제이다. 미래에 인간은 행복해질 수 없고 점차 문명의 위기는 대두될 것이다. 이런 상황에서 우리에게 해법을 제시해주는 사상과 처방은 무엇일까? 그 한 길을 노자에게서 배워 볼 일이다. 케케묵은 말 꺼내는 것 같지만 다시 '노자'이다. 노자이어야 함은 이 시대의 아픔과 치유의 절박성 때문이다. 옛글을 회상하며 감상에 젖기 위함이 아니라 '온고지신'의 지혜를 찾기 위함이다. 노자이어야 함은 두 가지 관점에서 그러하다. 하나는 물에 대한 명상이요, 다른 하나는 여성에 대한 관점이다. 물과 여성은 같은 속성을 지니고서 상호 이미지를 보완하고 있다. 상선약수, 무위, 곡신불사, 양생, 겸허, 상생 등의 노자적 개념을 한마디로 묶으면 에코페미니즘이란 말이 된다. 세상에 존재하는 남성 중심주의적 문화 체계는 크게 두 가지로 대별된다. 하나는 유가적 사대부 문화이고, 다른 하나는 유다이즘의 가부장적 문화이다. 전자는 남성의 제사적 독점을 위해, 후자는 상속의 장자권을 위해 남성 편향적 문화가 구축되었다. 한국에서는 유교의 호주제로서, 그리고 근대에 도입된 그리스도교의 남성 중심적 종교문화 속에서 여성들은 제도적으로 공정한 존재적 위치와 가치를 확보받지 못했다.

노자는 자(雌)의 철학이요, 공자는 웅(雄)의 철학이다. 노자는 어쩌면 그리도 여성에 대한 깊은 이해가 생겼을까? 그리고 공자는 어찌 그리 여성에 대

해 부정적일까? 우스갯소리로 노자는 엄마의 뱃속에서 80년을 살다 나와
서 그런가? 그리고 공자는 악처에 시달려서 여성에 대한 부정적 트라우마
가 생긴 것은 아닐까? 『논어』의 『양화편』(陽貨編)에 '여자와 소인은 다루기
어렵다. 가까이하면 불손하게 굴고 멀리하면 원망한다.(唯女子與小人 爲難養也
近之則不孫 遠之則怨)'라는 말이 나온다. 단편적이지만 이 말은 공자의 여성관
을 짐작케 한다. 여성이라는 존재에 대해 '너무 가까이하지도 말고, 너무 멀
리하지도 말라.(不可近不可遠)'라는 뜻으로 읽힌다. 중국의 유교문화는 가부장
적이다. 모든 축은 '사대부'라는 돌쩌귀를 중심으로 돌았다. 여성은 '웅(雄)'
의 소유물이었을 뿐이다. 반면 노자는 여성적이다. '곡신불사(谷神不死)'는 사
대부들을 향한 항거였고 '상선약수(上善若水)'는 그 원리이다. 곡신은 생명을
잉태하는 모든 암컷의 성기이다. 만물의 존재와 지속은 '생명창조'에 근거
한다. 물로써 그 만물 잉태와 양육에 직접 참여하는 '자'(雌)의 역할은 신의
창조에 협력하는 일이다. 불은 분노하고 투쟁하고 생명을 불사른다. 서양
문물은 불의 문명이다. 그 불의 열기에 지구와 생태계가 죽어가고 있다. 현
대 문명을 치유할 수 있는 길은 노자에 있고 그 길을 노자는 물의 지혜로
풀이한다.

　유가가 주도하는 기득권적 세상을 향한 노자의 외침은 그래서 어쩌면
'루저들의 비애'쯤으로 치부되어 왔다. 노자의 사상 속에는 저항적 요소가
많은데 그는 세상에 무슨 한이 그리 많았을까? 중국의 사상 속에서 유교
는 지난 3천 년간 '큰형님(大哥)' 노릇을 했고 통치자들은 유가에게서 통치권
과 기득권을 얻었다. 유교는 그렇게 스스로 도통(道統)이었고 대전통(大傳統)
이었다. 중국 공산당이 다시 공자를 찾고 유가를 숭상한다고 법석이다. 자
신들의 기득권과 통치권을 확보하기 위함이다. 하지만 노장철학은 중국 역
사에서 한 번도 제대로 된 대접을 받아본 적이 없었다. 그렇게 달빛 으슥한

곳에서 서민들의 애환을, 아픔을 어루만져 주는 소전통(小傳統)적 역할을 면면히 담당해 왔을 뿐이다. 그러나 역사를 바라보는 각도가 달라졌다. 거시사적 역사관의 허함을 보았기에 미시사적 역사관에서 답을 찾으려 하고 있다. 노자의 그 섬세함이 큰 지혜로 다가온다.

다시 모계 사회로 회귀하고 있는 현상이 전 세계적으로 감지되지만, 한국 사회가 더 현저하다. 어느 술집의 이름도 '여자 말을 잘 듣자'라고 되어 있는데, 그 집 장사가 잘되는 것만 보아도 모계 사회가 대두하고 있는가 보다. 사실 자연계의 원형은 모계 사회이다. 신모계 사회적 현상은 지난 몇천 년간 인류의 역사 속에서 진행되어온 여성에 대한 불평등과 불균형적 인간 이해에 대한 항거일 것이다. 남성 중심으로 살아온 불균형 속에서 폭력성이 세상을 지배해 왔음을 역사는 기록하고 있다. 마오쩌둥은 일찍이 혁명의 시작에서부터 "하늘의 반을 떠받치고 있는 것은 여성이다."라는 말로 혁명을 성공으로 이끌었다. 무신론적 사회주의마저 여성에 대해서는 공자보다 공정했고 깊었다.

그리스도교적 전통 역시 성의 불균형, 가부장적 구조를 지닌 유다이즘에 근거하고 있다. 뉴에이지는 그 틈새를 파고들고 있다. 기존의 종교들이 놓치고 있는 여성 이해의 틈을 파고들고, 기성종교의 가치와 역할에 파괴력을 발휘하고 있으니 여성에 대한 교회의 새로운 이해와 패러다임이 요구되고 있다. 사목적 측면에서 교회는 여성을 제대로 이해하고 있는가? 정직하게 물어야 한다. 신자의 구성비에서도 7대 3 정도로 우위를 차지하는 여성이지만 교회 안에서, 교계 안에서, 여성은 예수 그리스도의 처신보다 훨씬 못 미치는 성적표를 가지고 있다. 새 시대의 새 사목은 여성을 새롭게 이해하는 방향으로 나아갈 것이다. 한 세기가 지나서 다시 들어보니 무위하라고 "Let It Be"를 외치던 비틀스(The Beatles)의 메시지가 예언자적으로 들린다. 근심에 처해있을 때 그 '지혜의 말씀(words of wisdom)'을 일러주시던 그 '마더 메리'는 폴 메카트니의 친어머니였을까? 80년간 노자를 품고 길러낸 노자의 어머니였을까? 아니면 자연의 어머니, 대지의 여신 '가이아'였을까? 이 세상을, 자연을 욕망으로 좌지우지하지 말고 그대로 내버려 두라는 비틀스의 외침은 이제 노자적 절규로 다가온다.

유가를 읽으면 매사에 적극적이고 노력할 것을 요구 받는다. '성(誠)'이라는 방법론을 쓰기 때문이다. 일찍이 막스 베버는 유가의 근면, 성실에서 화상(華商)들의 경제 원리를 간파했었다. 하지만 노, 장을 읽으면 지혜를 찾게 된다. 인생의 궁극적 문제를 건드리기 때문인데 그 방법론은 '무위(無爲)'에 있다. 무위는 '거룩한 수동'으로 이해되어야 제격이다. 신의 존재와 섭리를 전제로 자아를 이해하기 때문이다. 각자도생이나 자아의 내적 성취, 신적 인류(호모 데우스)를 꿈꾸는 뉴에이지적 유혹을 벗어나 공동체를 이루고 상생해온 인류의 유전자적 생존 비법을 다시 생각해 볼 위기의 시대에 노자는 우리에게 갈 길을 말해 주고 있다.

노자는 여성적이다. 곡신불사로…….
노자는 주변인이다. 소전통으로…….
노자는 화합한다. 상생으로…….
노자는 쉼이다. 무위로…….

한국, 노인을 위한 나라는 없다

한국이 초고령 사회로 급속히 접어들고 있다. 어린아이들의 웃음소리, 등·하교하는 학생들의 깔깔거림보다는 어른들의 모습이 곳곳에서 감지된다. 산과 들의 유흥지, 도시의 공원, 카페에서도 노인들은 존재적으로 위치해 있다. 그런데 노인들이 행복하지 않다. 경제적인 문제만으로 현상을 모두 설명할 수는 없다. 노인, 나도 가게 될 길이다. 어떻게, 어떤 모습으로 늙어가야 하는 것일까? 지금 한국에서 노인들은 무엇을 하고 있는가? '할빠', '할마'라는 신조어가 시대를 대변하고 있다. 맞벌이에 나서는 자녀들의 경제적 도움을 위해 손주들의 육아를 담당하는 노인들이 많아졌다는 말이다. 자신의 자녀 양육을 위해 일생을 다 바쳐 수고한 노인의 노후에 다시 반복되는 이 일이 그들의 삶과 행복에 과연 긍정적으로만 작용할까? 교육학에서 말하는 0-5세는 한 인간의 기질, 정서, 인격이 거의 완성되는 시기이다. 그러니 가장 중요하고 결정적인 시간이다. 이 과정에 가장 중요한 역할을 하는 사람이 부모이다. 특히 엄마와의 정서적 교감과 스킨십은 어린아이의 심성을 안정시키고 인지가 건강하게 발달하는 기본 바탕이 된다. 그런데 이 시기에 엄마의 부재가 미치는 영향은 사랑과 존재의 결핍으로 이어져 정서적 불안감을 야기하고 성격 형성에 중요한 변수가 된다. 그러니 엄마가 아이의 일생 중에 가장 큰 관심과 사랑을 투자해야 하는 시기라는 말이다.

그런데 한국의 엄마들은 바쁘다. 함께 벌지 않으면 나중에 아이의 학원

비, 교육비를 댈 수 없으니 지금 많이 벌어 놓아야 한다는 것이 맞벌이 엄마들의 논지이다. 하지만 이미 적기를 놓쳐 바탕이 왜곡되고 부적절하게 성장한 아이의 문제는 그 어떤 교육이나 특단의 대책으로도 교정되지 않는 결정적인 것이니 투자를 해도 너무나 뒤틀린 투자인 것이다. 교육의 황금시기를 할마, 할빠들에게 양도한 책임은 나중에 고스란히 부모의 몫으로 되돌아올 터이니 노인들이 황혼 육아를 담당하는 것은 모두에게 손해를 입히는 행동이다. 아이를 보면서 노인들은 건강하고 의미 있는 노후를 상실하게 되었고, 아이는 성장에 필요한 최상의 정서교육을 놓치게 되는 것이니 모두가 행복해지지 않을 행동이다. 헤밍웨이(Ernest Hemingway)가 쓴 『노인과 바다』에 나오는 산티아고란 노인의 모습에서 그들 삶의 이정표를 찾아보자. 잘 아는 소설이라고, 큰 물고기 한 마리를 잡은 노인이 상어한테 고기를 뜯어 먹힌 이야기라고 들었으니 거기까지만 알고 있다. 그러나 이 소설이 지닌 상징과 함축은 피상적인 앎을 넘어선다. 1차 세계대전 후 파괴와 공허로 회의와 실망에 빠진 '잃어버린 세대'들에게 힘을 준 소설이지만 시대를 넘어 끊임없이 지혜의 메시지를 보내온다. 지금 한국 사회는 공동화되어 가고 있다. 경제 성장과 함께 찾아온 기존의 유교적이며 전통적인 질서와 가치관은 붕괴하였고 새로운 삶의 형태들은 자리 잡지 못하고 있다. 이 소설은 초고령화 사회 속에서 특히 노인들에게 새로운 삶의 방향과 질서를 제공해 줄 수 있는 지혜를 담고 있다. 소설에서 찾은 세 가지의 길로 해답을 찾아보자.

첫째, 인간은 파멸할지언정 패배하도록 창조된 것은 아니다. 노인들은 나이가 들어가면서 서서히 파멸되어가지만, 노인 산티아고는 쉽게 항복하거나 비겁해지지 않는다. 소설은 "그는 멕시코 만류에서 조각배를 타고 홀로 고기잡이하는 노인이었다. 여든하고도 나흘이 지나도록 고기 한 마리 낚지 못하였다."로 시작된다. 사람들은 그가 행운이 다한 폐물이라고 생각되어 손가락질을 한다. 노인의 진실한 친구인 소년 마놀린의 부모도 노인을 '살라오(가장 운이 없는 사람)'라고 부르면서 더 이상 그 노인의 배를 타지 말라고 소년을 떼어놓는다. 그런데도 노인은 파멸하지 않는다. "희망을 버리는 건 바보짓이야. 게다가 그건 죄라고 들었어."라고 말하면서 84일간 고기 한 마리도 잡지 못했지만 오늘도 다시 바다로 나간다. 산티아고는 "두 눈을 제외하면 노인의 것은 하나같이 노쇠해 있었다. 오직 눈만은 바다와 똑같은 빛깔을 띠었으며, 기운차고 지칠 줄 몰랐다."라고 나온다. 죽음을 무릅쓰고 거대한 청새치를 잡아 올리는 행위는 자신에게 다가온 늙음을 물리치려는 상징적인 행동으로 묘사된 것이다. 노령, 노쇠라는 물리적인 시간의 도전 앞에 당당히 맞서 싸우는 그는 더 이상 노인이 아니다. 빈곤, 무력, 노화, 고독, 죽음은 단지 어쩔 수 없이 무릎 꿇어야 하는 대상이 아니라 파멸되기 전까지 싸워야 하는 삶의 전체인 것이다. 한국 사회는 노인의 가치를 제대로 인정하지 못하고 산업전선에서 조기 명퇴시키고 있다. 노인들이 할 일이 없어 애나 봐주면서 여생을 산다는 것은 산티아고 노인이 보기에는 패배일 것이다. 지금 고기를 잡지 못하고 있지만 노인은 불굴의 정신으로 삶을 대한다. 그래서 어느 순간, 갑자기 행운이 다가올 때를 대비해서 만반의 준비를 해야 그것을 놓치지 않는다고 말한다. 노인은 자신의 지혜와 힘을 과소평가하지 말아야 한다. 노인의 가치는 자기존엄에서 나와야 한다.

둘째, 관계의 끈을 놓아서도 안 되고 그 관계에 최선을 다해야 한다. 70년의 나이 차이를 극복하고 친구가 되는 노인과 소년 마놀린은 이 소설의 잔잔한 감동이다. 한국의 노인들이 과연 이 정도의 열린 마음으로 관계에 정성을 다할까? 유교적 관념에 젖어 있다면 불가능한 일일 것이다. "고맙구나."라며 노인이 말했다. 그는 너무나 단순한 사람이어서 자신이 언제 겸손함을 배웠는지조차 생각해 본 적이 없었다. 그러나 지금은 자신이 겸손해졌다는 것을 알고 있으며, 그것은 부끄러운 일이 아니라고 말한다. 노인이 소년을 대할 때 쏟는 정성과 사랑과 존경은 한국의 노인들에게서 볼 수 있는 모습은 아닐 것이다. 소설에는 "그 애가 옆에 있었다면 정말 좋으련만."이라는 염원이 열댓 번 나온다. 6m에 가까운 청새치의 뼈만 달고 돌아와 쓰러져 잠든 노인을 보고 소년은 펑펑 운다. 잠이 깬 노인이 소년을 보며 "네가 보고 싶었단다. 그런데 넌 뭘 잡았니?" 하고 묻는다. 사흘 동안 자신의 조각배보다 큰 고기에 끌려다니는 외로운 사투 속에서도, 노인이 외로움을 극복할 수 있던 것은 소년과의 끈 때문이었다. "늙어서는 어느 누구도 혼자 있어서는 안 돼."라고 말하는 산티아고 노인의 독백은 혼술, 혼밥을 미덕으로 아는 요즘 한국 사회에 일침으로 들린다. 노인이 되면 누구나 고독해질 수 있다. 관계가 서서히 정리되어가기 때문이다. 그런데도 노인이 건강해지려면 처절한 고독 속에서도 관계의 끈을 놓지 않으려 해야 한다. 소년, 야구선수 디마지오, 꿈에 나오는 사자들은 노인의 의식 속에서 항상 뗄 수 없는 관계들이다. 관계가 소통되려면 노인들은 진실하고 겸손하게 다가오는 관계들을 마주해야 한다.

셋째, 긍정적으로 생각함이다. 나이가 들면 모든 것들이 순조롭지 않게 된다. 몸이 쇠약해지니 힘에 부치고, 정신도 쇠락해지니 기억력도 줄어든다. 그런다 해도 자신을 바라보는 태도나 자신을 수용함에 있어 긍정적인 사고는 언제나 좋은 일이다. 소설에서 노인이 450kg이 넘는 대어를 낚았을 때의 환희와 기쁨은 이내 쫓아온 상어들의 공격을 받으며 실망으로 변한다. 결국 상어들에게 모든 고기를 뜯기고 남은 것은 청새치의 뼈다귀뿐이지만 노인은 자신의 운명을 비관적으로 바라보지는 않는다. "이유는 없어.

나는 단지 너무 멀리 나갔을 뿐이야." 이처럼 사실만 보고, 사실만 인정하면 상황을 비관하지 않게 된다. 이것이 자아수용의 길이다. 자신의 운명을 탓하거나 비관적으로 바라보는 것은 조금도 도움이 되지 않는다. 이러한 자기긍정적인 노인은 자신의 지혜와 힘을 과소평가하지 않는다. 84일간의 불운 속에서도 자신은 분명 훌륭한 고기 잡는 어부이고, 그것에 대해서는 조금도 의심하지 않는다. 이 늙은 노년의 시기에도 대어를 낚을 기회는 분명히 올 수 있다고 믿는 그는 패배하지 않는 노인이다.

이 책의 제목이 어쩌면 '노인과 소년'일 수도 있었을 텐데, 『노인과 바다』라고 명한 데는 노인이 자신의 인생을 대하는 태도가 담겨져 있기 때문이다. 일반적으로 사람들은 바다를 남성형 명사 '라 마르'라고 부르는데 노인은 '엘 마르'라는 여성형으로 부른다. 바다를 경쟁자, 일터, 적대자로 부르는 것이 아니라 어머니처럼 베풀어 주고 영향을 주는 인생의 동반자로 여겼기 때문이다. 어쩔 수 없이 다가오는 바다의 폭력, 재앙, 두려움은 순종하면 되는 자연의 대상일 뿐, 그것에 대해 노여워하거나 비관적인 대상으로 보지 않는다. 지금 사투를 벌이고 있는 청새치에게도 "고기야, 나는 너를 끔찍이도 좋아하고 존경한다. 하지만 오늘이 가기 전에 난 너를 죽이고 말테다."라고 말한다. 그리고 이런 기도도 올린다. "성모 마리아님, 이 고기의 죽음을 위해서도 기도해 주소서. 참으로 훌륭한 놈이 옵니다." 바다는 많은 것을 주기도 하지만, 한순간 모든 것을 앗아가는 폭력자이기도 하다. 하지만 노인에게 바다는 원수나 미움의 대상이 아니다. 그것은 자신의 일생이 언제나 순풍 같지 않았던 것처럼, 바다 역시 자기 삶의 터전으로서 서로 닮아 있다는 긍정적 관점이다. 그것은 인생에 다가오는 '선한 싸움'이기 때문이다. 노벨문학상 선정위원회에서는 선정 이유를 "폭력과 죽음의 그림자가 짙게 드리워진 현실세계에서, 선한 싸움을 벌이는 모든 개인에 대한 자연스러운 존경심을 다룬 작품"이라고 밝혔다.

　노인들은 쉽게 포기한다. 자신의 힘에 부치고 현실에 부딪혀 다가오는 어려움에 너무나 쉽게 '선한 패배'를 인정하려 든다. 하지만 산티아고 노인의 관념으로 보면, 그것은 정말 죽음을 앞두었을 때 할 일이다. 한국의 노인들이 과연 산티아고 노인만큼의 정열과 패기를 지니고 있는가? 한국 사회에서 노인들이 행복해지기 위해 많은 정책이 나오고, 대책을 마련하려 들지만 우선 이 선한 싸움을 이해하지 못하는 노인에게는 백방이 무효일 뿐이다. 지금 한국 사회에 노인을 위한 나라는 없다. 노인의 희소성이 줄어들면서 노인공경은 옛말이 된 듯하다. 한국 사회 안에서 노인들의 지위와 역할은 한없이 추락하고 있으니, 노인이 행복한 나라의 대열에서 점점 멀어져 가는 경향이다. 사회가 노인을 긍정하지 못하니 노인들 스스로도 자존감을 지키지 못한다. 노인의 존재와 가치를 모르기 때문이다. 카이사르는 아프리카의 속담을 인용하면서 노인의 존재와 가치에 대해서 이렇게 말했다. "노인 한 명이 죽으면 도서관 하나가 불타는 것과 같다." 노인들이 지혜로운 것은 시간의 축적에서 생긴 경험이 있기 때문이고, 더 중요한 것은 그 경험 안에 실패와 교정의 지혜가 축적되어 있기 때문이다. 노인을 '사오정' 같은 개념으로 대하는 사회는 진정 최고의 가치를 제대로 사용하지 못하는 우를 범하는 것이다. 한비자는 노마지지(老馬之智)를 말했다. 길을 잃었을 때 늙은 말을 풀어, 뒤를 따라가 길을 찾았다는 의미이다. 남은 일생 손주나 보면서 죽음을 맞이한다고 보면 그러기에는 너무나 긴 시간이고 아까운 시간이다. 과도기적 한국 사회가 제공하지 못하는 행복을 노인들 스스로라도 일구어 나갈 수 있어야 한다. 제도에 앞서 자신의 존재와 가치에 대한 인식이 우선되어야 한다고 본다. 산티아고 노인의 투지 서린 동상을 곳곳에 세워 바라보게 하면 어떨까?

노화와 죽음에 대한 묵상

　백세 시대가 다가왔다. 노인 인구 천만 시대가 목전이다. 전철마다, 유원 지마다 어르신들로 가득하다. 건강과 장수는 행복의 조건이긴 하지만 한 가정, 한 사회, 한 국가는 세대가 올바른 모습으로 교체되고 발전해 가야 하는 법이다. 한 사람의 건강에 신진대사가 관건이듯이, 사회 역시 신과 구 의 세대교체가 제대로 이루어져야 건강한 것이다. 보톡스를 맞아가며 젊 음을 구가하고 나이 듦에 대한 거부와 동안 열풍은 가히 전국적이다. 7,80 이 넘는 백발의 노인들이 한결같이 열창을 하고 있다. "아, 내 나이가 어때 서, 사랑하기 딱 좋은 나인데……." 어떻게 그럴 수 있는가? 이제는 돌아갈 준비를 해야 할 나이가 아닌가? 세상에 태어나서 배우고 익히며, 나를 세우 고 일가를 이루며 후세를 잘 길러냈으면 이제는 하늘로 돌아갈 준비를 해 야 함이 만물의 이치이니, 그 순리를 따라야 하는 것이 아닌가? 나무도 때 가 되면 작은 죽음을 준비하며 붉게 물드는데, 왜 우리 인간만 아닌 듯 억 지를 부리려 드는가? 자연스레 늘어나는 주름에 화를 내고 안절부절못하 는가? 나이를 거부하고 노화를 거스르며 젊음을 갈구하는 것이 마치 미덕 인양 하지만 그것은 사실은 억지요, 역리(逆理)이다. 언제 갈지 모를 먼 길을 앞두고 있다면, 이제는 그 준비를 하는 것이 더 아름다운 일이 아닌가? 사 회가 온통 건강, 웰빙, 장생에 최면이 걸린 것 같다.

　인간은 장수를 꿈꿔왔다. 장수의 욕망이 지나치면 진시황처럼 불로장생 을 욕망한다. 그러나 정말 장수하고 불사한다면 인간은 행복할까? 가장 그리스도교적인 작가, 위대한 톨스토이마저 말년에 죽어가면서 "아! 이제 나는 어떻게 할 것인가?"라며 한탄했다고 한다. 어느 누구도 피해 갈 수 없지만, 어느 누구도 죽음의 문제를 해결하고 살 수는 없다. 죽음은 인간의 조건이자 신비이다. 그런데 어느 날 갑자기 죽음이 더 이상 닥쳐오지 않게 된다면 과연 어떨까? 우리의 삶은 어떤 모습을 하게 될까? 20대조 할아버지부터 모든 가족들이 한 집에 누워서 죽기 직전의 상태로 유지된다면, 현실적으로 사람들은 어떻게 반응할까? 도저히 있을 수 없는 일이기에 쉽게 상상조차 할 수 없는 그런 일이 실제로 벌어진다면 어떤 일이 생기는 것일까? 1998년 노벨문학상 수상자 사라마구(Jose Saramago)는 『죽음의 중지』라는 책에서 이 주제에 대해 이야기를 하고 있다. "다음날, 아무도 죽지 않았다." 하며 소설은 시작된다. 어느 특정 지역에 죽음이 사라졌다. 백성들은 이 불사불멸의 땅에 살게 되었다는 선택에 기뻐하며 여생을 환호한다. 밀입국자들은 자신들의 삶을 연장하려고 웃돈을 주면서 암거래를 한다. 그러나 모두가 행복할 거라고 믿었던 이 죽음의 중지는 시간이 지나면서 문제가 생기기 시작한다. 가장 먼저 당황한 자들은 가톨릭 신부, 주교들이었다. 종교의 기원은 죽음에서 시작된다. 과거의 죽음은 죄에 대한 징벌로 이해하였다. 그래서 종교가 설 수 있었지만, 이제 죽음이 사라지자 종교가 할 말을 잊었다. 이어서 장례업자, 병원, 양로원 등이 혼란에 휩싸인다. 사망 보험이나 질병 보험을 취급하는 보험업계 역시 파탄이 난다.

신진대사가 정지된 상태에서는 순환이 없다. 한 아기가 태어나려면 그 자리를 누가 비워주어야 하는데, 탄생만 있고 죽음이 없는 이 나라는 신진대사가 막혀버린 썩은 몸과 같다. 비활동 인구가 활동 인구보다 많아지자 그 사회는 결국 파국으로 치달을 수밖에 없다. 소설 속에서 벌어졌던 현대판 고려장, 여기서 이익을 찾으려는 어둠의 손길, 이를 묵인하는 정부.

도덕적, 인륜적 윤리는 점차 희석화되어가고 올바른 길이 무엇인지조차 찾을 수 없는 혼돈이 소설 속에 가득하다. 한 국가가 그러하니 한 가정 역시 돌아가지 않는다. 어른이 자리를 비켜주어야 그 다음 사람들이 생업에 종사하고 삶을 이어갈 수 있는데, 어른이 죽지 않으니 존재가 짐이 되었다. 카프카의 『변신』에 나오는 것처럼 벌레가 된 그레고르가 죽기를 바라며 무너지는 가족의 심리변화가 묘사된다. 죽음이 사라지자, 가족 구성원 간 존재의 지겨움이 곰팡이처럼 퍼진다. 결국 현대판 고려장과 같은 일이 암암리에 일어나면서 사회는 서로의 눈치를 보며 노인을 국경 너머로 버리고 온다. 국경을 넘어 다른 나라에 가서라도 죽을 권리를 찾는 것이다. 현대 과학의 발전은 죽음의 굴레로부터 벗어나려 발버둥 치고 있는 인간들의 장수 욕망에 맞추어져 있다. 또한 실제로 죽음이 찾아오는 시간을 점점 늦추어 가고 있다. 그러다 언젠가 정말 죽음이 멈추어 버릴지도 모를 일이다. 그러나 죽음이 사라지면 행복이 아니라 더 불행해질 것이다. 사라마구는 『죽음의 중지』를 통해서 그 혼돈을 잘 보여주고 있다. "죽음이 마렵다."고 노인이 호소한다. 긴 가뭄에 지쳐서 마치 목이 마른 것처럼 기우제를 지내듯, 종교 지도자들이 나서서 나를 위해 하느님께 죽음이 되돌아오게 해달라고 기도한다.

죽음은 비존재가 아니다. 더구나 혐오스러운 존재도 아니다. 구약과 신약을 가르는 가장 큰 경계가 바로 죽음의 이해에 있다. 구약 시대에 죽음을 포함하여 인간의 고통과 실패는 하느님의 저주와 벌로 이해되어 그 가치가 부정적이었다. 그러나 예수님이 오시어 죽음을 이기셨고, 승리자가 되시었는데 이것을 구원이라고 한다. 죽음의 승리자란 무슨 의미인가? 주님은 죽음을 이기기 위해 치워버리신 것이 아니라, 죽음 속으로 들어가셨다. 그리고 거기서 부활하신 것이다. 부활이 전제된 죽음은 축복이요 구원이 된 것이다. 프란치스코 성인은 죽음을 '사랑하는 누이'라고 끌어안았다. 우리 사회가 장수에 지나친 욕심을 부리지 않아야 건강한 삶임을 알았으면 하는 바람이다. 가장 불행한 죽음은 준비되지 않은 죽음이다. 그러나 오래 기다리고 준비한 죽음은 마침내 출발하려는 여행의 시작과 같은 일이다.

아픔의 탄생: 창상(創傷, 트라우마)

인생을 살면서 상처 하나 없이 사는 사람이 있을까? 상처에는 내상이 있고 외상이 있다. 외상은 시간이 지나면 자국은 남아도 아물고 봉합이 된다. 그러나 마음의 상처인 내상(內傷)은 치유가 되지 않으면 영원히 문제와 아픔을 표출한다. 요즘 한국 사회는 고령화의 경향이 깊어지면서 점점 더 고독한 개인이 늘어가고 있다. 혼술, 혼밥 등의 신조어들은 지금 현대인들이 많이 아프다는 것을 표현하고 있는 말이다. 트라우마라는 말도 자주 들려온다. 나와는 전혀 상관없는 남의 이야기인 것처럼 외면하려 들지만 누구에게나 크건 작건 심리적 외상, 마음의 상처, 외상 후 스트레스 장애는 있는 법이다. 이 트라우마가 아픔을 동반하고 깊어지면 죄나 사회문제로 연결된다. 내 안의 "벽, 내 안에 살고 있는 '괴물' 같은 트라우마"를 정확히 이해할 필요가 있다. 왜 우리는 항상 같은 죄를 반복하게 되는 것일까? 다음에는 같은 죄를 반복하지 말아야지 결심하지만 또 같은 죄를 고백하게 된다. 우리 인간에게는 마땅히 해야 하는 것은 하지 않으려 하고, 오히려 하지 말아야 하는 것은 더 하게 되는 경향이 있다. 곧 내 안에 두 개의 자아가 있기 때문이다. 정상적 자아(normal ego)와 콤플렉스 된 자아(complexed ego)가 있는데 전자는 교육적이고 상식적이며 윤리적인 데 반해, 후자는 유아기적이고 분열적이며 반항적이다. 죄의 행위는 정상적 자아가 행동으로 표현하는 것이지만 그 행동의 원동력은 어린 시절에 상처받은 자아에서 나오는 것이니 내 안의 '못난 나'이다.

바오로 사도 역시 내 안에는 두 자아가 있어 '잘못을 하지 않으려는 자아'와 '불가항력적으로 끌려가는 자아'가 상충하고 있다고 말한다. 다시 말해 그리스도인의 내면에는 이기적인 자아와 그리스도적인 자아가 있다는 것이다. "나는 내가 하는 것을 이해하지 못합니다. 나는 내가 바라는 것을 하지 않고 오히려 내가 싫어하는 것을 합니다"(로마 7,15). 다시 말해 이성적인 자아와 불가항력적인 자아가 내 안에 있어 대립하여 올바른 길로 가기 어렵다는 것이다. 바오로 사도는 그 통제가 되지 않는, 나의 또 다른 실체는 치유되지 않으면 심지어 나를 죄로 인도하게 된다고 말한다. "그러나 내 지체 안에는 다른 법이 있어 내 이성의 법과 대결하고 있음을 나는 봅니다. 그 다른 법이 나를 내 지체 안에 있는 죄의 법에 사로잡히게 합니다"(로마 7,23). 이렇게 죄를 야기하는 상처받은 자아를 트라우마라 한다. 중국어로는 창상(創傷)이라 하는데 상처가 계속 창조된다는 의미를 지니고 있다. 어떤 극한 상황에서 켜진 빨강 신호등은 당시 자아에 큰 상처를 입혔을 것이다. 시간이 지나 잊힌 듯하지만, 비슷한 상황에 접하게 되면 그 빨간불은 다시 켜지고 아픔과 고통이 수반된다는 의미로 창상이라 말해지는 것이다. 이 상처 입은 빨간불은 치유되지 않으면 영원히 꺼지지 않으면서 자아의 행동에 부정적 영향을 미친다.

시골 야산에 텃밭을 일구어 고구마를 심었다. 밭농사는 잡초와의 전쟁이다. 그런데 잡초보다 더 무서운 것이 칡이다. 왕성한 생명력으로 뻗어오는 칡과의 전쟁에서 나는 번번이 지고 만다. 출타를 하고 며칠 후에 돌아오면 힘들여 쳐낸 칡덩굴은 어느새 다시 기어들어 와 고구마밭을 뒤덮고 있다. 그 옆으로는 아름드리 높은 소나무 등걸을 타고 올라가 소나무의 머리에 칡 똬리를 틀고 자리를 잡은 것도 있다. 칡의 생명력은 뿌리에서 나온다. 깊은 땅속에 튼튼히 뿌리를 내리고 엄청난 영양을 알통 같은 칡뿌리에 저장하고 있다가 줄기로 내보내면서 뻗어나가니 그 생명력은 과히 두려울 지경이다. 허튼 농사꾼은 칡덩굴을 쳐내는 데 온 힘을 쓰지만 별 효과를 거두지 못한다. 그러나 간단히 문제를 해결할 수 있다. 길고 긴 칡덩굴을 따라 끝까지 추적해 가면 결국 뿌리에 닿는다. 거기에서 시작해야 하는 것이다. 조금의 수고만 들여도 큰 성과를 거둘 수 있다.

생각과 말과 행위로 짓는 죄의 양상은 칡덩굴같이 현상적으로 보면 다양하다. 그러나 죄의 뿌리는 결국 창상에 있다. 무의식보다 더 깊은 심연에 상처받아 지금도 울고 있는 어린 자아가 있다. 그 상처받은 자아는 끊임없이 의식과 행동으로 아픔을 분출하고 있어 성장한 자아가 의지적으로 하지 않으려는 행동도 결국 하게 만든다. 어른 자아가 어린 자아를 누르고 억압하려 들지만(이것을 교육, 예절, 규칙, 상식이라 함) 누르면 누를수록 머리를 치켜들고 삐져나오려는 경향을 띠는 것이 창상 된 자아이다. 이 아이를 치유하지 않으면 내 안의 두 자아는 언제나 충돌되고 분열을 일으킨다. 반복되는 잘못된 경향을 바로 잡으려면 그 자아의 심연을 들여다볼 줄 알아야 한다. 고희를 맞은 한 지인이 96세 된 노모를 붙잡고 흔들면서 "어머니, 그때 왜 나를 버리셨나요?" 하고 울며 외친다. 사업에 성공하고 성실하고 지혜롭게 살아온 그분은 그러나 아직도 어린 시절 엄마에게서 받은 사랑의 결핍이라는 트라우마에 갇혀 사는 것이다. 다섯 살 내면의 아이가 지금 엄마에게 항거하고 있는 것이다. 이처럼 창상은 치유되지 않으면 깊고 강력하게 우리의 존재를 흔들어 댄다.

열 처녀의 비유에 다섯은 지혜롭고 다섯은 미련하다고 나온다. 아이큐의 문제를 말하는 것이 아니다. 성경에서 지혜는 하느님을 두려워할 줄 아는 지식을 말한다. 자아의 근원과 귀추가 하느님에게 있다고 믿는 사람은 경거망동하거나 자만할 수 없다. 그래서 신랑을 맞을 준비를 함에 있어 소홀함이 없도록 등잔 뚜껑을 열어 기름이 있는지 확인하게 된다. 그 준비로 신랑을 올바로 맞이하게 된 것이다. 그러나 반대로 지혜롭지 못한 사람은 자아확신과 고집으로 자신의 등잔을 열어보려 하지 않았고, 결국 기름이 비어 있는 빈 등잔으로 신랑을 맞으러 나가는 불손과 우를 범하게 된 것이다. 누구나 건강 검진받는 것을 좋아하지 않을 것이다. 내 몸의 뚜껑을 열어보고 건강의 이상 유무를 확인해 보는 것이 지혜로운 행위이지만 문제가 없으려니 자만하면서 기피하게 되고 결국 우를 범하게 되는 경우가 생긴다.

　죄(罪)라는 한자어는 망(网)과 비(非)가 합성된 글자이다. 그물에 갇힌 상태는 잘못된 것이라는 의미로 곧 콤플렉스된 자아를 말한다. 중국어로 풀이하면 '情绪'인데 정서가 묶여 있는, 경직되고 결석이 된 상태를 말한다. 죄의 고리, 특히 반복되는 죄에서 벗어나려면 바로 이 콤플렉스 된 자아를 풀어내야 하는데 바로 이 창상의 빨간 불을 꺼야 가능하다. 윤동주의 시 「자화상」에 이런 구절이 있다. "논 가 외딴 우물을 홀로 찾아가선 가만히 들여다봅니다. […] 그리고 한 사나이가 있습니다. 어쩐지 그 사나이가 미워져 돌아갑니다. 돌아가다 생각하니 그 사나이가 가엾어집니다. 도로 가 들여다보니 사나이는 그대로 있습니다." 자아를 치유하는 바른길은 자아를 들여다볼 수 있는 용기와 자세에서 출발한다.

죽음, 나의 '누이'가 되는 까닭은?

약 100일간에 걸쳐 이루어지는 사순절과 부활절의 주제는 마치 홍해의 한 가운데를 지나듯 생의 신비 한복판을 뚫고 지나간다. 그것은 인간의 죽음과 삶의 신비에 관한 것이다. 파스카의 여정은 '지나감(transitus)'이다. 지난 2년간 코로나19 팬데믹 시대에 우리 인류가 공동 피정을 한 것이라면 그 주제는 바로 죽음일 것이다. 주위에서 들려오는 감염 소식에 나 역시 예외는 아닐 수 있을 것이라는 불안감 속에서 두 해를 넘기고 있다. 감염 확진이 되면 이어서 진행되는 역학조사에 사람들은 불편함을 드러낸다. 수많은 사람들이 자신의 일정을 감추고 싶은 이유는 모든 인간은 자신만의 비밀이 있어 개인의 고유한 자유가 침해당한다고 여기기 때문일 것이다. 사실 우리는 죽음 자체를 두려워하는 것은 아닐 것이다. 정말로 죽음이 두려운 이유는 죽음에 맞서 정리해야 될 수많은 관계들의 복잡함과 던적스러움 때문일 것이다. 시간과 공간의 관계, 그리고 그 속에서 이루어진 사람과 사물과 얽히고 설킨 수많은 인연과의 상실과 단절은 죽음을 두렵게 만든다. 죽음 앞에서 평생을 이어온 수많은 관계들을 어떻게 정리할 수 있을까?

이런 상실수업은 우리를 깨어 있게 만든다. 시험 삼아 노트에 죽음 앞에서 정리해야 할 관계 목록과 방법들을 매우 구체적이고 정직하게 적어 보라. 죽음이란 단어가 가지고 있는 구체성은 이런 가상체험을 통해 알 수 있다. 죽음이 임박할 것이라는 통보 앞에서 내가 버려야 할 것들은 무엇이고 남겨야 할 것은 무엇인가? 야망과 욕망, 집착이 빚어낸 앙금들을 덜어내는 것이 상실수업이니 누군가와의 시기와 갈등, 오해와 충돌, 원한 등도 얼마나 부질없는 짓인지도 알게 된다. 그러니 그 관계를 잘 정리하고 떠나는 사람의 평안함과 행복감, 그것은 결코 죽음의 두려움과는 다른 차원의 이야기이다. "버리고 갈 것만 남아 참 홀가분하다."라는 박경리씨의 유고집은 딱 이 체험에서 나온 말일 것이다. 죽음에 대한 생각은 우리로 하여금 "사실 땅 위에는 우리를 위한 영원한 도성이 없습니다."(히브 13,14)라는 진리를 깨닫게 해준다. 사물에 대한 집착과 욕망, 지상에 마음의 거처가 고정되지 않도록 이끌어 주는 지혜이다. "저희의 날수를 셀 줄 알도록 가르치소서. 저희가 슬기로운 마음을 얻으리이다."(시편 90, 12)라고 노래한 시편 저자는 우리가 살아도 죽음을 염두에 두라는 충고이다. 시간을 추상적으로 이해하면 죽음의 실체가 잡히지 않는다. 그러나 시간이 구체적이고 체험적인 질량, 비중, 무게를 지니게 되면 그것은 관념적인 것이 아니라 육체적이고 감각적인 존재 그 자체가 된다. 시한부 인생은 바로 시간을 구체화한다. 사실 우리 모두는 태어나면서 시한부 인생 그 자체이지만 시간을 추상화시키면서 죽음의 진리에 눈을 감고 산다.

천지창조 이후 인간이 하느님의 비밀(神秘)에 직접 참여하는 유일한 방법은 죽음뿐이다. 삶은 인지되지 않은 상태에서 시작되지만 죽음은 각 개인의 의지와 인지가 요구되기 때문이다. 죽음만큼 명확한 진리는 이 세상에 없다. 세상에는 온갖 차별과 불평등이 난무하는 듯 보이지만 하느님 앞에선 인간은 참으로 공평한 존재이다. 죽음은 인간들 가운데 존재하는 수많은 차별과 불공정, 불의의 끝이다. 인간의 욕망 속에서 분출된 특권과 불평등은 죽음을 통해 전면 평준화될 수 있기 때문이다. 제 앞가림 잘하고 하루의 시작과 계획을 주도적으로 한다고 하여도 죽음의 냄새가 스멀거려 오면 모든 것이 의미를 상실한다. 그 죽음이 진리임을 야고보서는 말한다.

"자 이제, '오늘이나 내일 어느 어느 고을에 가서 일 년 동안 그곳에서 지내며 장사를 하여 돈을 벌겠다.' 하고 말하는 여러분! 그렇지만 여러분은 내일 일을 알지 못합니다. 여러분의 생명이 무엇입니까? 여러분은 잠깐 나타났다가 사라져 버리는 한 줄기 연기일 따름입니다. 도리어 여러분은 '주님께서 원하시면 우리가 살아서 이런저런 일을 할 것이다.' 하고 말해야 합니다"(야고 4,13-15).

아우구스티노 성인은 인간이 태어나면서부터 걸리는 결정적인 질병은 죽음이라고 말하면서도 죽음은 진실로 우리 인간에게 좋은 누님이며 교육자로서 우리에게 많은 것을 가르쳐 준다고 말한다. 성 프란치스코는 죽음에 이르렀을 때, "나의 누이, 죽음이여! 어서 오십시오."라고 외쳤다. '태양의 찬가'에서는 '나의 주님, 살아 있는 모든 이가 피할 수 없는 우리 누이인 육체의 죽음을 통해 찬미 받으소서.'라고 노래한다. 그런데 죽음이 누이와 연계된 의미는 무엇일까? 성 프란치스코의 '태양의 찬가'에는 어머니, 형님, 누님 등이 나온다. 어머니처럼 너무 애절하지도 않고 형님처럼 너무 강하지 않으면서 다가가기에 가장 부드럽고 온유한 누이를 죽음과 연결한 서정성이 감지된다. 서정주의 국화꽃에 대한 비유 역시 황혼 같은 가을이 지닌 이미지와 닮은 누이를 상정하였음에 공통점이 느껴진다. 인류 역사상 최고의 묘비명으로 예이츠의 비문이 선정되었다. "차가운 눈길을 던져라. 삶에 대해, 죽음에 대해. 말 탄 이여, 그저 지나쳐가라!" 이 말의 속뜻은 '내 무덤에 넋 놓지 말고 삶을 담담히 보게나. 여기서 얼쩡거리지 말고 가서 자네 일이나 보시게.' 정도일 것이다. 당하는 죽음에서 맞이하는 죽음으로, 곧 죽음을 영접하는 일은 웰다잉이다.

여러 면에서 한국은 죽음의 민족이다. 세계 자살률 1위는 부동이다. 말끝마다 "죽겠다."라고 말한다. 동네 이름에 죽음의 냄새가 들어가 있으면

온 주민이 나서서 집값 떨어진다며 이름 바꿔 달라고 야단이다. 그래서 대구의 황천동도 황금동으로 바뀌었다. 외국인이 한국 엘리베이터에 4층이 없다고 이상해한다. 우리 신자들은 죽음의 상징인 십자가를 몸에 지니고 살면서도 비신자처럼 죽음을 금기시하고 두려워한다. 부활에 대해 말하면서도 죽음을 말하지 않는다. 예수님의 죽음에 대해서는 말하면서도 자신의 죽음은 말하려 들지 않는다. 생각조차 싫어한다. 그토록 죽음이 싫어 손사래를 치면 죽음의 문제가 해결된 것일까? 강론대에서 사제들도 죽음에 대해 말하려 들지 않는다. 신자들이 듣기 좋아하는 잘 사는 법, 웰비잉에 대해서만 강론의 주제로 삼는다. 하지만 우리 신앙의 선조들은 '사말(四末)의 노래'를 입에 담고 살았다. 인간이 피할 수 없는 네 가지 마지막 문제인 죽음, 심판, 천국, 지옥에 대해 날마다 읊고 묵상하였다. 잠언서에도 지혜로운 자는 초상집에 간다고 말한다. 나이 든 자의 죽음에 대한 두려움, 금기, 외면만큼이나 젊은이들의 죽음에 대한 허세 떨기는 모두 정답이 아니다. 죽음은 탁상공론이 아니다. 아름다운 삶의 마무리, 존엄한 죽음과 품위 있는 생의 이별은 진리요 진실이다. 죽음을 바라보지 않는 자는 나침반 없이 항해하는 것과 같고 항해가 무서워 바다로 나가지 않는 자는 생의 진실한 맛을 음미할 수 없을 것이다. 웰다잉하지 않으면 웰비잉은 어불성설이다.

만약 자신의 부와 명예를 소유하고 영원히 사용할 수 있다면, 가지지 못한 자들은 이 세상에서의 삶을 어떻게 진지하게 대할 수 있겠는가? 무슨 근거로 생을 계속 살아갈 수 있을까? 그 불평등을 감정의 파문 없이 견뎌낼 수 있는 사람은 없을 것이다. 그러나 성서에 나오는 '부자와 라자로' 비유처럼 잠시 지나가는 것이 인생이다. 모든 인간은 상대적인 불평등으로 태어나는 것 같지만 사실은 평등하다. 그것은 죽음 때문이다. 세상이 모두 내

손아귀에 잡힐 것 같은 영웅호걸들의 자신감, 미남미녀들이 쌓아 올린 경력의 금자탑, 엄청난 유산을 물려받고 태어나면서부터 인생이 쉬워진 부자들도 결국 죽음 앞에서 모든 것을 내려놓지 않으면 안 된다. 인간이 상대적인 행복을 소유한 것 같지만 만인은 예외 없이 죽음 앞에 절대 평등하다. 내가 신의 존재를 진지하게 사유하고 내 생을 성실하게 붙들어야 할 오직 한 가지 근거는 죽음이 있기 때문이다. 모든 것을 무화(無化)시키는 죽음의 존재가 있기에 가능하다는 말이니 이 얼마나 역설적인가? 어느 인간이 이 죽음 앞에서 자유로울 수 있을까? 『짜라투스트라는 이렇게 말했다』라는 책에서 '신의 죽음'을 선포한 니체(Friedrich Wilhelm Nietzsche)의 글을 읽으며 신 앞에 선, 인간 지식의 허함을 느낀다. 그는 삶에 대해 초인(超人)적 의지로 극복하고자 했고, 죽음마저 자기주도적으로 과감히 맞서야 한다고 말했다. 하지만 그의 마지막은 너무나 초라했다. 죽음의 불가항력성을 감지하지 못한 니체는 우리를 공허하게 만든다.

한반도에 전쟁이 끝난 지 70여 년이 지나가니 죽음의 공포가 사라지고 배곯을 걱정 없으니 노후를 잘살아 보자고, 웰비잉에 대해 많은 말들을 한다. 그러나 정말 잘 사는 것은 무엇일까? 100세를 넘게 산다 한들 웰다잉하지 않으면 무슨 소용이 있는가? 인생 참 묘하게도 삶의 신비는 죽음 속에 숨겨져 있다. 살아가는 동안 우리는 죽음 가운데 있는 것이다. 죽음이라는 실체는 우리에게 삶의 모든 것을 설명할 수 있는 진리이다. 그러니 내가 죽을 수 있는 존재라는 이 명약관화한 사실을 잊고 사는 것은 이 세상에서 가장 어리석은 일이다. 죽음을 상정한 사람의 행동 양식은 죽음에 대한 무지나 무시로 살아가는 사람들과 다르기 때문이다. 나이가 들어가면서 근육도 줄어들고 시력도 약해지며 들리는 것도 희미해지니 상실수업 중이다. 그렇게 자주 외우는 성모송 역시 우리가 살아도 죽음을 염두에 두라는 진리이니, "이제와 저희 죽을 때 저희 죄인을 위하여 빌어주소서."를 허하게 읊지 말자. 하루해를 마치고 침대에 올라 암흑 속의 창밖을 바라보면 떠오르는 생각, "이게 산다는 의미일까? 생은 이런 것이 전부일까?" 하고 의구심이 들면서 작은 죽음인 잠 속으로 빠져든다. 그렇지만 다음 날 아침 또 새롭게 창문에 비쳐오는 푸른 소나무를 바라보고 하루의 일과를 시작한다. 어제와 달리 무슨 힘으로 하루를 다시 살아갈 원리나 근거를 찾은 것도 아니면서……. 생은 그런 것인가 보다. 그러나 죽음은 나의 누이처럼 그렇게 부드럽고 진실되이 나의 삶에 조금씩 다가와 앉는다. 그런 작은 죽음과 상실수업의 반복 후에 결국 우리는 영원한 잠속으로 들어가니 사는 것도 죽는 것도 신비일 뿐이다. 죽음을 진정성으로 대하고 맞이함이 참 지혜이다.

삶은 노력인가? 운수인가?: 운칠기삼(運七技三)

　세상을 살아가는데 힘에 부친 적이 있고, 그래서 서운한 적이 있었는가? 착하게 열심히 살려고 부단히 노력하고 힘을 다해도 왜 내가 원하는 대로 되지 않는지? 내가 그리 믿고 따르던 하느님은 무엇을 하고 계시는가? 사기 치고 못된 일만 일삼는 놈들이 어째서 그리 일이 더 잘 풀리는 것일까? 세상 요지경 같아 서운하고 서글퍼 본 적이 있을 것이다. 주위로부터 많이 들어 익숙하다고 알았는데 이 운칠기삼(運七技三)이라는 글자를 들여다보고서는 깜짝 놀랐다. 어디가 잘못된 것은 아닌가? 하는 생각이 들었다. 운이 7할이고 노력이 3할이라면 이것은 너무 불공평하지 않은가? 노력해도 발버둥을 쳐도 인생별 소용이 없다는 말인데 그것이 너무 서운했다. '운칠기삼(運七技三)'이라니! 차라리 '운삼기칠'이라면 삶을 부여안고 악을 쓰면서도 살수 있을 텐데……. 야속하다고 말할 수 있는 사람들이 있을 것이다. 에디슨도 천재는 1%의 영감과 99%의 노력으로 이루어지는 것이라고 하지 않았는가? '기칠운삼'인 줄 알고, 그래서 열심히 하면 다 되는 줄 알았는데 오늘 이 글자를 뜯어보고 나서 배신감을 느꼈다.

　중국 괴이문학의 걸작으로 꼽히는 『요재지이(聊齋志異)』에 운칠기삼의 유래가 실려 있다. 한 선비가 자신보다 변변치 못한 자들은 버젓이 과거에 급제하는데, 자신은 늙도록 급제하지 못하고 패가망신하자 옥황상제에게 그 이유를 따져 물었다. 옥황상제는 정의의 신과 운명의 신에게 술 내기를 시켰다. 만약 정의의 신이 술을 많이 마시면 선비가 옳은 것이고, 운명의 신이 많이 마시면 세상사가 그런 것이니 선비가 체념해야 한다는 다짐을 받았다. 내기 결과 정의의 신은 석 잔밖에 마시지 못하고, 운명의 신은 일곱 잔이나 마셨다. 옥황상제는 세상사는 정의에 따라 행해지는 것이 아니라 운명의 장난에 따라 행해지되, 3푼의 이치도 행해지는 법이니 운수만이 모든 것을 지배하는 것은 아니라는 말로 선비를 꾸짖고 돌려보냈다. 이 이야기가 담고 있는 세상의 이치는 만물이 모두 정의대로만 이루어지는 것이 아니라 불합리한 운명의 장난이 어딘가에 숨어 있는 법이란 뜻이다.

운과 명? 무엇이 먼저일까? 한국어는 운명이라 하지만 중국어로는 명운(命運)이라 한다. 그런데 운칠기삼이란 말을 보면 운명이 더 맞는 듯하다. 그래서 운칠기삼은 선칠후삼(先七後三)인 셈이다. 운이 7할이고, 재주(노력)가 3할이라는 뜻이다. 곧 모든 일의 성패는 운이 7할을 차지하고, 노력이 3할을 차지하는 것이어서 결국 운이 따라주지 않으면 일을 이루기 어렵다는 뜻이리라. 그런데 과연 여기서 말하는 운(運)과 기(技)는 무엇인가? 기는 나의 기획과 계획과 노력을 의미하니 주도면밀한 나의 미래 설계로 이해됨 직하다. 문해력에 큰 이의가 없다고 본다. 문제는 운이다. 세상 사람들은 언뜻 운은 로또 당첨이나 대박과 같은 요행수로 알아듣는데 그러면 이 운칠기삼이 서운하게 들릴 수 있다. 하지만 운의 정확한 뜻은 세상의 불가항력적인 이치, 곧 우주가 돌아가는 이치를 말한다. 사람의 일도 그 우주 속에서 인간의 힘으로는 도저히 어찌할 수 없는 그 무중력 상태인데 한 치 앞도 볼 수 없는 미래가 바로 운인 셈이다. 그래서 스스로 그러하다는 의미의 자연인 것이다. 그렇게 될 수밖에 없으니 아등바등하거나 억지 부릴 여지가 없다는 것이다. 그러니 운은 신의 영역에 있고, 기는 인간의 영역에서 일어나는 일로 보아야 한다. 이것을 신앙인의 입장에서는 '거룩한 수동'으로 이해할 수 있다.

진인사대천명(盡人事待天命)에서 진(盡)은 기이고 대(待)는 운을 의미한다. 실제 삶을 살다 보니 노력해도 안 되는 일이 있음을 알면서 철이 들었다. 열심히 노력하고, 치밀하게 계획해보지만 안 되는 일은 유유히 안 되는 쪽으로 흘러간다. 그래서 모사재인(謀事在人)이요, 성사재천(成事在天)인 듯하다. "아버지의 뜻이 하늘에서와 같이 땅에서도 이루어지소서."라고 수 없이 기도를 바치지만, 그 속에 운칠기삼의 원리가 들어 있다고는 생각하지 못했다. 하늘이 명한 바를 성(性)이라고 하는데 그것은 본성이니 창조되고 태어난 것으로서 그렇게 존재할 수밖에 없는 것이다. 그것을 바꾸려 드는 것은 떼씀이요, 앙탈인데 그것을 정(情)이라 말한다. 내가 한국인으로 태어난 것은 성이지만 '헬조선'하면서 살기 좋은 나라로 이민을 가려 한다는 것은 정이 발동하는 것이다. 내가 태어난 얼굴이 그렇게 수수한데 연예인처럼 뜯어고치려는 것은 정의 발동이다. 하느님께서 만물을 창조하실 때에 하느님의 모상(이마고 데이)으로 본을 뜨셨다. 그러니 성은 곧 하느님의 이미지이고 '신의 조각'인 셈이다. 천지불인(天地不仁)은 운이 사사롭지 않음을 말하는 것이다. 이렇게 설명이 된다면 운칠기삼의 운을 오해하지 말아야 할 것이다. 운은 결코 꼼수나 요행을 바라는 사욕이 아니다. 대박을 꿈꾸는 것은 욕망에서 나오는 것이지 운은 아닌 것이다. 사주팔자를 본다는 것은 돈으로 성을 사서 정으로 바꾸려는 일종의 사기수법이다.

그러니 운칠기삼이란 말이 언뜻 서운해 보여도 이 말 때문에 위안이 되기도 하지 않는가? 인생에서 운의 불가항력성을 이해한다면 무슨 말을 더 할 수 있겠는가? 7할이 불합리하지만 3할이나마 이치가 있다니 다행으로 살아갈 수 있지 않겠는가? 그렇게 믿는 것이 세상을 순리대로 이해하는 법이다. 왜 도둑놈들의 인생이 그토록 순조롭고 악인들의 앞길에 요행도 따르는지 신에게 삿대질해가면서 따져 든다 한들, 신은 천지불인일 뿐이다.

아무리 노력해도 안 되는 일이 있으니 너무 욕심을 내지도 말 것이며 때로는 놓을 줄도 알아야 한다는 것이다. 해도 해도 안 된다면 더 이상은 내 탓도 아니고, 내가 모든 셈을 치러야 하는 것도 아니다. 죽어서 하느님과의 셈을 할 때 기본적으로 70점은 따 놓은 것으로 생각하면, 나는 단지 30%만 책임을 져야 하니 인생 그리 어려운 것은 아니지 않는가? 한번 사는 인생이라 너무 잘해보려고 자신을 닦달한다면 그것은 무겁게 가는 것이다. 영혼의 발랄함은 거룩한 가벼움에서 나온다. 운이 덤을 의미한다면 그것은 신의 은총으로 이해해도 좋다. 삶이 덧셈, 뺄셈처럼 정확하다면 이 세상 무슨 재미로 살 수 있을까? 가끔 덤이라는 것이 있어 묘미가 느껴지고 세상 살아가는 재미가 나는 것이리라. 별로 노력한 바도 없는데 생각 외로 운이 따라 주는 경우가 있지 않았던가? 어느 날 멍하니 있다가 떠오른 영감 하나, 장난삼아 샀던 로또의 당첨, 우연한 인연의 기쁨 등등은 인생의 덤이지 않았던가? 우리나라에서나 유명하던 한 가수의 장난 같은 동영상이 우연히 유튜브에 오르더니 전 세계를 뒤흔들었다. 누군들 그만큼 노력해 보지 않은 사람이 있겠는가? 그러나 모두가 그런 결과가 따라주지는 않는 것이다. 우연히 그리된 것이니 운이요 덤이다.

운명의 요정은 인생에 세 번의 위기와 세 번의 기회를 준다고 한다. 문제는 운과 기의 배합이요, 이를 대하는 마음의 자세이다. 인간만사 '새옹지마'란 인간의 행복과 불행은 언제 바뀔지 모르기 때문에 너무 슬퍼하거나 마냥 기뻐해서는 안 된다는 교훈이다. 우리 인생은 동전의 양면처럼 화와 복이 번갈아 찾아온다. 결국 산다는 것은 언제나 행복과 불행의 연속인 셈이고 '이것이 인생이다(c'est la vie, 세라비)'. 성서를 보아도 예수님 역시 미래를 운으로 이해하셨다. 모든 것은 아버지 하느님만이 아시니 그날과 그 시각은 아무도 모른다고 하셨다. 스스로 계획하고 노력해도 자신의 머리카락 한 가닥 어찌하지 못하는 것이 우리 인생의 신비라는 말씀이다. 베토벤은 그의 생의 마지막 작품인 현악 4중주 마지막 악장에서 "그래야만 하는가?"라고 외치다가 '신중하게 내린 결정, 그래야만 한다.'라고 마지막 메모를 남겼다. 유서처럼 된 그의 말에서 눈이 먼 그의 비극적 인생을 운으로 수용할 수밖에 없는 비장함이 느껴진다.

감사는 근본을 생각함이다: 낙엽귀근(落葉歸根)

40년 전에 최재선 주교는 한국외방선교회를 창설하면서 그 선교영성의 근원을 감사에 두었다. 항상 감사와 보은을 마음에 두어야 한다고 한국외방선교회 회원들에게 누누이 강조하였다. 최 주교님과 함께 살았던 우리 회 초창기 한남동 셋방살이 시절에는 밥을 한 끼 먹으려면 먼저 주교님의 훈계부터 들어야만 했다. "우리가 먹는 밥이 어디 하늘에서 떨어진 줄 생각하지 마라. 모두 우리 후원회원들의 피땀이 섞인 것이여! 감사한 줄 알아야 하지." 지당하신 말씀인 줄 알지만 그 훈계가 수없이 반복되니 잔소리처럼 들리어 묵묵히 입안에 밥만 꾸겨 넣던 생각이 난다. 이제 그분의 영성에 기초되어 탄생한 한국외방선교회가 40년 불혹의 나이가 되었다. 떠나가신 회주의 삶과 영성은 우리 선교회의 자양분이 되었으니 창립 40주년을 맞아 그 잔소리 같던 말씀을 다시 떠올려 우리의 영성으로 삼고자 되새겨본다. 한때 코미디 프로에 "감사합니다!" 코너가 있었고 각박한 사회에 잠시나마 감사의 열풍이 불었던 적이 있다. 빈말이라도 "감사하다, 고맙다."라는 말은 기분 좋은 말이다. 감사! 그 속에 담긴 의미와 심리기재는 무엇일까? 생각해 본다.

우선 감사는 현상에 대한 반응이 아니라 현상을 바라보는 관점의 차이일 것이다. 물 반 컵을 부족으로 보는 사람은 감사의 정을 느끼지 못하지만 그것마저도 고마워하는 사람의 마음은 빈 것을, 부족한 것을 보는 것이 아니라 있음을 보는 관점에 있기 때문이다. 똑같은 환경에 있어도 감사하는 사람에게는 감사할 일이 자꾸 생기는 반면, 불평하는 사람에게는 불평할 일만 더 생기게 된다. 상황에 대한 만족에서 감사는 자연스러운 반응이다. 이만하면 충분하다는 마음을 가져야 한다. 자아를 긍정하고 타인을 수용하는 사람은 모든 상황에 만족할 줄 알기에, 감사는 바로 거기서 나온다. 욕심을 내지 않고 만물을 순조롭게 수용하는 포용성이 높은 감사의 마음은 나와 너를 평화로 안내해 준다. 감사하다는 것은 너를 나의 시공으로 초대하여 관계를 형성하도록 받아들여 준다는 의미이다. 너를 키워주는 행위, 그것은 관계를 공유하고 공감한다는 의미이다. 시간과 공간을 내어서 나와 네가 서로 함께 숨 쉬고 살아있음을 느끼게 하고자 하는 마음! 곧 배려(안배)이다. 남을 배려해 준다는 것은 그렇게 나도 살고 너도 살도록 하는 공존, 윈윈 정신이 포함되어 있다. 열 명의 나환자가 모두 치유되었지만 돌아와 감사를 드린 사람은 한 명뿐이다. 돌아온 사람은 예수님과 자신의 삶을 더 공유하고 관계를 맺고 싶다는 의미 곧, 통교를 원하는 사람이다. 돌아오지 않은 사람은 관계를 계속 이어갈 수 없다. 감사하지 못하는 이유는 이기적인 성취동기에 얽매여 있거나 열등의식, 혹은 교만함에 젖어 있는 사람으로서 관계의 가치를 인정하지 않는 사람이다. 예수님이 물어오신다. "그런데 아홉은 어디에 있느냐?"(루카 17,17) 당신의 행위에 대한 보답을 원해서가 아니라 그들의 완전한 치유, 성숙, 구원을 원하셨기 때문이다. 인간이 하느님께 감사해야 하는 이유는 신을 위한 것이 아니라 바로 인간 자신을 위한 것이다. 하느님께 대한 감사지정을 갖는 사람은 하느님의 사람이 될 수 있기 때문이다.

감사는 자아인식에 기초한다. 신 앞에서는 자신의 유한성을 인식하고 타인 앞에서는 자아의 부족함을 느끼며 사물 앞에서는 자신 역시 비천한 존재임을 인식하는 데서 감사는 나오는 것이다. 그래서 감사란 낙엽귀근(落葉

歸根)이다. 잎이 지면 뿌리로 돌아간다는 뜻이니 결국은 자기가 본디 났거나 자랐던 곳으로 돌아감을 이르는 말이다. 아름다운 색깔로 자신을 표현하던 가을 단풍도 때가 되면 떨어져 썩어서 흙으로 돌아갈 줄 안다. 자신의 푸르름과 영롱함이 사실은 흙에서 왔음을 잊지 않고 다시 흙으로 돌아갈 줄 아는 것이 바로 감사의 근본정신이다. 내가 이룬 업적과 성취가 찬란하면 할수록 나의 근본을 잊지 말아야 하거늘 그 방법론은 감사의 정신에 기인한다. 감사는 깨어 있는 사람에게서 나온다. 영혼의 민첩성은 사물을 깊이 바라볼 줄 알고 섬세함을 느낄 줄 안다. 무엇을 감사해야 하느냐며 독 오른 복어처럼 가시를 돋구고 골이 나서 따지는 사람은 세상을 불만스러운 상태로 보고 있기 때문이다. 너에 대해, 사회에 대해, 상황에 대해 불만이 많아서 평화롭지 못한 마음의 상태이다.

어느 조각가 교수가 어깨 수술을 하고 난 후 몇 달간 혼자서 수저를 들 수 없었다. 깁스를 풀고 완치되었다는 의사의 말에 자신의 팔을 들어 밥을 한 입 떠먹으면서 감사한 마음에 눈물을 펑펑 쏟았다고 한다. 감사할 일이 생각나지 않거든 병원에 가 보아라. 한 발짝을 제힘으로 걷는다는 것이 기적처럼 여겨지는 사람이 있고, 내 눈으로 밤인지 낮인지 구별하는 것이 평생의 소원인 사람이 있다. 하루하루가 기적이고 새 아침을 맞을 때마다 새 생명을 주신 것에 대해 하느님께 감사할 수 있는 사람은 얼마나 행복할까? 하늘의 별을 보면서, 들에 핀 꽃 한 송이를 보면서도 하느님의 섭리를 느끼고 감사할 수 있는 사람이야말로 지금 천국을 미리 살고 있는 것이 아닐까? 우리 주변에 인연을 맺게 해 준 가족들과 이웃들로 인해 감사하며 행복한 사람은 하느님의 사랑을 맛볼 줄 아는 사람이 아닐까? 내가 두 눈을 떴을 때 어두운 것과 밝은 것, 높은 하늘의 많은 별, 그리고 많은 사람 중에서 내 사랑하는 사람을 또렷하게 구별할 수 있는 빛나는 두 눈을 주신 것에 감사한다. 귀뚜라미와 뻐꾸기 소리, 망치 소리, 개 짖는 소리, 소나기 소리, 그리고 내 사랑하는 사람의 부드러운 목소리, 이런 소리를 밤낮으로 어느 곳에서나 들을 수 있는 귀를 주신 것에 감사한다.

우리가 지금 사용하고 있는 '미사'라는 용어는 라틴어의 'Missa'에서 유래됐지만, 사실은 여러 번 이름이 바뀌었다. 초기 원시교회에서는 '빵 나눔(Fractio Panis)'으로 불리었다. '빵 나눔'이란 말은 유다인들이 식사할 때 빵을 나누는 동작을 표현한 것으로 파스카 예식을 시작하는 첫 동작이었지만, 사도 시대에는 그리스도교 예식 거행을 가리키는 용어가 되었다. 곧 미사의 핵심인 성변화의 말씀 속에 "예수께서는 빵을 들어 감사의 기도를 드리신 다음 나누어 주셨다……."라는 말이 있다. 미사의 핵심은 나눔이다. 빵을 '나누어' 먹는다는 의미는 곧 식탁 공동체를 의미한다(루카 24,35; 사도 20,11; 1코린 10,16 참조). 그런 사람들을 일가(一家)라고 하는데 집 '가(家)'자의 어원을 보면 지붕(宀) 밑에 돼지(豕)가 있는 형상이다. 고대 수렵생활기에 집에 돼지를 키운다면 적어도 굶어 죽지는 않는다는 것을 의미하니, 함께 먹는 사람, 곧 식구(食口)는 우선 생명 공동체를 의미한다. 밥을 함께 먹으며 정으로 이어진 살붙이라는 느낌이다. 미사에서 그리스도의 살과 피를 나누어 먹는 사람들의 모임은 바로 생명 공동체이니 빵을 함께 나눈다는 의미가 미사의 본질을 잘 말해준다고 하겠다.

그다음으로 사용된 단어가 '감사의 제사', 곧 유카리스띠아(Eucharistia)이다. 미사 경문에 "예수님께서는 잡히시던 날 밤 빵을 들고 감사를 드리신 다음 제자들에게 떼어 주시면서 말씀하셨다."고 한다. 마치 오병이어(五餠二魚)의 기적을 행하시기에 앞서 예수님이 하늘을 우러러 감사의 기도를 드리셨다는 동작과 같다. 그러니 미사는 예수님이 아버지 하느님께 드리는 감사의 제사이다. 지금도 중국어 미사 경본의 표지에는 '감은성제(感恩聖祭)'라고 씌어 있다. 5세기에 와서는 오늘날 우리가 가장 많이 사용하고 있는 '미사'라는 용어가 사용되기 시작했다. '미사'라는 뜻은 라틴어로 '파견', '보냄'이란 뜻인데 선교의 의미를 담고 있다. 이렇게 볼 때 미사의 용어 변천과정 중에 사용되었던 나눔(친교), 감사, 파견이라는 세 개념은 결국 함께 모여야 완전한 미사의 정신을 말해준다고 하겠다. 그래도 두 개념의 중간에서 기준을 잡아주고 친교와 파견에 힘을 주는 내적인 원리는 감사이다. 한국외방선교회의 모든 회원은 존재와 행동 양식의 기저에 창립자의 감은(感恩)정신이 자리한다. 우리 교회가 키우고 양성한 선교사가 해외에 나아가 가난하고 어려운 민족에게 복음을 전하는 것은 바오로 사도의 말씀처럼 모두 거저 받았으니 감사하는 마음으로 거저 주어야 하는 것이다. 그들의 언어로 그들을 위해 미사를 봉헌하는 것이야말로 그들과 이루는 감사와 친교의 제사이니 이것을 선교라고 말하지 않겠는가?

나날이 또 새롭게 하라: 우일신(又日新)

  중국 음식은 참 다양하고 맛있다. 그러나 모든 게 그런 것은 아니다. 어떤 이들은 중국 특유의 묘한 냄새 때문에 위가 뒤집힌다고도 한다. 사실 나라마다 고유한 냄새가 있다. 부엌이나 식당뿐 아니라 도로, 사람들의 피부에서 나는 냄새는 각 나라마다 독특하다. 이 냄새는 문화적인 성격을 지니고 있어 편견이 들면 한없이 거부감이 생긴다. 중국에 사는 한국인들이 한 번쯤은 걸려 넘어지는 것이 바로 이 고수(香菜, 샹차이)다. 중국 음식은 맛있는데 이 채소가 향료로 들어가면 먹지 못하는 한국인들이 많다. 이 냄새가 한국인에게는 역겹게 느껴지지만, 중국인들에게는 음식 맛을 돋구는데 얼마나 좋아하면 향채라고 했을까?

  나에게도 처음엔 그들의 고수가 너무나 역겨웠던 시절이 있다. 대만에서 중국인 본당신부로 8년을 살았다. 그리 크지 않은 공동체라서 주일미사 후에는 자주 점심 식사를 함께 나누었다. 미사가 끝나갈 무렵이면 성당 마당에서 탕웬(湯圓, 새알심을 넣은 탕)을 끓이는데 성당 안으로 구수한 냄새가 밀려들기 시작하면 미사를 빨리 끝내야 했다. 그런데 미사 후 막상 받아 든 탕웬 그릇에서는 이상한 냄새가 위를 뒤집어 놓는다. 조금 전의 그 구수한 냄새는 어디로 간 것일까? 냄새에 취해 머리가 어지러워 결국 먹지 못하고 그 냄새의 원천지를 피해 방으로 도망왔다. 나중에 구수한 냄새가 현기증 나는 냄새로 바뀌는 현장을 발견하고 그 이유를 알았다. 탕웬이 끓기 시작할 때 마지막 순간에 한 소쿠리 다진 고수를 가마솥에 넣는데, 그 순간부터 나는 피난길에 올라야 했다. 나중에야 내가 먹을 그릇을 미리 푼 다음 고수를 넣었지만 신자들과 함께 할 수는 없었다.

　나는 깻잎을 좋아한다. 어린 시절 그 향기가 너무 좋아, 학교 가는 길에도 길옆에서 들깻잎을 따서 콧구멍에 막고 다니기도 했다. 들깻잎의 진한 냄새는 나를 기분 좋게 만드는 마법의 향기 같았다. 대만에는 깻잎을 살 수 없어서 한국에서 씨를 가져와 텃밭을 가꾸어 심어 먹었다. 어느 날 본당 사목위원들을 불러 한국식 삼겹살 파티를 벌였다. 내가 키운 깻잎을 한 소쿠리 따서 자랑삼아 시범을 보이며 따라 하라고 깻잎에 고기를 싸서 먹는 모습을 보였다. 그런데 신자들이 나를 따라 들깻잎을 가져가는 순간 거의 기절할 만큼 그 향기에 넌더리를 치는 것이었다. 영문을 듣고 보니 들깻잎이 화장실 냄새와 비슷하다는 것이었다. 결국 그날의 파티는 상추잎으로 대체되고 말았다. 중국인들이 깻잎 냄새를 얼마나 역겨워하는지를 알고 나서 생각이 많아졌다. 나에게는 향기인데 너에게는 악취라면, 실재가 아니라 결국은 관념이 만들어 낸 허상일 뿐이다. 내가 고수를 역겨워함이나 그들이 깻잎을 싫어함은 익숙지 않은 것에 대한 생각의 편견일 뿐이다. 이것을 넘어서야 했다. 고수를 먹지 못하면 나는 문화의 편견에 최면 당하는 것이고 그러면 선교는 없다. 결국 교구 연피정을 갈 때 시장에 가서 고수를 한 봉지를 사 들고 들어가 방에 놓고 단단히 결심했다. 선교를 할 것인가, 말 것인가는 이 고수를 넘어설 수 있는가, 없는가에 달려있다고……. 나 혼자 고수 피정을 시작했다. 방 안 가득한 그 환상의 냄새에 잠이 오질 않았고 그럴 때마다 한 가닥씩 뜯어 먹으며 주님의 기도를 외웠다. 그렇게 일주일을 버티자 묘한 일이 생겼다. 역겨움이 사라지고 고수가 향기로 변하기 시작한 것이다. 그 해의 피정 내용은 아무 것도 기억하지 못하지만 나는 고수의 편견을 벗어났고, 그 후로 나는 고수의 전도사가 되었다. 그때 피정 노트에 이런 글을 썼다. "세상에는 못 먹을 음식이 없고, 못 사귈 사람이 없으며 못할 일이 없다. 자아를 최면시키지 마라." 상해에 와서 고수를 먹지 못하는 교민들에게 내가 항상 해주는 충고의 말이다.

중국어 배우면서 내가 처음으로 익힌 말이 "씨관지오하오러.(習慣就好了)" 이다. '습관이 되면 괜찮아질 것이다.'라는 뜻이다. 대만에 선교사로 처음 도착하여 중국어를 배울 때 주교님께서 두려워하지 말라고 항상 격려해주시던 말씀이다. 그러나 나중에 알았다. 습관이 되면 좋지 않다는 것을……. 습관이 되면 타성화되기 쉽다. 습관이 되면 느끼지 못한다. 습관이 되면 감동하지 않게 된다. 더구나 사제가 주님에게 습관이 되고 복음에 습관이 되면 그것은 정말 문제가 된다. 언제나 샘 솟듯 흘러나와야 하는 대상이거늘 결코 타성화되어서는 안 된다. 지식이 풍부해지고 상황에 익숙해지면 사람은 바로 자신이 쳐 놓은 그 지식의 그물에 걸려, 오히려 발상의 전환이나 비약을 방해 받게 된다. 이것이 습관이 주는 맹점이요 위험이다. 상해 서산신학교의 내 방에 벌 한 마리가 들어와 창틈에서 앵앵거린다. 격창 사이를 애타게 날아다니며 탈출구를 찾아 주파수 높은 소리를 내고 있다. 다음 날 아직도 탈출구를 찾아 앵앵거리고 있는 모습을 보고 생각했다. 방향을 조금만 바꾸면 옆에 탈출구가 있는데 저 벌은 앞만 보고 머리통을 디밀어 대는구나. 나를 돌아보면 나도 저 벌과 별반 다를 게 없다고 생각해 본다.

인생의 각도를 조금만 바꾸면 새로운 것이 보인다. 어느 지점에서는 섬이 다섯 개로 보이고 어떤 지점에서는 여섯 개로 보인다 해서 오륙도이다. 다섯 개로 보이는 사람이 자기 자리만 고집하면 영원히 다섯 개가 진리이고 최선이라 알겠지만, 여섯 개라 주장하는 사람의 자리로 옮겨보면 우리의 지식과 확신이라는 것이 얼마나 허구인지를 금세 알게 된다. 보통 사람들은 성당에 오면 언제나 같은 자리에 앉는 경향이 있다. 낯선 것에 대한 껄끄러움을 천주교 신자들은 유난히 싫어한다. 그러나 자리를 바꾸어 않으면 성당의 다른 분위기를 느낄 수 있고, 옆에 오는 새로운 사람을 만날 수도 있는 것이다. 사람은 언제나 새로워야 한다. 구태의연해서는 인생이 맛깔 나지 않는 법이다. 컴퓨터는 업그레이드할 줄 알면서 나의 인생은 왜 쇄신하려 들지 않는가? 항상 그 모양 그 꼴인 사람이 있다. 과거에서 벗어나지 못하고 경직된 옛 삶의 방식은 나를 늙어가게 한다. 우리 동네 구멍가게에 사과 상자 엎어 놓고 가게를 지키는 초로의 아저씨 한 분이 계셨다. 속으로 '저 뒷받침이 없는 간이의자는 얼마나 불편할까?' 하는 생각이 들었다. 그리고 나중에 제대한 후 우연히 지나가다가 그 구멍가게를 보았는데 예전의 그 간이의자와 이제는 훌쩍 늙어 노인이 되어 버린 모습으로 앉아 있었다. 익숙해지면 왜 조금도 바꾸려 들지 않는 것일까? 사고와 발상의 전환이 이루어지지 않으면 구태의연한 사람이 된다.

성서에도 그런 사람이 나온다. 도무지 새로움을 배울 마음 없이 자아에 갇혀버린 율법 학자들과 바리사이들이다. 구약 율법을 미리 맛본 사람들, 즉 묵은 포도주를 마신 유다인들은 자신들의 세계에 경직되어 있다. 묵은 포도주를 마시던 자들은 새 포도주를 대해도 그 맛을 보려 들지 않는다. 새 포도주가 더 좋은 것인데도 익숙한 맛에 젖어 새 포도주를 무시해 버리는 것이다. 예수님께서 경고하시지만 그들은 기득권에서 조금도 벗어나려 하지 않았다. 바리사이 니코데모에게도 거듭나기는 역시 쉬운 일은 아니었다. 예수님의 말씀과 인격에 감명을 받아 따르고 싶어 찾아와, 가야 할 길을 묻는다. 예수님께서 그에게 이르셨다. "내가 진실로 진실로 너에게 말한다. 누구든지 위로부터 태어나지 않으면 하느님의 나라를 볼 수 없다"(요한 3, 3). 그러자 니코데모가 예수님께 말하였다. "이미 늙은 사람이 어떻게 또 태어날 수 있겠습니까? 어머니 뱃속에 다시 들어갔다가 태어날 수야 없지 않습니까?"(요한 3,4) 자신이 아는 세계가 전부라고 생각하는 사람은 여지가 없다. 그래서 카이사르가 "이 세상에서 가장 무서운 사람은 자신이 보고 싶은 것만 보려는 사람"이라고 말했나 보다.

중국 하나라 걸왕의 폭정을 보다 못한 하남성의 부족장 탕(湯)은 혁명을 일으켜 걸왕을 몰아내고 은나라를 세운다. 은나라의 태조가 된 탕왕은 그가 사용하는 청동 세숫대야 바닥에 "구일신 일일신 우일신(苟日新 日日新 又日新)"이라는 문구를 새겼다. 바로 '진실로 하루가 새로워지려면 나날이 새롭게 하고, 또 날로 새롭게 하라.'는 의미이다. 탕왕은 아침에 맑은 물로 세수를 할 때마다 나라를 세울 때의 각오와 초심을 잊지 않기 위해, 세숫대야 바닥에 글귀를 새기고 매일 아침 스스로를 새롭게 했던 것이다. 다시 한해가 시작되었다. 점차 나이 들어갈수록 현상에 안주하려는 경향이 생긴다. 변화를 두려워하는 것이다. 매일 새로워지려고 나 자신을 다져보지 않으면 흐름에 휩쓸려 내려갈 것이다. 그래서 다짐해 본다. 다시 시작해 보아야 한다. 아브라함처럼 거기가 어딘지 몰라도 옛날의 나를 떠나 새로운 곳으로 나가야 한다. 실패할지 몰라도 자신을 던져 볼 수 있어야 한다. 변화를 받아들일 수 있어야 성령께서 내 안에 작용하실 여지가 있는 것이다.

겸손은 깊음의 덕이다: 지산겸(地山謙)

겸손에 대해 말하기가 쑥스럽다. 스스로 겸손하지 못하니 겸손에 대해 하는 말이 공허할까 두려워서이다. 그러나 모두가 평생 갈고 닦아 실천해야 할 바가 겸손이니, 배우는 마음으로 겸손에 대해 말해 보고자 한다. 겸손이란 무엇인가? 수줍음을 가장한 소극적인 태도인가? 나약함을 표상하여 동정을 사고, 결국 얻고자 하는 모종의 이익을 추구하고자 하는 책략인가? 왜 겸손해야 하는가? 칭찬받고, 존경받기 위한 목적이라면 그것 또한 허망한 행동이 아니겠는가? 겸손의 본질과 의미를 생각해 보자.

주역의 64괘 중에 15번째에 지산겸(地山謙)이라는 괘(卦)가 자리하고 있다. 위의 세 효(爻)는 땅을 표현하는 곤(坤)이고, 그 밑의 나머지 세 효는 산을 의미하는 간(艮)이다. 지산겸이란 '땅이 위에 있고 산은 땅 밑에 위치한다.'라는 의미로서 겸손에 관한 가장 본질적인 해석이다. 지산겸은 높은 산이 땅 밑에 파묻힌 모습, 곧 땅 아래에 산이 엎드려 있는 모습이다. 벼가 익어 고개를 숙이는 형상이라고도 말한다. 겸손의 본질과 양태가 그러하다는 것이다. 겸손이란 본성을 넘어서는, 아니 본성에 위배되는 초성적인 행위이다. 사람은 누구나 높아지고 싶고, 잘하고 싶고, 많이 갖고 싶어 한다. 그것이 본성이지만 겸손은 그와 반대로 낮아지고, 작아지고, 자신을 드러내지 않으려는 덕성이기 때문이다. 마찬가지로 지산겸의 생김새 역시 자연의 본성을 위배하는 초본성적인 형태를 지닌다. 자연계에서 산은 땅 위에 높이 솟아 있다. 그러나 지산겸에서 위는 땅(地)이고, 산(山)은 그 아래에 있다. 산이 땅 아래에 자신을 낮추어 처하는 상태인 지산겸은 인간의 가장 큰 덕목이요, 주역의 64괘 가운데 으뜸으로 치는 괘이다.

산이 스스로 치솟아 높아진 것일까? 골이 깊어져 산이 높아진 것일까? 주역은 후자를 말한다. 깊으면 높아진다는 것이다. 산의 높이를 잴 때 해발 몇 미터라고 한다. 그 말은 산의 높이를 잴 때 위부터가 아니라 가장 낮은 위치, 곧 바다의 수면에서부터 재기 시작한다는 말이다. 산을 오르는 사람도 정상에서 시작하는 것이 아니라 골에서 오르기 시작하지 않는가? 해발은 땅보다 낮은 곳에 위치한다. 결국 산이 높다는 말은 '골이 깊다.'는 말이기도 하다. 골이 깊지 않은 산이 높이 솟을 수가 있겠는가? 히말라야의 높은 봉우리는 결국, 깊은 골짜기에서 융기되어 솟은 것이다. 산이 제 잘난 멋에 우뚝 솟아 있는 것이 아니다. 높은 산을 오르는 등산가들은 정상에 서서 산의 높이를 정복한 교만함에 젖지 않는다. 오히려 깊은 골짜기에서 시작한 등산의 걸음에서 자신 또한 한없이 낮아져야 높아질 수 있다는 자연의 위대함을 배우게 된다. 그러니 주역에서 산이 땅 아래에 거처한다는 말은 깊은 성찰에서 나온 표현이다.

마찬가지로 사람의 높이도 깊이에서 재기 시작해야 하는 법이다. 이룬 것, 가진 것, 솟은 것으로부터 재기 시작하면 그것은 허상을 재는 것이다. 어찌 재물의 많음으로, 위치의 높음으로 그 인간의 됨됨이를 제대로 잴 수 있겠는가? 명함에 적힌 자기 경력과 업적이 그 사람의 인격 모두를 대변하는 것처럼 도도한 태도에 대해 주역은 일침을 가한다. 지산겸의 의미는 '인간의 깊이를 낮은 곳에서부터 재야 한다.'는 의미가 담겨있다. 그 인간의 심연, 곧 겪어 낸 고통과 십자가, 실패, 좌절 등에서부터 재기 시작해야 그 사람의 참됨을 제대로 파악할 수 있다는 말이리라. 생의 깊은 바닥을 경험해 보지 못 한 사람은 겸손해질 수 없는 이유이다.

성서도 지산겸의 정신을 말한다. 누군가 높아지려면 먼저 자신을 낮추어야 한다고(루카 22,26 참조), 천국을 들어가려면 좁은 문으로 들어가야 한다고 말한다(마태 7,13 참조). 진복팔단은 겸손한 인간의 행복론이다. 겸손의 근원은 하느님에게서 나온다. 그리스도 먼저 겸손한 마음을 지니셨기 때문이다. 하느님으로서 높은 곳에 거처하시는 분이시지만, 가장 낮은 곳으로 탄생하여 오신 육화의 형상은 말 그대로 지산겸의 현현이다. "그분께서는 하느님의 모습을 지니셨지만 […] 당신 자신을 낮추시어 죽음에 이르기까지, 십자가 죽음에 이르기까지 순종하셨습니다"(필리 2,6.8).

그런데 왜 겸손해야 하는가? 겸손의 덕이 사랑받고 빛이 나는 이유는 무엇일까? 내가 나를 낮추어, 다른 사람이 나를 높여줄 것이라 기대하고 겸손해한다면 그것은 진정한 겸손의 모습은 아닌 것이다. 겸손은 내가 오르기 위한 잠시의 책략이 아니라 너를 키우고 너를 살리어 모두 함께 살기 위한 공생의 마음이다. 모두 제 혼자 잘 먹고, 제 혼자 다 하려 든다면 이 세상은 어찌 될까? 하느님께서는 약육강식 속에 아귀다툼하라고 이 세상을 창조하신 것이 아니다. 겸손한 마음으로 내 자리를 너에게 양보하고, 내 음식을 너에게도 나누며 나의 기회를 너에게도 나누어 주는 이유는 모두가 함께 살기 위함이다. 그러려면 나보다 너를 먼저 돌아보아야 함이니 겸손의 덕이 요구되는 것이다. 겸손은 사랑과 바로 연결된다. 하느님께서 우리에게 겸손하여지라고 하신 의미는 '서로 돕고 서로 사랑하여 모두가 살게 되기를 바라신다.'라는 의미이다. 공생하고 원원해야 하느님의 뜻이 하늘에서처럼 땅에서도 이루어지는 것이다. 이는 부모가 당신의 자녀 모두를 살리고 싶어 하는 마음과 같은 것이리라. 자녀 중에 누가 좀 더 재능이 뛰어나고, 좀 더 나아 보여도 부모의 마음은 오히려 조금 뒤처지고 부족한 자녀에게 더 관심을 쏟는다. 하느님은 인류가 서로 양보하고 서로 먼저 남을 도와

주기를 바라시는 것이다. 그것이 겸손지애(謙遜之愛)이다.

　이러한 주역의 지산겸 사상은 서양의 관념과도 일맥상통한다. 영어로 '사람'을 뜻하는 'human'이나 '겸손'을 뜻하는 'humility'는 라틴어 '후무스(humus)'에서 온 말이다. 후무스는 흙, 먼지라는 뜻을 가지고 있다. 그리고 'adam(인간)'이라는 말도 'adamah(흙)'라는 말에서 나왔는데, 자연과 인간의 본성은 흙과 겸손이라는 것을 의미한다. 안토니 블룸(Anthony Bloom) 역시 "겸손은 땅과 같다."라고 말했다. 세례자 요한이 자신을 낮춰 그리스도의 흙이 묻은 신발 끈마저 손을 댈 수 없는 사람이라 여기는 겸손과 같은 의미이다. 이처럼 흙과 겸손 사이에는 상관관계가 있어, 흙에서 나와 흙으로 돌아가는 인간의 존재성을 드러낸다. 그러니 인간은 본성상 겸손해야 하는 존재이다. 가지고 이룬 것에 의기양양, 머리를 높이 쳐들고 떵떵거리고 싶어 하지만 아무리 뛰어 봤자 인간은 결국 흙이다.

　그런데 지산겸과 반대되는 괘가 있으니 23번의 산지박(山地剝)이다. 박(剝)은 '벗기다', '빼앗다'라는 뜻이다. 위는 산(山)이고, 아래는 땅(地)이다. 산이 위에 있고 땅이 아래에 있는 형상은 상식적으로는 지극히 자연스러운 형상이지만 막힌 괘로서 64괘 중에 가장 나쁜 괘에 속한다. 산이 땅 위에 우뚝 솟아 있으니, 비바람에 깎여 벗겨지고 상처를 입는다는 뜻에서 박(剝)이라는 괘 이름이 붙었다. 홀로 높아지고자 하면 결국에는 모든 잎사귀가 떨어져 버리고 나목(裸木)만이 남는데, 바로 산지박의 형상이다. 산이 높은 곳에 위치하고 땅이 낮은 곳에 있다는 것이 자연계의 당연한 현상처럼 보이지만, 기운으로 보면 아무런 흐름이 일어나지 않는 경직화된 상태이다. 인간의 삶에서 이룬 자, 가진 자가 위에서 군림하고 낮은 자, 없는 자, 곧 민초들이 그들에게 짓밟히는 형상에서는 아무런 기의 흐름이 일어나지 않는다.

이는 인간의 역사에서 가장 비건설적인 상태로서 정말 아무것도 아니다. 성서에 나오는 부자의 이야기처럼, 자신의 배를 불리는 것 외에는 아무 일도 일어나지 않는다. 부자는 창고 하나도 부족해서 하나를 더 지어 곳간에 가득 채워 놓고 바라보며 흐뭇해한다. 그리고 자신의 영혼에게 말한다! "쉬면서 먹고 마시며 즐겨라"(루카 12,19). 가장 위험한 상황이다. 있어서 쓰고, 높은 곳에 있어 아래를 호령한다고는 하지만 관계는 경직된 상태이다. 빌라도가 유다인들 앞에서 손을 씻으며 "이것은 여러분의 일이오."(마태 27,24)라고 말하는 마음과 같다. 손을 씻는 행동을 통해 자신의 높음을 훼손시키지 않으며 모든 책임을 흙에, 민초들에게 전가하려는 행동이다. 나라의 책임자나 공동체의 장상들이 혹여 이러한 산지박처럼 모든 것을 짓밟고 홀로 군림하려 든다면 세상은 정말 아무런 발전이 이루어지지 않는다. 저 혼자 잘난 맛에 사는 사람이 어찌 세상에 도움이 될 수 있겠는가? 교만한 사람은 기도할 수 없고 사람을 경멸하는 사람은 감사한 마음을 지닐 수 없다. 자신 홀로 높은 곳에 있다고 생각하니, 하늘이 그 위에 높이 있음을 잊고 사는 것이다. 자신을 산으로 여기는 사람은 산 위의 하늘 높음을 우러르지 못하고 산 아래만 굽어보려 들 뿐이다. "태산이 높다고 하되, 하늘 아래 뫼이로다." 산지박 같은 사람들에게 보내는 일침이다.

겸손의 덕은 3가지 차원에서 이해되어야 한다. 내가 나 자신에게 겸손함은 나의 본질을 올바로 알기 위함이니, 나의 가진 바와 이룬 것이 본래 나의 것이 아님을 아는 일이다. 내가 너에게 겸손해야 함은 너도 함께 살도록 하기 위함이니, 너는 나의 또 다른 분여(分與)로서 네가 살아야 나도 그 안에 관계를 맺는 존재가 될 수 있음을 아는 일이다. 내가 하느님 앞에 겸손함은 하느님께서는 하늘로서 본래 나의 주인이시니, 나를 다스리시도록 나의 시간과 공간을 내어 줌을 의미한다. 이 모두가 지산겸의 원리에서 나오는 통찰이다.

열정과 냉정: 비등점과 빙점

물은 만물의 기준이 되기에 끓는 온도를 섭씨 100도라고 설정하여 앞과 뒤를 가늠한다. 알코올은 70도에서 끓고, 기름은 180도에서 끓는다. 모든 인간이 살면서 열을 받을 수 있다. 화가 날 때 '머리에서 뚜껑이 열리고 김이 난다.'라는 표현은 그런 맥락일 것이다. 그러면 스스로 물어보자. 나는 몇 도쯤 되면 끓기 시작하겠는가? 뒤에서 누가 자동차 경적을 한 번만 울려도 바로 피가 치솟아 올라 부글부글 끓어오르는 사람이 있다. 그리고 분을 못 이겨 보복운전을 한다. 한국인들의 끓는 점과 인도인의 끓는 점이 차이가 난다고 한다. 과연 한국인은 평균 몇 도에서 끓을까? 잘 끓지 않는 인도인이 130도에서 끓는다면, 한국인은 50-60도쯤 되면 끓는 것은 아닐까?

한국어 중에 옥스퍼드 사전에 처음으로 오른 단어가 '화병(Hwabyung)'이었다. 1996년 미국 정신과협회에서는 화병을 한국인에게만 나타나는 특이한 현상으로 정신질환의 일종으로서 공인한 바 있으며, 문화결함증후군의 하나로 등재하고 있다. 가슴앓이처럼 가슴 부위가 답답하거나 아프고 쓰리며, 속에서 불덩이가 치받쳐 올라오는 것 같기도 하고, 온몸에 열이 나는 듯한 느낌이 드는 병인데 주로 마음이 원인이다. 심리적인 쇼크나 정신적인 갈등에 의하여 뇌에 기질적인 변화가 없이 일어나는, 정신적이거나 신체적인 증상이다. 다른 나라의 사람이 화를 안 낸다는 것은 아닌데 한국인은 그 화가 병이 될 정도로 쉽게 끓어오르고 그것은 사회적인 현상, 한국인만이 지니고 있는 독특한 정서와 문화라고 본 것이다. 비등점(沸騰點)은 분노지수와 비례하고 행복지수와 반비례한다. 쉽게 끓어오른다면 마음에 불을 담고 살기 때문이다. 트라우마, 분노, 불만, 미움 이러한 것들이 내 마음속에서 부글거리다가 어느 순간 갑자기 열을 받아 끓어오르는 것이다. 인터넷의 댓글부터 시작하여 국회의원들의 언행을 보면 한국은 분노의 공화국 같다. 요즘의 한국 드라마나 영화를 차마 볼 수 없다. 욕이 들어가지 않으면 영화가 팔리지 않고, 분노나 살기 찬 연기를 하지 않으면 뜨지 않는다고 한다.

성서에도 '천둥의 아들'이라고 불리던 요한은 가장 어린 나이에도 불구하고 쉽게 끓어 오르는 사람이었다. 사마리아 지역을 지나갈 때 주님께 "주님, 저희가 하늘에서 불을 불러 내려 저들을 불살라 버리기를 원하십니까?"(루카 9,54) 하고 묻던 사람이다. 베드로 사도 역시 쉽게 끓는 사람이었다. 그런데 일곱 번이나 참을 수 있다고 다짐하면서 주님에게 여쭤본다. 그런 다음에 끓겠다는 것이다. 바오로 사도 역시 끓는 점이 높은 사람 축에 속한다. 다혈질적인 성격 때문이다. 그것으로 어쩌면 평생 괴로워했을, 그래서 주님께 치유해달라고 간청했던 부분일지도 모르겠다. 그러나 요셉 성인은 끓지 않는다. 그 어떤 상황에서도 끓지 않았다. 그런 사람은 우선 말이 많지 않다. 약혼한 사람이 배가 불러오고 있는데도 끓지 않고, 출산을 앞두고 빈방을 구하러 돌아다녀 보았지만 마굿간밖에 없을 때도 그는 끓지 않았다. 12살 때 어린 예수를 잃고 사흘 만에 찾아 만났을 때도 요셉은 말이 없다. 성서에 보면 성모님께서는 약간 끓어오르신 것 같다. "애야, 우리에게 왜 이렇게 하였느냐? 네 아버지와 내가 너를 애타게 찾았단다"(루카 2,48). 예수님께서도 한 번은 끓어오르셨다. 아버지의 집인 성전이 더럽혀지는 모습을 차마 더는 보실수 없으셔서 모든 것을 뒤엎어 버리셨던 분노 충천의 장면이 요한 복음에 나온다. 모두가 끓을 수 있지만 그 비등점의 지수가 다를 수 있고 끓는 이유가 다를 수 있다.

비등점의 반대로 빙점(氷點)이 있다. 액체가 어는 온도를 말한다. 물은 만물의 기준이 되기에, 어는 점을 0도라고 설정하였다. 소금물의 빙점은 영하 7도나 소주의 빙점은 영하 19도이다. 만물의 비등점과 빙점 사이에서 그 물체의 본질과 쓰임새가 결정된다. 우리 인간 역시 열정과 냉정, 비등점과 빙점 사이, 그 틈 사이에 우리가 살고 있는 것이다. 페니키아 여인을 떠올려 보면 도대체 얼릴 수가 없는 여인이었다. 그 어떤 서운한 말을 들어도 그 여인은 토라지거나 서운해하지 않는다. 오늘날 사제의 강론 하나에 얼어버려서 냉담하는 사람들이 있다. 서운한 말 한마디 들으면 쉽게 얼어버린다. "너희가 사람의 아들의 살을 먹지 않고 그의 피를 마시지 않으면, 너희는 생명을 얻지 못한다."(요한 6,53)라는 주님의 말씀에 그대로 얼어버린 사람들, 주님을 떠나간 사람들이다. 부자 청년은 진리에로 이끄시는 주님의 충고 한 말씀에 역시 쉽게 얼어 버렸고, 니코데모 역시 서운한 마음을 드러냈으니 빙점이 높은 사람이다. 인간관계 속에서 빙점은 상관적이고 변화한다. 신혼 초의 부부간에 이 빙점은 낮았지만 점차 높아져 가는 경향이 있다. 황혼이혼은 그 빙점이 점차 높아져 가다 생긴 것은 아닐까? 평생 함께 살아왔지만, 감정이 쌓이고 쌓이다가 마지막 한마디 말에 얼어 버린 경우일 것이다.

프란츠 카프카(Franz Kafka)는 말했다. "사람에게는 두 가지 큰 죄가 있다. 다른 모든 죄는 여기서 생겨나는 것이니, 그것은 성급함과 게으름이다. 성급한 탓으로 사람은 낙원에서 쫓겨났고 게으른 탓으로 낙원에 되돌아갈 수 없다." 성급함은 욕심, 사욕, 교만에서 나온 것이니 인간의 지나친 자기확신에서 나오는 행동이다. 반면 나태, 게으름은 무지에서 나온다. 그것은 자기 방종이다. 동방예의지국이요, 충효의 나라이던 한국이 자본주의와 물질의 풍요로움에 맛 들인 뒤 조급해지기 시작했다. 이제 전 세계 어디를 가든 한국어를 들을 수 있는데 그것은 "빨리빨리"다. 가히 속도의 한국학이라 말할 수 있을 정도가 되어 버렸다. 현대인의 정신적 질병 중에 그 경향이 자꾸만 높아가는 것이 있으니 조울병(躁鬱病)이다. 조와 울, 곧 기쁨과 슬픔이 교차하는 폭이 크거나 불규칙적일 때 일컫는 병이다. 조는 성급함, 울은 게으름과 연결이 되는 경우가 많다. 수시로 일희일비하는 사람이다. 열정과 냉정의 폭이 정상적이지 않은 사람의 감정상태이니 카프카의 말은 철학적이며 또한 의학적이다.

이 두 가지의 죄를 벗어나는 길은 사려와 기다림이다. 인간이 신 앞에서 취할 수 있는 유일한 방법 역시 사려와 기다림이다. 하느님의 뜻을 이해하려고 노력하는 인간의 자세는 '곰곰이 생각함'이다. 우리 인생 앞에 펼쳐진 수 없이 많은 의문점들, 무지, 의혹, 신비 앞에 인간이 무엇을 할 수 있을까? 어느 날 내 몸에서 자라는 암 덩어리를 보고 '하필이면 내 인생에 이런 것이 달라붙을까? 딱히 잘못한 바도 없는데, 술도, 담배도 한적 없이 열심히만 살았는데 어째서 이런 일이 생긴 걸까?'라며 당혹해한다. 엄마 가게 앞에서 잘 뛰어놀던 아이가 자동차에 치여 죽어 가는 모습을 멍하니 바라보고 있던 엄마의 오열, 그것을 설명할 수 있는 말은 없다. '이해하려고 곰곰이 생각해 보아라. 그래도 모르겠으면 기다려라!' 내버려 두어라. 가브리엘 천사의 청천벽력 같은 잉태 보고에서도 곰곰이 생각한 사려의 여인 마리아에게서 배울 일이다. 모든 일을 마음속에 간직하고 곰곰이 되새기며 산다는 것은 '세상 어떤 일도 내 뜻대로 되지 않는다는 사실을 깨달았다.'는 의미이다. 또한 내 생각과 하느님의 생각이 다를 때, 그것을 받아들일 조용한 기다림의 시간이 있음을 의미한다. 예수님의 기다림 중에서 가장 아름다운 장면은 사마리아 여인과 물가에서의 만남이었음을 기억하자. 예수님은 야곱의 우물가에서 제자들이 먹을 것을 사러 마을로 들어가 있는 동안 기다리고 계신다. 그런데 그 여백의 시간에 한 여인이 물을 길러 나왔고, 예수님은 물을 청하면서 그녀를 생명의 삶으로 인도해 주신다(요한 4,6-42 참조). 그러니 기다림은 낭비가 아니라 열려 있는 가능성이다. 기다림에 있어 조바심을 내지 말아야 한다. 조바심은 인간만이 하는 억지요 앙탈이다. 조급함은 지나친 자기긍정에서 나오는 비등점이고, 게으름은 자기부정에서 나오는 빙점이다. 우리 모두는 이러한 자기긍정과 자기부정의 사이에서, 비등점과 빙점 사이에 위치하며 살아가고 있는 것이다. 그 폭과 그 공간, 그것은 인격의 폭이요 마음의 넓이이다.

제	1	부		신	철	논	형	II		
III	.		사	랑	의		샘			

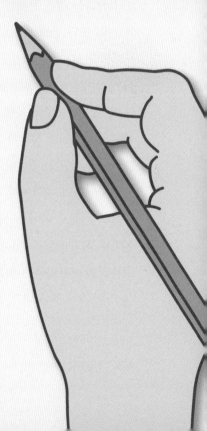

인간관계의 물리학

만물은 존재 그 자체로 장력이 있다. 관계 속에서 상호 작용하는 힘이 있으니 끌어당기는 인력(引力)과 밀어내는 척력(斥力)이 있다. 그래서 만물은 나름의 제자리를 지킬 수 있는 것이다. 인간의 존재 역시 장력이 있으니, 어떤 공동체나 인간관계 안에서 서로 영향을 미친다. 관계의 물리학이라 말할 수 있을 것이다. 투명인간처럼 아무 말을 하지 않는다고 장력이 없는 것이 아니다. 말이 없으면 상호 긴장관계가 조성되어 오히려 더 큰 힘을 발휘한다. 오해를 불러올 수 있고, 그렇게 되면 관계는 점점 더 어려워질 수도 있으니 산다는 것은 관계를 사는 것이리라. 나와 사물, 나와 자신, 나와 너, 나와 신의 모든 관계는 서로 이어져 있으니 예외 없이 만유인력의 법칙 내에 존재한다. 50여 생을 살고 나니 세상에 어려운 것은 일이 아니라, 사람이라는 생각이 든다. 관계를 맺고 사는 것이 인간지사라고 하지만 그 관계의 지난함, 끈적거림, 어려움에 모두 힘들어하고 가슴 아파한다. 인간 사이의 관계란 헝클어지기 시작하면 끝없이 복잡해지고, 단순하게 생각하면 한없이 단순해질 수 있는 것이다.

중국인들의 대화에서 가장 많이 쓰이는 단어 중의 하나가 '꽌씨(關係)'다. 이 두 글자 안에는 세 타래의 실뭉치(絲)가 들어 있으니 그것이 꼬이면 얼마나 복잡해질 수 있는지 말하고 있다. 우리 인간들이 세상을 살아가며 고통받고 어려워하는 것들 대부분은 인간관계의 어려움에서 기인하는 것들이다. 네가 있어 내가 살아가는 것이기도 하지만, 또 네가 있어 어려움을 겪게 되기도 한다. 비교되는 다른 사람들이 없다면 우리가 어찌 박탈감이나 열등감 때문에 괴로워하겠는가? 그래서 그런지 서점에 가보면 관계의 기술에 대한 처세술 서적이 봇물 터지듯 출간되고 있지만, 그 내용들은 관계의 기술이나 전략 정도로만 이해할 수 있는 수준이다. 하지만 사람과의 관계는 기술이 아니라 영성이어야 한다. 깊은 내면의 힘과 원리가 뒷받침되지 않으면 그 관계의 기술이라는 것도 금세 허무한 빈 바가지가 될 수 있다는 것을 알았다. "우리 모두는 무언가의 틈새에, 누군가와의 사이에 존재한다."라는 말이 있다. 인간은 세상을 혼자 살아갈 수 없다. 인간은 사회적 동물이기 때문이다. 인간(人間)이라는 한자를 풀이하면 '사람 사이'라는 뜻이다. 한국어로는 사람을 의미하지만, 중국어는 세상을 의미한다. 사람이 살아가야 하는 기본 조건이 사람들의 사이이고, 그것이 바로 세상이요 삶이니 인간이란 한자(漢字)는 세상으로 쓰이는 것이 더 정확할 것이다.

철학자 니체는 이 세상에서 함께 살아가는 인간들 사이의 관계를 동굴 속에서 추운 겨울을 함께 나는 고슴도치들에 비유한 적이 있다. 동굴 속에서 함께 추운 겨울을 나고 있던 한 무리의 고슴도치들은 온몸에 송곳 같은 가시가 돋쳐 있는 까닭에, 서로 찔리지 않기 위해서는 일정한 거리를 두어야만 한다. 고슴도치들은 추위를 견디지 못해 한곳에 모여들지만, 너무 가까워지면 상대방의 가시털에 몸을 찔리게 된다. 그러면 고슴도치들은 서로 비명을 지르면서 다시 흩어져 일정한 거리를 유지하고 상대를 경계한다. 이처럼 고슴도치들은 온 겨우내 모였다, 흩어지기를 반복하면서 살고 있는데 인간 역시 마찬가지이다. 홀로 이 세상을 살아가기에는 너무도 고독하며 외롭고, 힘들다 보면 서로 모이고 의지하고 무슨 동아리들이나 조직체를 만들게 된다. 그러나 가까이 상종하다 보면 서로 간에 이익의 충돌이 생기게 되는 법이다. 이익의 충돌은 반목과 질시로 이어지고, 그것이 도를 넘으면 진저리를 치며 돌아서 버린다. 그래서 사르트르가 "타인은 나의 지옥"이라고 한 것이리라. "제가 아니면 죄다 남"이란 우리 속담과도 통하는 말이다. 고슴도치처럼 이기주의의 가시가 온몸에 가득 돋아 있는 우리 인간들이 남을 찌르지 않고, 남이 잘되는 것을 진심으로 기뻐해 주는 천사 같은 마음을 가진다는 것은 쉽지 않은 일이기 때문일 것이다.

외국인이 가장 이해하기 어려운 문장으로 "사촌이 땅을 사면 배가 아프다."라는 말이 뽑혔다. 우리 속담이 시사해 주듯이 질투는 흔히 관계를 맺은 조직체나 동아리 안에서 더욱 심한 법이다. 남이야 땅을 사건, 집을 짓건 한 다리 건너니 별로 배 아플 것도 없지 않은가? 그런데 나와 관계를 맺는 가족, 친척, 친구들의 행·불행은 나와 직접 연결된다. 중국 속담에 "흐르는 시냇물에 두 개의 꽃병을 함께 흘려보내지 마라."는 말이 있다. 인간관계의 어려움에서 그 나름 현명하게 대처하는 방법으로 소개되는 내용이다. 관계가 어려운 사람이라면 함께 '그 관계의 진흙탕 속으로 뛰어들어, 서로 부딪히고 깨어지기보다는 여유를 갖고 멀리하며 기다리라.'는 의미가 담겨 있는, 대륙적인 여유에서 나오는 표현이다. 한 번 아니면 끝이라는 한국인의 불나방식 관계보다는 현명한 일이 아닐까? 관계의 중요한 법칙과 원리들에 대해 많은 말을 하지만, 복음서에 비추어 가장 핵심이 되는 원리는 바로 "남이 너희에게 해 주기를 바라는 그대로 너희도 남에게 해 주어라."(마태 7,12)라는 예수님의 가르침이라 생각된다.

부화뇌동(附和雷同)이란 말은 부정적으로 많이 사용된다. 줏대 없이 남 하는 대로 따라 함을 비웃는 경우에 쓴다. 그러나 본뜻은 공명(共鳴)을 말한다. 천둥이 일면 우렛소리와 진동이 같은 물건들은 함께 울린다는 말이다. 어느 한 사람이 울면 우리가 사람인 이상 마땅히 그 울음의 주파수에 영향을 받아야 하지 않을까? 남이 울면 따라 우는 일은 인지상정이다. 남의 고통이 갖는 진동수에 내가 남과 더불어 우는 일은 진정한 부화뇌동의 공감 능력이다. 함께 울 줄 아는 사회는 건강한 사회이다. 오늘의 한국 사회에 묻고 싶다. 아들딸이 아직도 물속에 수장되어 있는데, 어찌 "이제 그만하면 될 때도 되지 않았느냐?"고 말할 수 있는가? 왜 배가 뒤집어졌는지 묻고 있는데 어떻게 좌익사상이라고 몰아붙이고 눈총을 보내는가? 천둥 따라 우는 한 컵의 물 만도 못한 무감각하고 매정한 사회가 지금 우리 한국의 모습이지 않을까? 행복지수는 관계지수에 달려 있으니 정말 행복해지려면 오늘도 내 주위의 수많은 관계들을 세심히 돌아볼 일이다.

영적 결벽증, 가라지를 뽑고 싶은 유혹

　살면서 가끔 휴대폰을 정리한 경험이 있을 것이다. 사진파일, 전화번호 목록, 받은 메시지함을 정리할 때 어떤 기준으로 삭제하는가? 잘 지내던 시절에 함께 공유했던 시·공간들이 관계의 서운함과 껄끄러움으로 인해 이제는 제쳐 놓고 싶은 마음이 든다면 그것은 가라지를 뽑고 싶은 유혹에 속하는 것이리라. 인간이 극복하기 어려운 심성 중 하나는 이기적이고 독선적인 마음이다. 사람들은 자기도 모르는 사이에 자기의 생각과 판단이 가장 올바르다고 생각하려는 경향이 있다. 때로는 다른 사람을 임의로 판단하고 단죄하기까지 한다. 가정이나 사회생활을 하면서도 다른 이의 단점을 자기 마음대로 고치려 한다. 가라지를 뽑아 깨끗한 밭을 만들려는 유혹이다. 우리는 공동체 속에서 나와 의견이 다르거나 관계가 원만하지 않은 사람을 제거하고 싶어 한다. 이유는 대를 위해 소를 희생시켜야 한다는 논리이다. 특히나 공동체를 책임지고 있는 입장에 선 사람이 쉽게 겪는 유혹이다. 한 나라 안에서, 한 본당 안에서, 그리고 심지어 한 가족 안에서 제거하고 싶은, 뽑아 버리고 싶은 가라지는 언제든지 있을 수 있다. 하지만 한두 사람을 제쳐 놓기 시작하면 어느새 나는 주위에 담을 쌓고 자신만의 영역을 지키려는 '키다리 아저씨'처럼 배타적인 사람이 될 수 있다.

　지금 한국 사회의 아픔은 지역, 계층 등의 갈등에서 오는 경우가 많다. 촛불 부대, 태극기 부대들은 어쩌면 서로의 정당성을 확보하기 위해 상대의 존재를 뽑아 버리고 싶어서 서로 삿대질하는 것은 아닐까? 배달민족, 백

의민족, 단일민족이라는 정체불명의 이데올로기적 정서에 사로잡혀 이 땅에 이민으로 뿌리를 내리고 사는 동남아의 처자들, 노동자들을 곱지 않은 눈으로 바라보는 우리의 마음은 네오나치즘 같은 얄팍한 국수주의적 표현은 아닐까? 제주도의 아름다운 자연을 지키고 보존하기 위해서 난민들을 받아들여서는 안 된다는 논리, 그것 역시 '님비'의 이기적인 마음은 아닐까? 아! 그런데 그 누구를 뽑아 버리면 공동체는 정말 편안해지는 것일까? 이웃 안에서 가라지를 뽑고 싶은 심정, 우리만 그런 것이 아닌가 보다. 집주인의 종들 역시 "저희가 가서 그것들을 거두어 낼까요?"(마태 13,28)라고 외쳤고, 야곱의 12형제 중에 막내인 요셉을 왕따 시킨 형제들은 결국 그 꿈쟁이 요셉을 가족 공동체에서 추방해 버렸다. 간음하다 붙잡힌 여인을 신앙 공동체에서 뽑아 버리고 싶은 유혹! 그것은 어쩌면 자기 자신의 죄를 덮어버리고 자신의 순수성을 지키기 위한 결벽증은 아니었을까?

교회가 한때 자신의 정당성 확보를 위해, 교회의 순수성을 지켜야 한다는 대의명분으로 마녀사냥을 했던 적이 있다. 지금 우리 사회에는 여전히 사형제도라는 것이 존재한다. 그러나 잘못된 판단으로 무죄인 사람을 단죄할 가능성을 배제할 수 없을 것이다. 혹시나 가라지를 뽑아 버릴 수 있었던 실수가 역사 속에서 실제로 존재하지 않았던가 말이다. 그러나 진정한 공존은 배타에서 오는 것이 아니다. 열매 맺지 못하는 무화과나무를 대하는 예수님의 배려 속에는 진정한 상생의 원리가 들어 있다. 둘레를 파고 거름을 주고 가지를 치고 그래서 내년에는 열매를 맺도록 하겠다는 의지! 그 넓은 마음은 신의 포용이다. 하느님은 우리에게 성부, 성자, 성령께서 공존, 공생하시는 원리를 배우라고 삼위일체 신비를 알려 주신 것이리라. 문제는 인간의 마음이 신의 마음보다 좁고 불공정하며 사욕적일 수 있다는 점이다. 복음은 하늘 나라를 가라지, 겨자씨, 누룩 등 세 가지의 비유로 설명하고 있다. 특별히 가라지의 비유는 하느님의 인자하심과 너그러우심, 연약하심을 잘 표현하고 있다. 예수님은 밀밭에 가라지가 많이 생겨도 당장 뽑지 말고, 추수 때까지 인내하며 기다리라고 말씀하신다. 영적인 불감증 못지않게 위험한 것이 영적인 결벽증이다. 소위 열심하다는, 믿음이 좋다는 사람들에게 나타나는 증세이다. 성경에도 자주 언급되는 바리사이들, 그들은 신앙적인 측면에서 극단적인 성스러움에 도취한 이들이었으며, 신의 성성에 자신들이 연결되었다고 믿었던 사람들이다. 그 당시 로마의 탄압에 시달리며 메시아를 기다리던 유다인들 사이에서는 순수한 공동체를 건설하려는 움직임이 있었다. 그들은 죄인들을 제거해야만 흠 없는 공동체를 이룰 수 있다고 생각했다. 그런데 예수님은 오히려 죄인들과 어울리고 그들을 위해 봉사함으로써 많은 유다인들의 비난과 공격을 당하게 되었다.

에세네파들 역시 같은 맥락에서 파생된 신앙 공동체이다. 그들은 신과의 합일을 추구하기 위해 세속을 벗어나 사막으로 나아가 생활했다. 근대에 들어와 복고 운동의 일환으로 퓨리턴이라 불리는 사람들이 그 뒤를 이었다. 청교도들의 신앙적 특성은 17-18세기 영국 국교회와 또는 18-19세기 미국이라는 특별한 사회를 배경으로 일어난 현상이다. 그들의 신앙이 근본적으로 금욕주의적 인간 이해에 바탕을 두었기 때문에 퓨리턴(Puritan), 절대적으로 '순수한 자들'이라고 불렸다. 본래는 긍정적인 의미에서 신과의 일치를 지향하는 그들의 신앙은 속을 죄악시하면서 '영혼 순수주의', 또는 '영적 결벽증'이라는 배타성을 노출하게 된 것이다. 자기 이외의 모든 세계를 불결하게 생각함으로써 접촉하기를 꺼린다면, 결국 그것은 대상을 왜곡하는 행위의 다름이 아닐 것이다.

이처럼 제쳐 놓고 싶어 하는 유혹에 대해 예수님은 비유를 통해 "내버려 두어라."(마태 13,30)라고 말씀하신다. 그것은 비틀스가 노래했듯이 꿈속에서 어머니 메리가 나타나 말씀해 주신 지혜의 말씀, "Let It Be"이다. 모든 문제를 내가 다 풀려고 들어서는 안 된다. 풀려고 하다 더 얽히게 된다. 그것은 사심에서 나오는 유위(有爲)이니 수완, 책략, 투쟁을 수반한다. 무위는 게으름이 아니라 자연스럽게 치유, 정리되도록 놓아둠이다. 그래서 순기자연(順氣自然)이라 말하는 것이다. 자신을 죽이는 한 수, 곧 자충수(自充手)는 안 둔만 못한 외통수이다. 우리는 살면서, 가족이나 친척, 친구들과의 관계 속에서 그러한 씁쓸함을 한두 번 경험해 보지 않았겠는가? 말하는 바는 더 잘해 보려고 한 것이라고 말할 것이지만 자가당착인 경우가 많다. 지금 내 삶에서 내버려 두어야 하는 것들은 무엇일까? 하느님의 다스림은 이미 시작되었고, 마지막 심판 때 사람이 할 수 있는 일은 아무것도 없다는 것을 말씀하신다. 인간의 판단은 완전치 못하니 오로지 하느님만이 판단하실 수 있는 분이시라는 것이다. 따라서 인간은 모든 것을 하느님께 신뢰하고 인내하며 기다려야 한다. 겨자씨와 누룩의 비유도 인간의 눈으로 보기에는 하잘것없고 작게 보여도 하느님의 계획안에서는 엄청난 성공과 열매가 결국 이루어질 것이라는 약속의 말씀이다.

하느님이 선하시다는데 이 세상에 악인이 그리도 많고, 불의가 더 잘 되는 경우를 보고 종교를 혐오하는 사람들도 적지 않다. 깨끗해야 한다고 생각하는 종교의 밭에 무슨 가라지가 그리도 많은지 당혹감과 의혹이 들 수 있다. 그러나 세상의 어느 곳에도 선과 악은 공존하고 있다. 사회에도, 가정에도 내 마음속에도 항상 공존하고 있다. 거부할 수 없는 진리이다. 바꾸어 생각하면 다른 사람의 판단에는 나 자신도 쓸모없는 가라지일 수 있다. 중요한 것은 이기적이고 편협한 눈으로 볼 것이 아니라, 하느님의 뜻 안에서 모든 것을 보는 지혜가 필요하다. 또한 온전히 밀과 가라지를 구분하시는 분은 바로 주님뿐이라는 겸손한 마음을 지녀야 한다. 또 나 역시 가라지였다는 생각이 문득 들 때 나를 뽑아내지 않고 기다려 주시는 신에게 감사드리고 싶은 마음이 든다면, 세상을 사는 것은 그리 어렵지 않을 것이다. 우리의 판단과 결정이 얼마나 잘못되고 실수했는지는 우리 자신이 살아오면서 경험하고 있다. 가족이나 형제가 못마땅하고 받아들이기 힘든 점이 있더라도 단죄하지 않고 기다리면서 이해하고 용서하려는 마음을 지녀야 할 것이다. 이웃 안에 가라지를 뽑고 싶은 유혹이 들 때, 우리 자신을 먼저 되돌아보아야 한다는 것이 복음의 정신이다.

나를 대하는 두 가지 태도: 자존심과 자존감

인간은 태어나서 자아를 인식하고, 마주하면서 타자를 인식하게 된다. 그런데 어린 시절에 자신을 이해하는 방식이 건강하지 못하면 자아는 왜곡된다. 자아를 올바로 인식하는 길은 어떤 것일까? 인간은 모두 자아를 긍정하고자 하는 본능을 지니고 있다. 자존(自尊)이야말로 모든 관계이해의 기본이 되기 때문이다. 그러나 지나친 자기긍정은 자존심이라는 문제를 야기하고, 지나친 자기부정은 자존감의 결여라는 부정적 결과를 초래한다. 다시 말해 자존심과 자존감은 모두 자신을 좋게 평가하고 사랑하는 마음이지만, 자존심은 병적인 현상에 속한다. 곧 자기긍정의 지나친 경직화, 이데올로기화하는 심리적인 결석 현상이다. 자존심은 타인과의 경쟁 속에서 얻는 부정적 긍정이며 자존감은 자신의 있는 그대로를 받아들이는 수용적 긍정이다. 이에 따라 자존심은 끝없이 타인과 경쟁 속에서만 자아의 존재를 유지할 수 있다. 반면 자존감은 자신에 대한 확고한 사랑과 믿음이기에, 경쟁 상황에 좌우되지 않는 객관적 자아를 유지한다.

자존심(自尊心)과 자존감(自尊感)은 어떻게 구분되는가? 끝 글자 하나로 구분하자니 애매모호하다. 영어에서는 자존심(pride)과 자존감(self-esteem)으로 구분되니 명확하다. 그래서 이 두 용어에는 혼선이 있고, 이를 정확히 파악하지 않은 채 애매하게 사용하는 경우가 많다. "아! 자존심 상해."라는 표현의 상황은 상대로 인해 자신의 존재와 가치가 폄하되는 경험, 곧 자존감의 상실을 의미한다. 하지만 본문 역시 사회적 통용어로 자존심이란 단어를 쓸 수밖에 없어 '자존심'의 번역에 문제가 있음을 지적한다. 자존심은 자만이나 교만으로 번역되어야 자존감과 쉬이 구분된다. 남에게 굽히지 않고 자신의 가치나 품위를 억지로 지키려는 마음이다. 자존심이 낮은 사람은 쉽게 당혹해하고 부끄러워하며 타인에 대한 승인 욕구가 강하고 자기비하나 열등감을 갖기 쉽다. 자존심이 너무 강한 사람은 자기 스스로를 인정해주기보다는, 내가 잘났다는 것을 남에게 평가받고 싶은 마음이라고 한다.

반면 자존감은 자아존중감이라고 하는데, 곧 자신을 존중하고 스스로를 사랑하는 마음이다. 자기 자신을 가치 있는 존재로 인식하고, 자기 능력을 믿으며 자신의 노력에 따라 성취를 이뤄낼 수 있다는 일종의 자기확신이다. 자존감이 잘 형성된 사람은 자신을 소중하게 여기며, 다른 사람과 긍정적인 관계를 유지할 수 있고 자기 능력에 자신감을 보인다. 자존심적인 표현은 "내가 제일 예뻐, 내가 제일 공부를 잘해."라고 말하는 비교우위적 개념인 반면, 자존감은 "나는 공부는 못하지만 친화력이 좋아! 잘 생기지는 않았지만 매력은 있지." 등과 같은 객관적인 자기평가이다. 자존심이 높은 사람은 원인과 결과를 '남'에게서 찾는다고 한다. 자존감이 강한 사람은 모든 원인과 결과를 '나'로부터 찾아 남의 탓을 하지 않는다.

행복하고 싶은가? 그렇다면 당신의 자존감을 돌아보라. 튼튼한 자존감은 행복의 시작이다. 자존감은 우리 마음의 면역 시스템과 같다. 자존감이 약할 때는 외부적 스트레스에 쉽게 압도당하게 되며, 다른 사람의 평가에 예민해지고 상처받기도 쉬워진다. 자존감의 결여는 행복하지 않은 첫 번째 이유다. 자존감의 힘을 키워야 한다.

성경의 예를 보더라도 이 두 개념의 차이점은 분명하다. 마르타의 자존심과 마리아의 자존감은 대비를 이룬다. 두 자매 모두 주님을 대하는 자세에 정성과 사랑이 가득하지만, 마르타는 문득 예수님의 발치에서 말씀을 듣고 있는 동생 마리아를 흘겨보았다. 그리고는 예수님께 동생을 고발한다. "주님, 제 동생이 저 혼자 시중들게 내버려 두는데도 보고만 계십니까? 저를 도우라고 동생에게 일러 주십시오."(루카 10,40) 하고 말하였다. 하지만 마리아는 아무 말이 없다. 자존감은 외부적 영향에 일희일비하지 않는 정중동(靜中動), 진중한 마음이다. 시리아 페니키아 여인의 자존감은 모든 자존심을 넘어선다. 예수님께서는 그에게 "먼저 자녀들을 배불리 먹여야 한다. 자녀들의 빵을 집어 강아지들에게 던져 주는 것은 옳지 않다."(마르 7,27) 하고 말씀하신다. 만약 그녀에게 자존감이 없었다면 예수님의 떠보시는 언행에 자존심 상하고도 남을 발언이지 않은가? 스승을 배반한 베드로에게 여인들이 "당신은 한패 아닌가요?"라고 묻는다(루카 22,56 참조). 베드로는 화를 내며 "아니오!"(루카 22,57 참조)라고 강하게 반발하지만, 이미 그는 자존심의 상처를 입은 상태이다. 훗날 주님은 자존심으로 상처받은 그의 자아를 자존감으로 치유해 주신다. "너는 나를 사랑하느냐? […] 내 양들을 돌보아라"(요한 21,16). 자캐오 역시 교만한 마음으로 세상을 저주하고 한탄했지만 자존감으로 승화되었다. 나무에 오른 그의 자존심이 예수님에 의해 건전한 자기긍정으로 수용되자, 난쟁이 자캐오는 자신의 단점마저 긍정할 수 있었다. 자기성숙은 아픔 속에서 이루어지는 것이니 진실을 마주해야 하기 때문이다(루카 19,1-10 참조). 잘 배운 부자 청년과 밤에 찾아온 니코데모는 모두 자존심의 상처를 받고 떠나갔다(마태 19,22; 요한 3,10 참조). 진실을 마주 대하기가 두려웠던 것이다. 부자 청년은 그 뒤로 아무 일도 일어나지 않았지만, 니코데모는 자존감의 회복으로 되돌아왔다.

개념을 파악했으니 이제 아주 현실적인 문제를 제기해 보자. 자존심 강한 사람과 자존감이 충만한 사람이 만나게 되면 어떤 일이 벌어질까? 어떤 가정이나 공동체에서 문제와 충돌은 있다. 수많은 자아가 한자리에 모이면

이질감 속에서 생기는 당연한 일일 것이다. 그런데 이런 관계의 미묘한 긴장과 줄다리기적 상황 속에서 먼저 손을 내미는 사람은 누구일까? 항상 화해하고자 하고, 상황을 정리하려는 사람은 누구일까? 자존심일까 아니면 자존감일까? 자존심이 강한 남편과 자존감이 강한 아내가 의견대립을 이룰 때 결국 화해를 이끌어 가는 사람은 누구일까? 삶의 지혜와 여유, 공존과 평화는 자존감에서 나온다. 한국 가정의 가장 큰 문제점은 가부장적 이데올로기일 것이다. 유교적 권위가 남성 편향적이기에, 그 영향 아래서 가장은 권력을 정당화하도록 사회가 용인해 주고 있다. 이러한 현실은 한국 가정의 불행과 직결되는 문제라고 해도 과언이 아니다. 그 권위는 자존심과 직결되기 때문이다. 객관적이거나 합리적이지 않은 가정에서의 갑질과 같은 문제는 비민주적인 폭력성을 내포할 위험이 있다. 사랑이 없는데 자존심으로 가정을 다스릴 수 있겠는가?

대천사의 엄청난 메시지를 들었을 때 즈카리야는 비웃었지만, 마리아는 의문점을 겸손되이 물었다. 전자는 비천한 자아 속에 담긴 하느님의 크신 뜻을 불가능으로 이의 제기했지만, 후자는 불가능의 사실에 대해서만 질문을 한 것이다. 전자는 자존심적 발언이고 후자는 자존감적 발언으로 보인다. 하느님의 모상(Imago Dei, 이마고 데이)은 자존감의 원천이고 원리이다. 우리는 모두 원래 하느님의 모상대로, 하느님의 이미지를 받아서 존재하는 것이라는 믿음과 확신은 나와 타인을 이해하는데 근거가 된다. 그러기에 겸손과 구분되는 자기긍정이다. 하느님 안에서 자존감을 지니는 사람은 훨씬 더 행복해질 수 있고 하느님 역시 우리의 과장된 겸손, 격에 벗어난 자기비하나 자기폄하를 원하시지 않을 것이다. 참된 기도 역시 객관적인 자기평가에서 나온 자존감의 문제에서 가능한 것이다.

형제지간의 전쟁과 평화

    형제란 무엇인가? 가장 정감 있는 단어이면서도, 반대로 가장 혐오스러운 단어일 수도 있으니 애증, 사랑과 전쟁이라는 야누스적인 말일 것이다. 우리 모두에게 축복이면서 또한 걸림돌이 될 수 있는 관계이다. 고해소에서 들려오는 단골 메뉴가 바로 가족, 형제지간의 불화에 대한 것이기 때문이다. 우리 모두에게 예외 없이 화두이고 신앙의 핵심이기도 한 형제를 생각해 본다. 예수님께서는 우리 그리스도인들의 신앙생활에 핵심이 무엇인지를 가르쳐 주신다. "네 마음을 다하고 네 목숨을 다하고 네 힘을 다하고 네 정신을 다하여 주 너의 하느님을 사랑하고 네 이웃을 너 자신처럼 사랑해야 한다"(루카 10,27). 구약의 온갖 율법과 예언서의 정신, 신약의 예수님 가르침 모두 이 두 가지의 사랑으로 요약될 수 있다. 하느님을 향한 사랑만을 생각하면서 가족, 형제, 이웃들에 대한 사랑은 실천하지 못한다면 그것은 반쪽짜리 신앙일 것이다. 왜냐하면 우리 모두는 하느님으로부터 자녀로 부르심 받았고, 그로 인해 서로가 한 형제 자매로 맺어졌기 때문이다. 세상에 어떤 부모가 형제지간에 서로 불목하고 갈등하는 것을 모르는 체할 수 있겠는가? 요한 사도도 서간에서 이렇게 말한다. "누가 '나는 하느님을 사랑한다.' 하면서 자기 형제를 미워하면, 그는 거짓말쟁이입니다. 눈에 보이는 자기 형제를 사랑하지 않는 사람이 보이지 않는 하느님을 사랑할 수는 없습니다"(1요한 4,20). 그러니 사실 하느님께 대한 사랑 역시 형제애에서 시작한다고 말할 수 있을 것이다. 형제애는 모든 사랑의 근간이요, 기초가 된다.

이웃 사랑 역시 형제애로부터 시작한다. 형제에서 시작하여 하느님께 오르게 되니 형제에 대한 사랑은 교회의 시작인 셈이다.

　형제란 무엇인가? 닮았으면서도 각기 개성이 독특하니 형제는 자아의 또 다른 타자이기도 하다. 한 뿌리에서 나온 가지이기에 서로 연결되어 있지만 모든 가지가 다 똑같은 모습을 하고 있지는 않다. 열매를 맺어도 그 양에 있어서 각 가지는 서로 다르다. 그 차이 때문에 불공평하다고 생각하며 갈등하기 쉬운 것이 형제지간의 차이다. 엄마의 한배에서 나왔는데도 누구는 잘생기거나 못생겼고, 머리가 좋고 나쁘고, 돈을 잘 벌고 못 벌고 하는 차이가 생긴다. 그래서 부모마저 자식을 대하는 태도에 공정성이 결여되기도 하는데, 그러면 형제지간의 문제는 더욱 복잡해진다. 사이가 좋으면 '형님 먼저, 아우 먼저', 퍼주고 퍼주어도 아깝지 않지만 사이가 나빠지면 쌀 한 톨도 아까워한다. 동료이면서도 때로는 '웬수'가 된다. 촌수가 없어 세상의 그 어떤 관계보다 가까울 수 있는 것이 형제이지만 돌아서면 한없이 멀어질 수 있는 사이다. 이웃사촌이라는 말은 불목하는 형제지간을 비판하는 말처럼 들린다. 형제지간은 지피지기, 내가 너를 알고 네가 나를 아는 사이니 서로가 서로의 약점을 가장 잘 알고 있다. 아킬레스건이 어디에 있는지, 어디에 소금을 뿌려 대면 가장 쓰라릴 것인지를 그 누구보다도 잘 알고 있는 사이다. 탕자의 비유에 나오는 형에게는 회개로 돌아온 아우가 자신이 받게 될 아버지의 유산이나 축내는 라이벌의 관계, 그 이상도 아니다. 형제의 관계가 적과의 동침이 된다면 이 얼마나 큰 비극인가? 한자 '가(家)'를 살펴보면 지붕(宀) 밑에 돼지(豕)가 들어 있는 글자이다. 농경문화에서 돼지를 소유하고 있다는 것은 먹을 것이 구비된 안정된 상태, 곧 식구라 말할 수 있는 식탁 공동체를 말한다. 그러나 형제들이 분가하면서 자신의 지붕을 이루면(一家를 이룬다고 하는데) 이제는 그 돼지를 어떻게 나눌 것인가에 사활을 걸고 거기서 갈등과 불목이 시작된다.

창세기에 두 형제 이야기가 나온다. 아담의 두 아들, 카인과 아벨의 사이에 그 갈등과 불목 그리고 살인이 등장하니 형제지간의 전쟁과 평화는 그렇게 인류의 시작과 함께 시작된 셈이다. 그리고 탈출기에는 요셉과 그 형제들의 이야기가 드라마처럼 전개된다. 모두 아버지의 사랑과 인정을 얻기 위한 과정에서 생긴 일인데, 사실은 아버지의 유산에 대한 탐욕에서 나온 집착이 불러일으킨 비극이다. 가족관계에서 가장 문제가 되는 점은 바로 형제들의 관계 속에서 인정받지 못하고 무시당하거나 부조리한 대접(관계의 왕따)을 받는 경우이다. 아주 작은 문제에서 시작되는 서운함은 구멍 뚫린 제방같이 어느새 걷잡을 수 없는 지경까지 이르게 된다.

한국의 왕조사를 들춰보면 바로 형제지간의 비극, 소위 왕자의 난이라고 말하는 사건이 얼마나 자주 일어났는지 알 수 있다. 재벌가의 집안싸움 역시 현대판 왕자의 난과 별반 다를 게 없다. 유산과 분배를 놓고 벌이는 막장 드라마가 바로 자본주의의 맹점이다. 공산주의는 인간의 본성에 숨어 있는 탐욕을 부정하면서 무너졌고, 자본주의는 그 탐욕이 한계가 없음을 간과하면서 오류를 범했다. 그러나 형제간에는 기묘한 치유의 힘이 있기도 하다. 칼에 베인 상처는 시간이 지나면 아물고 새살이 돋아난다. 독감도 결국 시간이 지나면 잦아들게 마련이다. 형제지간에도 시간이 지나면 마음의 상처가 가라앉는 존재론적인 치유의 힘이 있다. 얼마 전까지 그렇게 심한 말을 하며 불편해했어도, 오늘 아침 태연하게 밥을 같이 먹을 수 있는 것은 유전자를 나눈 가족이 아니면 도저히 이해 불가하다. 경우나 이치로는 설명이 되지 않는다. 이 말을 바꾸어 피는 "물보다 진하다."라고 하는 것이다. 요셉이 자신을 은돈 몇 냥에 팔아버린 과거의 상처를 딛고 일어나 형제들을 끌어안을 수 있는 것도, 형제가 아니라면 도저히 설명할 길이 없다.

하느님은 왜 우리에게 형제를 주었을까? 형제는 전 세계의 인류를 상징한다. 우리는 가정 안에서 형제를 사랑하는 경험을 통해 인류애와 동포애를 배운다. 주님께서 "네 이웃을 사랑해야 한다. […] 너희는 원수를 사랑하여라."(마태 5,43-44)고 하신 말씀은 나의 형제부터 시작해야 하는 명제이다. 그런 사람만이 인류를 상대로 형제애를 베풀 수 있는 사람이 된다. 그러니 인류애의 근간은 형제애다. 그러면 우리는 형제지간의 불화를 어떻게 치유하고 관계를 회복할 수 있을까? 도전이지만 긴요한 전제다. 용서의 달인인 요셉에게서 한 수 배우자. 그는 형제들을 어떻게 용서했을까? 자신을 팔아넘긴 강도 같은 친형제들을 용서하는 것이 그에게도 너무나 어려웠을 것이다. 세월이 지나도 마음 깊이 새겨진 섭섭함과 눈을 감아도 떠오르는 그들의 비웃음과 놀림, 배신을 생각하면 쉽게 용서하고 화해할 수 없는 상황이었을 것이다. 그러나 요셉은 형제들을 용서하였다. 어떻게 이 일이 가능했을까? 용서의 원리는 하느님에게서 나온다. 순전히 인간적 힘만으로 용서는 불가능하다. 인간적 이치로 따져서 경우에 맞아야 용서가 가능하다면, 이 세상에 용서는 있을 수 없을 것이다. 각자는 모두 자신의 경우를 주장할 수 있기 때문이다. 용서는 인간적으로 이해할 수 있는 것이 아니라 신적인 마음으로 행동해야 가능한 것이다.

요셉은 자신이 겪은 고난 속에서 하느님이 자신에게 주신 길이 무엇이며, 사명이 무엇인지를 생각해 보았다. 요셉은 조상들을 통해 들어온 하느님의 언약을 기억해 보았다. 이스라엘의 백성을 하늘의 별같이, 바다의 모래같이 후손을 많게 하시겠다고 약속하신 하느님의 그 약속이 지금 자신 앞에서 위기에 직면해 있는 것이다. 요셉은 복수 섞인 악감정을 억누르고 넓게 생각해 본다. 만약 자신이 형제들에게 보복하면 마음이야 후련하겠지만 바다의 모래처럼, 하늘의 별처럼 민족을 크게 이루시겠다는 하느님의 구원계

획은 무산되게 될 것이다. 그는 지금 이집트 총리라는 자신에게 주어진 권력으로 하느님의 원대한 구원계획마저 무산시킬 수도 있는 위치에 있다. 하지만 요셉은 그럴 수는 없다고 생각한 것이다. 하느님 때문에 용서하지 않으면 안 된다는 것. 요셉은 바로 이 점을 똑똑히 알았고, 그것을 하느님의 뜻으로 받아들인 것이다. 요셉은 형제를 용서해 줌으로써 복수의 걸림돌을 넘어설 수 있었고 인류는 그를 통해 형제를 대하는 방법을 배울 수 있게 되었다. 우리 인류는 보복을 넘어서 형제를 사랑하지 않으면 결코 신에게 이를 수 없다는 것을, 그래서 형제는 걸림돌이기도 하지만 디딤돌이기도 함을 배우게 된 것이다. 바오로 사도 역시 "복수는 하느님의 몫"이라 말하면서 하느님 안에서 형제가 된 모두는 사사로운 복수를 하지 말아야 한다고 말한다. 형제를 용서하고 사랑하지 않고는 하느님께로 나아갈 수 없다. 형제는 하늘 나라에 들기 위해서 인간이 필히 넘어야 하는 관문이다.

하느님의 구원법, 연약하심

　우리 각자는 하느님을 어떤 분으로 인식할까? 창조주, 심판자, 초월자? 세상의 영웅호걸이나 위인들은 크고 넓고 위대함으로 인식된다. 그들의 탄생 설화나 성장과정 역시 범인과 달리 특이하고 비범하게 묘사되고 각색된다. 세상은 헤게모니, 곧 힘의 원리에 의해 지배된다. 우리들의 마음 한구석에도 그런 경향성이 남아 있어 하느님마저 그런 각도에서 바라본다. 하느님은 힘 있고 강한 존재라는 것이 기본적인 생각이다. 그러한 '힘의 하느님' 모습은 구약성경에 많이 분포되어 있다. 이스라엘 백성들은 야훼 하느님과 그 조상들의 관계를 힘의 논리로 이해한다. 아브라함, 이사악, 야곱으로 이어지는 조상들은 모두 하느님의 특별한 힘과 연결되어 있다. 그리고 모세는 하느님의 권능을 사용하여 백성들을 이집트에서 가나안으로 이끌어 낸다. 홍해를 가르고 이집트 병사들을 무찌르며 불과 유황으로 적을 떨게 했다. 바위를 치면 물이 나왔고, 배고프다고 하면 하늘에서 빵과 고기를 내려 먹였다. 그들에게 하느님은 '힘'이요 '권위'이셨다. 그래서 이스라엘 백성들은 더더욱 자신들의 하느님이야말로 그 어떤 민족의 신들보다 힘이 있고 우수해 보였다. 거기에서 그들은 메시아를 힘의 상징으로 이해했으며 자신들도 힘센 하느님을 닮아 강한 민족이 되어야 한다고 믿었다. 2천 년에 가까운 유랑 생활 속에서도 그들은 굳건히 민족을 이어 나갔고, 조그만 나라임에도 전 세계 군사력의 비교에서 상위에 든다. 그들은 스스로 이스라엘, 곧 "하느님과 겨루다."라는 말로 신원을 새겼다.

그런데 이스라엘 백성들이 넘어서지 못하는 것이 있다. 바로 신약의 예수님이 지닌 삶의 형태와 그 가치관이다. 이스라엘 사람들은 죽었다 깨어나도 이해하지 못하는 신약의 원리, 그것은 '연약함의 가치'이다. 이스라엘 민족 중에서 예수 그리스도라는 인물을 자신들의 메시아라고 생각하는 사람들이 과연 몇 명이나 될까? 그리스도교가 태어난 곳이 이스라엘이지만, 정작 그곳에서 그리스도인들은 거의 찾아볼 수 없다. 구약의 정서에 익숙한 이스라엘 사람들의 강함이 신약을 넘지 못했기 때문이다. 그들은 십자가를 이해하지 못하고 진복팔단의 가치를 긍정하지 못한다. 우는 사람, 배고픈 사람, 슬퍼하는 사람을 행복하다고 말하는 예수님의 가르침이 그들에게는 우습게만 들릴 것이다. 십자가의 원리는 단지 루저의 변으로만 인식될 뿐이기 때문이다. 한낱 로마의 형틀로 인류를 구원한다는 메시아라면 차라리 없는 것이 낫다고 생각할 것이다. 그리스도인들을 비웃고 잡아들이던 바오로는 전적으로 바리사이적 사고 체계에서 살던 사람이었다. 그런 바오로 사도가 십자가의 원리를 깨달은 후에 그들의 강함을 비웃었다. "그리스도는 유다인들에게는 걸림돌이고 다른 민족에게는 어리석음입니다. [⋯] 하느님의 어리석음이 사람보다 더 지혜롭고 하느님의 약함이 사람보다 더 강하기 때문입니다"(1코린 1,23.25).

하느님은 성자를 세상에 보내시면서 권력자처럼 억압하는 힘에서 나온 권력이 아니라, 오히려 연약함과 무력함으로 다가오셨다. 힘의 논리인 권력을 녹여서 용해시키는 자비하심으로 세상을 구원하길 원하셨다. 그래서 보잘 것 없는 자들과 힘없는 자들을 당신과 동일한 부류로 표현하셨다. 우리가 하느님을 엄위하신 권력의 상징으로서가 아니라, 낮은 데로 임하시는 그곳에서 만날 수 있는 벗으로 오셨다. 당신이 뽑으신 제자들 역시 인간적으로는 부족하고 나약한 모습을 그대로 간직했던 사람들이다. 수없이 실패하고 좌절함에도 불구하고, 그런 제자들을 사랑하시고 그들과 함께하셨다. 세상 한복판에서 사람들과 부대끼며 살아가는 우리들의 인간적인 모습을, 하느님은 있는 그대로 사랑하셨고 그것을 구원이라 하셨다. 우리는 하느님 앞에서 부족하고 죄스러운 모습에 실망하고 낙심하면서 '이런 나를 하느님은 미워하실지 몰라!' 하고 미루어 생각한다. 노력하며 잘 준비하고 하느님께 나아가야 한다고 생각한다. 그러나 우리가 하느님 앞에서 떳떳할 수 있을 때는 과연 언제일까? 신자들이 가끔 "기도에 감이 안 온다."라고 말하는데 정말 하지 말아야 하는 말이다. 옛날에는 성령에 충만해서 기도가 잘되었는데 요즘은 기도가 잘 안된다는 것이다. 기도의 느낌이 없다는 것이다. 그러나 기도를 '감'으로 하는 것일까? 감은 느낌이고, 그것은 내 안에서 나오는 것이니 하느님과는 무관한 것이다. 그것은 어쩌면 자기만족일 수 있다. 자기 스스로 성령에 충만하다고 믿는 것, 신앙의 자기도취적인 위험성에 빠질 수 있다. 두 팔을 벌리고 성전에서 그 '감'에 취해 하느님께 기도하던 바리사이의 모습은 사실 그러하지 않았던가? 기도는 불쌍한 과부처럼 부족함이요, "보게 해 주세요."라고 외치는 장님의 절규, 치유된 몸으로 돌아와 외치는 나병 환자의 환희여야 한다. 그들은 모두 부서지고, 다치고 힘들게 살아가던 연약한 사람들이었다. 그들에게 하느님은 더없이 낮은 곳에서 그들에게 눈높이를 맞추어 주셨다. 그리고 그 연약하심으로 구원을 이루셨다. 성령께서는 몸소 말로 다 할 수 없이 탄식하시며 우리를 대신하여 간구해 주시겠다고 하셨다(로마 8,26 참조). 그 연약하신 하느님의 가르침은 '마음이 가난한(神貧)' 사람만이 행복한 길로 나아갈 수 있다고 하신다.

구약적 신앙의 원리는 인과응보이다. 잘한 만큼 보상을 받고, 잘못한 만큼 벌을 받는 원리이다. 유다교는 하느님도 그 원리에 따라 행동하신다고 믿었다. 그래서 인간은 그 하느님 앞에서 율법을 철저히 지키고, 제물을 정성 들여 바쳐야 비로소 안심할 수 있다고 믿었던 것이다. 그런 유다교적 사고방식에 젖은 사람들은 하느님을 시기하고 질투하고 보복하는 분으로 인식한다. 율법이 명하는 대로 지키고 바쳐서 하느님으로부터 벌을 받지 않기 위해 인간은 항상 긴장하고 노심초사해야 한다. '죄 많은 여인의 용서' 이야기에 등장한 여인도 하느님이 버린 사람이라 믿고, 돌멩이를 하나씩 들고 모여들었다. 그들의 눈에 이미 그 여자는 '죄인'이었다. 하지만 예수님이 믿으셨던 하느님은 사람을 용서하고 사랑하신다. 복음 이야기 속에서 예수님은 그 죄 많다는 여인에게 무슨 죄를 지었는지, 성찰하고 죄를 뉘우쳤는지를 묻지 않으신다. 질책도, 판단도 하지 않으셨다. 오로지 예수님은 그 여인에게 "나도 너를 단죄하지 않는다."(요한 8,11)라고 선언하셨다. 이 연민의 마음에서 나온 말씀으로 신약의 사람들은 하느님은 사랑이시고 그 사랑은 연민으로 표현되어 우리 인간을 구원하신다고 믿게 되었다.

세상을 살면서 사리판단을 잘해야 하고, 자신의 앞가림을 철저히 하며 합리적으로 일 처리를 제대로 해야 성공한다고 배운다. 그래서 '경우'에 맞도록 일을 똑 부러지게 처리하는 것을 목표로 살아가고 있다. 그러다 보니 우리의 기도 역시 성공, 승진, 이윤, 순풍 등에 맞추어 하느님께 기도하고 요구한다. 그 하느님 역시 강하시고 풍부하시고 위대하심을 굳게 믿는다. 그러나 기도는 부족하고 나약한 인간의 모습 그대로 하느님께 다가가는 것이지, 자신을 완벽하게 만든 후 하느님께 다가가는 것이 아니다. 큰 죄를 지었다 하더라도 바로 그 모습 그대로 하느님께 다가가 치유를 받는 것이지, 내가 스스로 치유해서 완벽한 모습을 갖춘 후에 하느님께 다가가는 것이 아니라는 말이다. 우리는 자신의 부족한 모습과 우리의 감정을 숨김없이 있는 그대로 주님께 다가가 보여 드려야 하는 것이고, 이것이 참된 기도이다. 겸손하게 부족하고 나약한 자신의 모습을 주님께 전적으로 의탁하는 것이어야 한다. 하느님의 그 연약하심과 연민의 마음이야말로 지친 우리가 기대고 의지할 곳이리라. 구원은 거기서부터 시작되기 때문이다.

결핍예찬

어린 시절에는 항상 배가 고팠다. 배가 고프니, 풍요로워지려고 이를 악물고 살았다. 그때의 생활 습관과 삶의 형태들이 지금의 나에게 기억되어 있다. "다 되었다고 생각할 때 다시 시작하라!" 내 좌우명이다. 항상 나를 채찍질하였고 노력하지 않으면 결핍의 고통은 바로 배에서부터 감지되었다. 결핍이 나를 키웠고 성숙시켰다. 하지만 지금 한국 사회는 넘쳐서 생기는 문제가 더 많다. 과잉과 풍요의 시대에 가장 큰 위험은 젊은이들이 안전한 길로만 가려는 데 있다. 한 번도 굶어 본 적이 없는 사람은 부족함의 고통을 모르고 결핍에서 나오는 오기도 모른다. 높은 산에 힘들게 오르려 하지도 않는다. 많은 경우가 감각적이고 즉흥적이다. 결혼생활을 대하는 태도 역시 그렇게 임시적이고 방편적이니 조기 이혼이 급증하고 있다. 결핍의 영성을 배우지 못했기 때문이리라. 지나친 결핍은 삶을 찌부러들게 만들고 부정적 결과를 초래하지만, 적절한 결핍은 참 인생을 배우게 하는 중요한 영성이다. 사람만 그런 것이 아니라 생물계와 자연계 모두 그러하다. 나무를 옮겨 심을 때 뿌리를 햇볕에 이삼일 말린 뒤 옮겨 심는다. 위기의식 때문에 생혼(生魂)이 더 활발해져 잔뿌리가 왕성하게 나오기 시작할 때 심는다고 한다. 나무에도 생채기를 내면 열매가 더 많이 열린다. '1일 1식'을 하는 사람들이 많아졌다. 적게 먹으면 몸이 위기의식을 갖고 방어물질 호르몬을 분비해서 더 효과적으로 몸의 저항력을 높인다고 한다. 포만감에서는 아이디어가 나오는 것이 아니라 잠이 쏟아진다. 하루 한두 끼를 거르면 위에 공급되는 혈액이 적어져 뇌세포로 가는 혈류가 증가하여 머리 회전이 빨라지고, 치매 예방도 가능해진다고 한다. 당뇨, 고혈압, 비만 등 현대의 문명병은 과잉과 풍요의 역설이니 진복팔단에서 바른길을 찾을 수 있을 것 같다. "행복하여라, 마음이 가난한 사람들!"(마태 5,3)이라는 말의 현실적인 의미에서 그 해답을 구해 보자.

중국 철학적 표현에 "군자는 결함을 추구하고 소인은 완전함을 갈구한다.(君子求缺, 小人求全)"라는 말이 있다. 결함은 극복해야 하는 것으로 알았는데 오히려 추구해야 한다는 말이다. 이 구결의 의미가 바로 '마음이 가난하다.'는 신빈(神貧) 개념과 연결된다. 좁은 문으로 들어가라는 성경의 말씀 역시 결핍예찬, 곧 구결을 말한다. 사랑의 본질은 가진 것에 대한 애착이 아니라(求全), 갖지 못한 것들마저 수용함(求缺)에 있다. 인간관계에도 고스란히 적용되는 원리이다. "칼을 쓰면 칼집이 해어지고 정신을 쓰면 가슴이 헐고 심장도 때로는 쉬어야 하니"라고 바이런(6th Baron Byron)은 말한다. 사랑마저 때로는 쉬어 가야 하지 않을까? 문학의 본질은 결핍에 있다. 함축미는 문학의 영성이다. 완벽한 문장이란 더 이상 보탤 것이 없을 때가 아니라, 더 이상 뺄 것이 없을 때 이뤄지는 것이라고 한다. 어느 작가가 성공하여 배부르게 되면 더 이상 치밀한 생각을 하려 들지 않는다. 그러면 글이 싱거워진다. 결핍은 진리가 감춰진 곳이며, 생명이 잠자고 있는 곳이다. 구전만을 추구하려 든다면 그의 글에서는 숨결이 느껴지지 않게 된다. 단어 하나에, 표현 한마디에 세상을 담아내려는 치열함이 사라지면 그것은 문장이 아니라 넋두리일 뿐이다. '백 가지 물건으로 살아 보기' 운동이 한국에도 전해져 동호인들의 모임이 활발하다. 'Less is more'라는 슬로건을 내걸고 적은 것으로 간소하게 살기를 지향하는 사람들의 모임인데, 그들을 '미니멀리스트(minimalist)'라고 한다. 삶의 소유형태를 정리하여 최소 백 가지의 물건으로 살아가려는 상징적이고 실질적인 삶을 지향한다. 슬그머니 내 집의 주인이 되어버린 물건들을 내쫓고 주권을 회복하려는 운동이다. 물질보다는 경험, 체험을 중시하는 가치 변화를 추구하는 사람들이다. 비워서 삶을 채우려는 지혜이니 곧 결핍 예찬론자들이다. 휴대폰에 사진이 5,000장쯤 저장되어 있으면 기능의 속도가 느려진다. 그런데 들여다보면 모두 필요한 사진은 아닐 것이다. 몇백 장 정도로 줄이면 기능이 활성화되듯이 자신의 방에 채워진 물건들을 정리하면 몰랐던 자유와 행복이 따라온다. 심플 라이프! 그것은 바로 구결을 통해서 살아낼 수 있다. 죽으면 다 사라질 것들, 그렇게 많이 가지고 있을 이유가 없지 않은가? 처음 상해에 도착하니 모든 것이 풍요롭다. 강력한 원화의 가치로 한국 아줌마들은 이리저리 몰리면서 나비장이며 과일장, 포도장을 사러 다닌다. 훗날 나이가 들어 한국으로 들어가면서 모두 버리고 갔는데 이 모든 것이 부질없는 것이었음을 고백하더라. 모두 한때의 부질없는 집착적 소유였을 것이다. 결핍, 실패, 고통, 실망 등의 부정체험은 그 자체로는 선이지 않으나 인간을 성숙시키는 불쏘시개와 같으니 추구할 가치가 있다. 그러므로 마음이 가난한 사람, 구결인(求缺人)이란 이런 사람을 말한다.

- 자기 시간을 주장하지 않는다. 하느님께서 거두시면 어느 순간에도 세상을 떠나가야 함을 알기 때문이다.
- 자기 공간을 고집하지 않는다. 둘이나 혹은 셋이 모이면 하느님께서 함께 하고 계심을 알기 때문이다.
- 자기 재물에 집착을 갖지 않는다. 재물이란 하느님께로부터 잠시 빌려 쓰는 것임을 알기 때문이다.
- 자기 재능을 자랑하지 않는다. 인간의 재능이라는 것이 하느님의 지혜 앞

에는 보잘것없음을 알기 때문이다.

· 자기 계획을 고집하지 않는다. 하느님께서는 우리가 바라거나 생각하는 것
보다 훨씬 더 풍성하게 베풀어 주실 수 있는 분이심을 알기 때문이다.

· 자신의 말을 관철하려 들지 않는다. 인간의 말은 침묵의 진실에 비하면 얼
마나 공허한지 잘 알기 때문이다.

· 마음이 가난한 사람은 항상 열려 있는 대문과 같은 사람이다. 오 리를 가
자고 하면 십 리를 가주는 사람이다.

· 마음이 가난한 사람은 가능성을 담고 있는 사람이다. 못 먹을 음식이 없고
사귀지 못할 사람이 없는 사람, 그래서 그들은 경계선을 긋고 살지 않는다.

· 마음이 가난한 사람은 마음에 거리낄 것이 없어 바람을 닮은 사람이다. 불
고 싶은 대로 불고, 어떤 그물에도 걸리지 않는 자유의 사람이다.

그러니 마음이 가난한 사람이란, 결핍을 예찬하고 부족함을 추구하는
삶을 사는 사람을 말한다. 내 생각, 내 계획, 내 의지, 내 주장으로 꽉 차 있
는 사람은 마음이 부유한 사람이다. 그런 마음에는 하느님의 생각, 하느님
의 계획이 들어올 공간과 여지가 없다. 자아를 비움이란 곧 '여백'을 확보하
는 일이고 이것이 곧 구결의 의미이다. 별 쓰임이 없는 것처럼 여겨지는 나
의 이 여백이야말로 하느님이 활동하시는 자유로운 공간이 된다. 오늘 나의
삶을 간결하게 비워보자. 구결지심(求缺之心)은 신빈지복(神貧之福)이다.

행복과 불행은 어디서, 어떻게 교차하는가?

왜 우리는 비슷한 상황 속에서도 누구는 행복해하고, 누구는 불행해할까? 같은 조건인데도 행·불행을 느끼는 사람이 다르고 정도도 다르다. 같은 형제 중에도, 한나라 국민 속에서도 행복지수는 각기 다르다. '헬조선'이니, '흙수저'니 하면서 자신의 불행은 처지에서 오는 것이라고도 말한다. 행복과 불행은 어디서, 어떻게 교차하는가? 톨스토이의 소설 『안나 카레니나』의 첫 마디는 "행복한 가정은 모두 엇비슷하고, 불행한 가정은 불행한 이유가 제 각기 다르다."라는 문장으로 시작된다. 여러 번 읽어 보았지만 이 말이 쉽게 이해가 되지 않았다. 어찌 불행과 행복의 원리가 다른가? 행복은 별 이유 없이도 가능하나, 불행은 특별한 이유가 있다는 말인 듯한데 반대는 성립되지 않는가? 행복한 사람들을 보면 모두 다 제각각 삶의 현장에서 열심히 자신의 방법으로 행복을 가꾸어 가는 사람이고, 불행한 사람들은 그 나름대로 각기 나태, 불성실, 욕심, 교만 등등으로 불행을 자처하는 것이지 아닌가. 영어 원문은 "Happy families are all alike; every unhappy family is unhappy in its own way"이다. 나만 혼동이 되는 것이 아닌가 보다. 문장이 애매하니 한글 번역 역시 여러 가지이다. "행복의 얼굴은 거의 닮은 모습이지만, 불행의 얼굴은 수없이 많은 모습을 하고 있다."라고 번역하기도 했다. 불행한 이유도 있는 것이고, 행복한 이유도 당연히 있으리라 생각된다. 소설 속 러시아 정계 최고의 정치가인 남편 카레닌의 아내, 안나 카레니나는 사랑스러운 아들과 호화로운 저택에서 살면서 아름다운 외모에 밝은 성품까지 지니고 있다.

남부러울 것이 없이 누리고 있었지만 마음속 어딘가에 '공허함'이 자리 잡고 있었다. 일밖에 모르는 남편에게 염증을 느끼고 있던 그녀는 젊고 매력적인 장교 브론스키를 만나 남편에게서 느끼지 못했던 '뜨거운 사랑'에 빠지며 위태로운 사랑이 진행된다. 『안나 카레니나』는 열정적인 사랑을 위해 모든 것을 버렸지만, 결국 아들에 대한 그리움을 이기지 못해 달리는 기차에 몸을 던져 생을 마감하는 여인의 이야기이다.

행복할 수 있는 조건을 다 갖추었는데 행복을 찾지 못 한 사람은 어디서부터 잘못된 것일까? 이에 대해 정확한 대답을 할 수 없었다. 그래서 30대에 읽었던 톨스토이의 그 첫마디가 이해되지 않았나 보다. 그런데 나이가 들면서, 어느 날 문득 톨스토이의 말이 이해되었다. 살아보니 행복의 조건과 불행의 조건이 같지 않다는 것을 느끼게 되었기 때문이다. 행복은 그냥 아무 조건 없이 가능하지만, 불행은 그 나름의 분명한 이유가 있기 때문이라는 생각이 들었다. 상황이 바뀐 것은 아닌데 마음 하나 달리 먹으니 행복은 언제나 가능해질 수 있는 것이다. 행복은 '느낌'에서 오고 불행은 '행위'에서 오는 것이라 생각한다. 여기에서의 행위에는 함과 하지 않음이 모두 담겨 있다. 나병 환자 열 명은 모두 불행한 조건이 비슷했다. 그런데 예수님을 만나 치유의 기적으로 그 불행의 조건에서 모두 벗어났지만, 진정 행복한 사람은 한 명뿐이었다. 성경은 그 한 명의 환희와 감사의 느낌에 대해서 말하고 있다. 나머지 9명의 삶이 그 후 어떻게 되었는지는 말하지 않았지만, 그들의 영혼이 치유되어 행복하게 살았다고는 생각되지 않는다.

행복한 사람은 행복한 이유가 비슷비슷하지만, 불행한 사람의 삶을 들여다보면 그 불행한 이유가 천차만별이라는 말은 옳다. 성별, 인종, 국가, 신분처럼 태어날 때 결정된 객관적 조건들뿐만 아니라, 재정적 빈곤, 건강, 사랑하는 사람의 부재, 타인에게 존중받고 사랑받지 못한다는 느낌 등등 불행의 요소들은 천양각색이다. 그들은 행복을 위해 필요한 여러 요소 중 어느 하나만 충족되지 않아도 불행하다고 느끼는 사람들이다. 그들은 자신에게 어떤 '조건'의 결핍 때문에 행복할 수 없다고 쉽게 믿어 버리는 것이다.

반면 행복은 너무나 쉽게 찾아올 수 있다. 아침에 눈을 뜨면 충분한 수면 뒤의 경쾌함, 창에서 불어오는 차가운 솔 내음, 청설모들의 분주한 뜀박질, 줄 맞춰 등교하는 학생들의 모습 보기, 햇볕 쬐기 등등……. 아! 나는 이 신학원의 산속에서 행복하다. "나는 이래서 행복하다."라는 사람들의 소박한 얘기가 불행하다고 느끼는 사람들 눈에는 우습게 보일 수도 있을 것이다. 그러나 작게라도 하루에 몇 번씩 행복해지다 보면, 결국 인생의 많은 시간이 행복해질 거라는 단순한 계산이 나온다. 오늘 행복할 수 있다면 아마 내일도 행복할 수 있을 것이다. 완벽하고 영원한 행복을 기다리며 사는 것은 불행하다. 팝송 가사에도 이런 말이 있다. "some people feel the rain, others just get wet." 어떤 사람들은 비를 느끼지만, 어떤 이들은 그냥 비에 젖을 뿐이라는 말이다. 행복도 느끼면 존재하는 것이지만 느끼지 못하면 그냥 멋없는, 행복하지 않은 지루한 일상일 뿐이다. 행복한 느낌은 하루에도 여러 번, 아무 이유 없이 찾아온다. 조건이 다 갖춰진 것도 아닌데, 그냥 행복할 수 있다는 것이다. 그것은 톨스토이가 말한 것처럼 그렇게 복잡하지도, 계산적이지도 않다.

행복은 1%만 채워져도 행복감을 느끼게 되지만, 불행은 1%가 모자라서 생기는 것이다. 도스토옙스키(Fyodor Dostoevsky)는 말한다. "인간이 불행한 이유는 자신이 행복하다는 사실을 모르기 때문이다. 단지 그것뿐이다." 자신의 행복을 느끼지 못하기 때문에 불행해질 수 있다는 말이다. 사람들은 거창하게 '삶의 의미'를 추구한다고 하지만, 그보다 먼저인 것은 '내가 살아 있다는 느낌'이다. 이 말이 이해되지 않는다면 시한부 인생을 사는 사람들에게 물어보라. 칠레의 광산에서 69일간 매몰되었다가 구조된 사람들의 인터뷰 중에서 가장 감동적인 소감은, 지하 700미터 아래에서 '그래도 살아 있음을 확인했던 느낌들'이라고 했다. 뒤집힌 뱃속에 갇혀 있던 사람들에게 가장 간절했던 것은 살아 있음의 확인이었을 것이다. 지금 세계 곳곳에서 벌어지고 있는 이러저러한 심각한 불행들(지진, 테러, 사고, 전쟁, 기아)에 비하면 우리들의 작은 고민들(갈등, 오해, 미움, 질투) 따위는 모래알 하나에 불과할 뿐이다. 없어도 상관없고 바람에 불려가도 괜찮은 것들이지 않은가?

영국의 대학 리서치에서 발표한 통계로 보아도 인생은 살아가는 동안에 평균 1만 8백 번 정도의 육체적, 심리적 고통을 겪는다고 했다. 오죽했으면 삶은 고해(苦海)라고 했겠는가? 찰리 채플린(Charles Chaplin)이 말한다. "인생! 겉으론 멀쩡해 보여도 속을 들여다보면 저마다 구구절절하지 않은 인생이 없다. 인생은 멀리서 보면 희극이지만 가까이서 보면 비극이다." 지금의 이 순간이 반짝일 수 있어야 행복해지는 것이다. 오늘 하루 아무 일이 없었음에 감사할 수 있어야 한다. 갑자기 잘 날던 비행기가 추락하고, 목욕을 즐기다가 불이 나고, 인도를 걷다가 돌진하는 차에 받히고, 공연 관람 중에 총격 세례를 받았던 사람들은 오늘 아무 일이 없기를 바라지 않았을까? 얼마나 더 준비되고 구비되어야 행복해할까?

돈 많은 집을 흔히 '잘사는 집'이라 말한다. 상대적으로 돈이 적은 집은 못사는 집이라고 말한다. 너무 익숙하기에 사회에서 무리 없이 통용되는 이 표현에 이의를 제기한다. 잘 살고 못사는 인생의 척도가 돈의 유무로 결정된다는 말이니, 이 얼마나 모순적인 말인가? 언제부터 인가 새해 덕담과 신년 인사가 "부자 되세요.", "대박 나세요."로 바뀌었다. 중국에 살면서 모두 새해 인사로 입에 달고 하는 "꽁시파차이"라는 말이 귀에 많이 거슬렸었다. 전에는 돈으로 덕담을 나눈다는 것이 쑥스럽게 생각되었을 텐데, 중국어의 직역 같은 이 말을 한국에서도 자연스럽게 사용하고 있다. 문제는 우리 신자들도 아무 생각 없이 남을 축복해 준다면서 이런 말들을 사용하는 것이다. 하지만 복음에 비춰보면 이런 말들은 사용해서는 안 되는 말이다. 루카 복음에는 4개의 행복선언과 4개의 불행선언이 나온다(루카 6,21-26 참조). 우리가 바라는 행복과 불행이 반대로 나타나 있다. "지금 부유하고, 배불리 먹고, 웃고 지내고, 칭찬받는 사람들은 불행하다."고 말하는 복음의 관점에서 보면, "부자 되세요."라고 말하는 것이 마치 불행하여지라고 말하는 것처럼 들릴 수 있기 때문이다. '새옹지마(塞翁之馬)'란 인간의 행복과 불행은 언제 바뀔지 모르기 때문에 너무 슬퍼하거나 마냥 기뻐해서는 안 된다는 교훈이다. 우리 인생은 동전의 양면처럼 화와 복이 번갈아 찾아온다. 결국 산다는 것은 언제나 행복과 불행의 연속인 셈이고 이것이 인생이다.

행복과 불행? 이 둘 중 무엇이 더 쉬울까? 모두는 예외 없이 행복해지고 싶어 한다. 그런데 각 나라의 행복지수가 다르니 이 질문에도 사람들은 저마다 다른 대답을 할 것이다. 한국의 행복지수는 꼴찌를 면하지 못하고 있으니, 우리나라에는 행복하지 않은 사람이 많다는 말이다. 한국인들은 불행보다 행복이 더 어렵다고 생각하는 사람이 많은 것 같다. 나 스스로는 이 질문에 어떻게 대답할 수 있을까? 오늘 하루를 행복하게 살지 못했다고 느끼면 나는 행복의 조건들을 너무 어렵게 설정하고 있기 때문은 아닐까? 많이 행복하지 못했고 특히 말년에 극심한 불행을 겪으며 외로이 객사했던 톨스토이(Lev Nikolaevic Tolstoy)가 소설의 서두에서 정말 말하고 싶었던 것은 무엇일까? 사실은 불행이 행복보다 더 어려운 것이라고, 그래서 행복은 그저 쉬운 것이라고 말하고 싶은 것은 아니었을까? "행복하지 못할 이유를 설정하지 마라!"는 그의 충고가 들려오는 듯하다. 행복은 느낌에 최면을 거는 일이다. 그래서 행복은 너무 쉬운 것이라고 우겨 대면, 행복은 어느새 내 곁에 슬그머니 다가와 있을 것이다.

십자가의 기명성

　천주교 신자들의 삶에서 떼려야 뗄 수 없는 것이 십자가이다. 하루를 시작하면서 십자성호를 긋고 모든 기도의 시작과 끝에도 십자가를 그려낸다. 또 우리 몸에 걸고 지닌 십자가는 여러 개가 넘을 것이다. 그런데 이 십자가들은 누구의 십자가일까? 나의 십자가를 상징하는 것인가? 아니면 나와는 관계없는 그분의 십자가인가? 그리스도교는 십자가의 종교이다. 십자가는 신자들의 생명이요 자랑이다. 그리고 십자가는 힘이요 구원이다. 그리스도교의 모든 것을 내포하고 있는 십자가, 세계 어디를 가든 볼 수 있다. 그런데 십자가의 형태는 비슷하지만 그 내용은 다르다. 유다인에게는 걸림돌이고, 이방인(로마인)에게는 수치요 어리석음인 십자가(1코린 1,23 참조), 그러나 우리에게는 구원이요 희망이다. 바오로 사도는 "나는 우리 주 예수 그리스도의 십자가 외에는 어떠한 것도 자랑하고 싶지 않습니다."(갈라 6,14)라고 말한다. "그리스도의 십자가로 말미암아, 내 쪽에서 보면 세상이 십자가에 못 박혔고 세상 쪽에서 보면 내가 십자가에 못 박혔습니다."(갈라 6,14)라고 말할 수 있는 것이다.

　처음 성지순례를 가면서 가장 마음속에 기다려왔던 곳이 예루살렘의 '비아 돌로로사(Via Dolorosa)'라는 십자가의 길이다. 성지순례자들에게는 필수 코스로 알려진 길이다. 이 길을 가면서 '십자가의 길'을 거룩하게 해 보려고 잔뜩 기대하고 나섰다. 그런데 제1처를 출발하기 전부터 나무 십자가를 50달러에 빌려야 하는 것이 마음 불편하더니, 결국 나의 첫 십자가의 길은 기대했던 '거룩함'과는 거리가 먼 길이 되었다. 평소에 성당에서 하듯이 눈을 갸름하게 뜨고 거룩한 마음으로, 그리스도의 십자가 길을 출발하는데 상상 밖의 일들이 벌어졌다. 좁은 골목으로 이어지는 십자가의 길 양편은 온통 상가로 뒤덮여 있는데, 아랍 지역이니 대부분 무슬림이 관광객에게 물건을 팔았다. 다리를 꼬고 담배를 피우며 거룩한 우리를 쳐다보는 그들의 시선은 이미 익숙한 듯 초점을 흐리면서 쳐다보고 있었다. 조금 더 가다 보면 치마와 속옷들이 치렁치렁 걸려 있는 상가를 지나는데, 십자가가 그 옷가지들에 걸리기도 하고 얼굴을 스치기도 한다. 무슬림들에게 예수라는 인물은 역사에 있었던 한 예언자 중의 한 사람일 뿐이다. 우리의 거룩함과는 달리 그들에게는 의미가 없는 한 과거의 인연이 지금 장사하고 먹고사는 방편일 뿐이다. 이렇게 해서 나의 거룩할 것 같던 첫 십자가의 길은 성과 속의 대결이라는 혼돈 속에서 끝이 났다. 그런데 생각해 보니 사실 이천 년 전, 예수라는 한 죄인이 십자가를 지고 가던 그 길이라 해서 특별히 거룩하며 장엄하고 엄숙했던 것은 아니었을 것이다. 예루살렘에 십자가 처형이라는 커다란 구경거리가 생겼다는 소식에 점심을 싸 들고 소풍 나오듯이 구경삼아 나왔던 이천 년 전의 그 길거리 역시 소음과 던적스러움과 고리타분한 세속의 한 저잣거리였을 것이다.

십자가의 길은 세속의 한 중심을 뚫고 지나가는 길이다. 가장 거룩한 길이지만 그 길은 성스러운 영역에 간직된 지성소 같은 건 아니었다. 이것이 십자가의 역설이다. 믿는 이들에게는 구원의 도구요, 표징이지만 믿지 않는 자들에게는 걸림돌이 된다. 십자가를 짊어지고 걸어갔던 예수님이나 그 십자가를 메고 뒤를 따라 십자가의 길을 걸어 보았던 우리나, 그들에게는 비위에 거슬리고 어리석게 보이는 행동이었을 것이다. 그런데 이 십자가의 길에 사용되는 십자가는 두 개의 나무를 열십자로 교차시켜 만든 아주 단순한 십자가였다. 개신교와 천주교 모두 십자가를 구원의 상징으로 받아들이고 있지만, 개신교의 십자가와 천주교의 십자가는 차이가 있다. 개신교에서는 우상숭배라는 생각 때문에 십자가에 달린 그리스도의 고상과 팻말을 떼고 나무로만 되어 있는 밋밋한 십자가만을 사용한다. 한마디로 무기명의 십자가이다. 반면 천주교의 십자가는 예수님의 고상(苦像)뿐 아니라 고상 위에 있는 'INRI'라는 죄목의 팻말까지 붙어 있는 것을 사용한다. 그러니까 개신교 신자들은 십자가를 상징적으로만 이해하는 것이다. 나무 두 개를 가로질러 열십자 모양으로 되어 있는 이 나무 십자가는 본래 로마제국 시대에 사용되었던 하나의 형틀일 뿐이다. 누구에게도 사용될 수 있었던 준비된 형틀이었다. 그런데 거기에 예수 그리스도께서 달리신 후 십자가는 본질이 변했다. 십자가가 기명성을 갖게 된 것이다. 예수님의 십자가는 구원의 실재가 된 것이다. 천주교 신자들에게 있어 십자가는 하나의 나무 형틀이 아니라 그리스도의 인격과 구원이 동일시되는 거룩한 성물이다. 십자가가 소중하고 성스러운 이유는 십자가 위에 달린 예수 그리스도 때문이다. 예수님께서 매달리신 십자가가 중요한 것이지, 형틀이 중요한 것은 아니다. 사실 그날 예수님의 양옆에는 또 다른 두 명의 강도가 매달린 십자가가 있었지만 그들의 십자가는 우리에게 아무런 의미를 주지 못한다.

모든 집은 번지수가 있고 문패가 있다. 그래서 우리는 그 문패를 보며 누구의 집인지를 알 수 있고, 그 집의 의미를 알게 된다. 만약 길을 가다가 어느 집에 번지수도 문패도 없다면 그 집은 가정이 아니라 비어 있는 집, 아니면 유행가 가사대로 주막이든지 일 것이다. 무기명인 집은 주인이 없는, 그래서 실체가 없는 집이요 인격을 담지하고 있지 못한 건물일 뿐이다. 마찬가지로 십자가가 무기명이라면 그것은 아무런 의미를 갖지 못한다. 십자가가 우리에게 의미가 있다면 그것은 기명성을 통해서만 가능하다. 주인 없는 십자가는 하나의 나무 막대기일 수 있다. 예수님의 십자가에 달린 'INRI'는 예수님 십자가의 명함이다. '유다인의 왕 나자렛 예수'라는 이 명함을 통해, 우린 그 십자가에 담긴 하느님의 사랑과 구원을 느낀다.

우리 신자들은 많은 십자가를 지니고 있다. 그러나 그 십자가들이 의미를 지니기 위해서는 그것이 누구의 십자가인지 항상 알고 있어야 한다. 만약 십자가가 기명성을 잃어버리면, 그래서 누구의 십자가인지 모른다면 그 십자가는 하나의 장식품에 지나지 않을 것이다. 중국 관광지에서 벌린 좌판에는 각종 십자가가 많이 팔린다. 파는 사람들에게는 그것이 하나의 상품일 뿐이지만, 그 십자가를 사와서 기도하면 의미를 갖게 되는 것이다. 십자가 그 자체로서는 하나의 형벌 도구일 따름이다. 십자가가 기계적으로나 주술적으로 우리에게 구원을 가져다주는 것은 아니다. 무조건 갖다 댐으로써 악을 물리치는 기계적인 도구가 아니라는 것이다. 중요한 것은 그 위에 누가 달렸는가이다. 우리는 빠지고 예수님만 매달린 십자가, 또 나는 아니고 다른 사람들만 달린 십자가라면 그것은 구원의 징표가 될 수 없을 것이다. 사람은 태어나면서부터 자신만이 지고 가야 할 십자가가 있다. 이것을 운명이라고 한다. 원치 않는 질병, 불구의 몸, 불우한 가정환경, 실패의 아픔 등은 내 십자가의 실체이다. '왜 그래야 하는가?' 하고 아무리 부정하려 해도 부정되어지지 않는 나의 실체이다. 어떤 사람들은 이 십자가를 받아들이지 못해 번뇌하고 거부하기도 한다. 그래서 점쟁이를 찾아가기도 하며, 굿도 해 보고 부적도 사서 붙여보지만 그것이 얼마나 허한 것인지 본인은 알고 있다.

예수님께서 말씀하신다. "누구든지 내 뒤를 따라오려면, 자신을 버리고 제 십자가를 지고 나를 따라야 한다"(마태 16,24). 예수님의 십자가도 아니요, 남의 십자가도 아닌, 자신의 십자가를 지라는 의미이다. 그러니 나의 십자가가 있고, 내 가족의 십자가, 내 공동체의 십자가, 내 민족의 십자가가 있는 것이다. 누구도 대신할 수 없는 기명의 십자가를 지라는 것이다. 예수님께서는 분명히 각자 자신의 이름이 적힌, 자신의 몫으로서 십자가를 지고 오라고 하신 것이다. 남의 십자가가 좀 더 가볍게 보일 수 있고 편해 보일 수 있을지도 모른다. 유난히 내 십자가만 무겁게 생각될 수도 있다. 그러나 십자가는 인생의 행동을 규정해 주는 척도요, 가치관의 균형을 잡아주는 도구이다. 삶이 헷갈릴 때 십자가를 바라보면 답을 얻을 수 있다. 마치 광야에서 뱀에게 물려 사경을 헤매다가도 구리 뱀을 보면 살아났듯이, 실망하며 미워하고 분노하며 포기하고 싶을 때 우리가 바라보아야 하는 것이 바로 십자가이다. 하지만 십자가의 의미와 가치를 모르는 그들은 결국 십자가에 걸려 넘어지게 될 것이다. 내가 져야 할 내 몫의 십자가를, 원망도 불평도 없이 받아들이는 자세는 복음의 정신이다. 십자가는 행동이다. 십자가는 실천이다. 우리 신자들은 자신의 이름표를 붙여놓은 십자가 하나쯤은 자기 책상 위에 두고 매일 쳐다보는 습관을 가져보는 것도 좋지 않을까?

「사랑의 송가」 뒤집어 읽기

「사랑의 송가」는 아름다운 시이다. 그러나 바오로 사도는 시를 쓰기 위해서 미사여구를 사용한 것이 아니다. 독자 역시, 시 한 수 읽어 내듯 감정의 파문 없이 읽거나 노래한다면 그것은 너무나 싱거운 일이다. 바오로 사도에게 미안한 일이다. 사랑의 송가는 바오로 사도의 마음 고백이 담겨 있는 참회록 같은 것이다. 그래서 아름답지만 마음의 떨림이 담겨 있는 글이다. 사랑의 송가를 뒤집어 보라. 거기에 바오로 사도의 거친 숨결과 모났던 성격의 꺼칠함과 인격적 결함들이 숨어 있다. 마치 우리들의 모습처럼……. 그래서 사랑의 송가를 뒤집었다. 다시 읽으면 마음이 치유되고 회심의 길로 인도될 수 있다. 이제 성경에 근거하여 사랑의 송가를 바오로 사도의 심경을 담아서 다시 꾸며본다.

"나 바오로는 말을 참 잘하는 사람이었습니다. 아람어, 히브리어, 그리스어, 라틴어 등을 자유자재로 구사하는 능력을 가진 언어의 천재요 화술의 마술사였습니다. 그래서 사람들은 나를 헤르메스, 곧 하느님의 메신저라는 신적인 칭호도 붙여 주었습니다. 그래서 처음에는 나의 언어적 능력으로 하느님의 복음을 선포하려 했던 사람입니다. 논쟁을 좋아하고 설득력 있는 연설과 수사학으로 사람들을 절절매게 만들어 복음을 받아들이게 만들려 했습니다. 에페소의 두란노 학원에서 아르테미스 신봉자들과 몇 날 며칠을 두고, 혈전을 벌여 결국 그들을 곤경에 빠뜨리게 하였습니다. 나는 나의 다양한 능력에 한껏 취해 있던 사람이었습니다. 그러나 그 속에는 사랑이 없었습니다. 그러니 나는 사실 요란한 징이나 소란한 꽹과리에 지나지 않았던 것입니다. 나는 그 유명한 가말리엘(Gamaliel)이라는 스승 밑에서 공부하여 랍비가 되었고, 율사가 되었으니 그 당시 최고의 지성인이라 말할 수 있을 것입니다. 그리고 로마 시민권을 가진 사람이니 당시 유다인으로서나 로마인으로서 가장 잘나가던 사람이었고, 출셋길이 트인 사람이었습니다.

나는 참 다혈질적인 사람이었습니다. 그래서 불의를 보면 참지 못하고 욱하는 성격에 하고 싶은 말을 마음껏 뱉어내곤 했습니다. 이방인들과 음식을 먹었으면서 안 먹은 채 가장하는 케파마저 내 눈에는 가식적이고 이중적인 사람으로 보여서 이 문제를 물고 늘어졌습니다. 예루살렘에 올라가서 사도 회의에 이 문제를 공개하며 면박을 주었습니다. 오랜 세월이 지나 자신을 돌아보니 '나는 참 열두 사도들 앞에서 잘난 체깨나 했구나.' 하는 생각이 들었습니다. 그들은 3년간 주님을 모시고 동고동락한 명실공히 사도들입니다. 주님을 직접 뵌 적이 한 번도 없는 나는 그것에 주눅이 든 것도 사실입니다. 그럴수록 나의 오기는 더해만 갔습니다. 그래서 나는 외쳤습니다. "내가 자유인이 아니란 말입니까? 내가 사도가 아니란 말입니까? 내가 우리 주 예수님을 뵙지 못했단 말입니까?"(1코린 9,1)라고요. 그러다가 제풀에 꺾여 사도들에게는 나를 낮추어 칠삭둥이라는 말을 썼지만, 나에게도 주님이 나타나셨다고 우겨댔습니다. 물론 꿈속 같은 환시를 본 것이지 주님을 실제로 만난 것은 아니었지만 말입니다.

사실 나는 하느님의 교회까지 박해한 사람이니 나는 사도들 중에서 가장 보잘것없는 사람임이 틀림없습니다. 그런 내가 삿대질하는 모습으로 그들에게 충고한다고 나댔으니 얼마나 가소로운 일이었겠습니까? 돌아보면 내가 조금만 참았으면 양쪽 모두를 헤아려 주어야 하는 위치에 있는 베드로 사도의 고충을 이해하고 기다려 주었어야 했었습니다. 그러면 일이 더 잘 해결되었을 것입니다. 나는 참 친절하지 않은 사람, 나만의 정의에 의기양양한 사람이었습니다. 마르코의 일만을 생각해도 그렇습니다. 아직 어린 청년이고 세상을 잘 모르던 그였기에, 강도가 무서워서 잠시 길을 돌아가려 했던 것이지 복음을 수치스럽게 여긴 것은 아니지 않았겠습니까? 조금만 참아 주고 이해해 주었더라면 나의 스승과 결별하는 무례를 범하지는 않았을 것입니다.

사랑은 시기하지 않고 뽐내지 않으며 교만하지 않아야 하는데, 나는 참 잘난 체를 많이 했습니다. 바르나바(Barnabas)는 나를 아버지처럼 품어 주며, 이해해 주고 키워준 스승이었습니다. 그러나 내 마음속에는 어쩌면 그의 너그럽고 자상하며 부드러운 카리스마가 사람들에게 칭송되는 것을 시기하지는 않았나 생각해 봅니다. 그의 이름이 '위로의 아들'이라는 것도 싫었습니다. 그래서 피시디아의 안티오키아에서 스승을 제치고 내가 나서서 선교여행의 주도권을 쥔 것이지만, 그것은 무례한 행동이었고 나 자신의 이익을 추구하려는 이기심에서 나온 행동이었습니다. 그런 교만한 마음에서 싹이 튼 것은 결국 성을 내고 앙심을 품는 행동이었습니다.

2차 전도여행에서 요한 마르코를 제외시키자고 주장하며 그로 인해 스승 바르나바와 크게 다투어 결국 영원히 다시 보지 못하게 된 결별을 하였습니다. 되돌아보면 일종의 보복심이 마음속에 깔려 있지는 않았는지 생각해 봅니다. 사랑은 모든 것을 덮어 주고 모든 것을 믿으며, 모든 것을 바라고 모든 것을 견디어 주는 것이라는 것을 세월이 흐른 후 늦게서야 깨닫게 되었습니다. 내가 개종하고 나서도 예루살렘에 올라가 신도들의 모임에 끼어 보려고 했으나, 나의 개종을 의심하며 받아 주지 않았습니다. 그때 바르나바가 나서 해명해 주었고, 사람들은 그의 말을 그대로 믿어 주어 오늘의 내가 있게 된 것입니다. 그러니 나는 스승 바르나바에게 큰 빚을 진 사람입니다. 나의 개인적인 약점을 극복하는 과정에서 나는 이런 결론을 내렸습니다. "그렇기 때문에 나는 그리스도의 힘이 나에게 머무를 수 있도록 더없이 기쁘게 나의 약점을 자랑하렵니다"(2코린 12,9).

우리 인간이라는 존재가 알면 얼마나 알겠고 대단하면 얼마나 위대하겠습니까? 예언의 능력도 시간이 지나면 사라지고, 유창하던 언어 실력도 나이가 들어가면 어눌해지고 더듬거리게 되지 않습니까? 기억력이 자꾸만 쇠퇴하니 알고 있던 지식도 결국 둔해지고, 멍청해지니 우리는 단지 부분적으로 알고 부분적으로 예언할 뿐입니다. 그것이 우리 인간의 한계입니다. 그 이유는 온전한 것이 오면 부분적인 것은 없어지기 때문입니다. 밤중에 제 잘났다고 뽐내던 달도 여명이 밝아 오면 태양에게 자리를 내어 주고 서산으로 넘어갈 줄 알듯이, 우리 인간은 그렇게 때가 되면 존재의 원천으로 되돌아갈 준비를 해야 하는 것입니다. 줄기차게 쏟아져 내리는 소나기도 반나절을 넘기지 못하고 메뚜기도 한철이라 하지 않습니까? 하늘 아래 뭐 그리 새로운 것이 있겠고, 영원한 것이 있을 수 있겠습니까? 우리 인간은 하나의 과정에 있을 뿐입니다. 아이가 태어나 나이를 먹고 늙어 결국 죽음으로 돌아가는 존재일 뿐입니다. 그러니 내가 아이였을 때에는 아이처럼 말하고 아이처럼 생각하며 아이처럼 헤아릴 수밖에 없는 것입니다. 그러나 어른이 되면 아이 적의 것들을 그만두어야 하는 것입니다.

단지 변하지 않는 것이 세 가지가 있으니 믿음과 희망과 사랑입니다. 이세 가지는 지상에서도 느낄 수 있지만 분명 신적이요 천상적인 가치입니다. 그러니 세상이 끝나는 날까지 변하지 않고 어느 곳에서나, 어느 시대에나 완전히 적용될 수 있는 가치이며 원리이니 곧 영원한 것입니다. 그러나 내가 겪어 보고 느껴 본 바를 통틀어 정의해 보건대 그 가운데에서 으뜸은 사랑입니다. 사랑이 정점입니다. 거기서 믿음도 흘러나오고 희망도 의미를 갖게 될 수 있는 것입니다. 사랑은 바로, 하느님의 다른 이름입니다."

성격과 성향의 차이

　통계를 보면 이혼 사유 1위가 '성격차이'라고 나온다. 사실은 '성향의 차이'를 이해하지 못하는 데서 갈등이 시작된 것이다. '틀리다'가 아닌 '다르다'를 구분하지 못하는 데서 생기는 갈등이 점차 확대되어 생기는 충돌의 문제이다. 성격은 타고난 것이다. 그래서 본성에 가까운 캐릭터, 퍼스널리티(personality)이다. 그것은 사람을 포함한 모든 사물이 지닌 자신만의 성질이니 곧 하드웨어, 시스템의 문제인 것이다. 그래서 성격은 비교적 가현적(可現的)이고 외형적이다. 반면에 성향(性向)은 경험과 교육 후에 생긴 각 개인의 텐던시(tendency), 인클리네이션(inclination)이라고 말할 수 있는데, 모든 사물이 지니는 방향성을 의미하니 소프트웨어라고 말할 수 있을 것이다. 비교적 잠재적이고 비가시적이다. 시시비비(是是非非)의 문제라기보다는 호불호(好不好)의 문제에 더 가깝다. 성격이 천부적인 본성(本性)임에 비하면 성향은 성정(性情)의 문제에 더 가까운 것이다. '그는 술자리에서 술을 자꾸 권하는 경향이 있다.'는 성향의 문제이고, '그는 술자리에서 활발한 편이다.'는 성격의 문제이다. 성격은 나 자신의 문제, 곧 대자적이지만 성향은 너를 향한 나의 방향성 문제이니 곧 대타적이다.

　새내기 대학생인 조카를 옆자리에 태워 운전하고 있었다. 그런데 내 운전에 대하여 불안해하고 가끔은 "삼촌!" 하며 소리를 지르면서 나의 운전 실력에 대하여 질책한다. 나는 40년 무사고 운전 경험자이고, 조카는 면허 딴 지 1년도 되지 않은 초보자인데도 옆에서 보면 불안을 느끼고 소리를 지르는 이유는 무엇인가? 그것은 초보자에게도 이미 자신만의 운전 습관이 고정되었기 때문이다. 초보자이지만 어느 시점에서 브레이크를 밟고, 어느 시점에서 차선을 변경하는지 그 나름대로 자신만의 노하우를 가지고 있다. 그런데 옆에서 운전하는 삼촌의 방법과는 차이가 나서 소리를 지르고 불안해하는 것이다. 그런데 이것을 두고 젊은 조카에게 "건방지게 운전 초짜가 베테랑인 나에게 훈수하는 거냐?"라고 말하거나 화를 낸다면 이 삼촌은 진짜 문제가 있는 것이다. 아무리 초보일지라도 이미 자신만의 운전 성향성이 생긴 것이다. 실제로 많은 운전자가 조수석에 앉아서 브레이크를 밟는 동작에 불안증을 느끼는 경우가 많다. 각 사람마다 운전의 성향성이 다르기 때문이다.

성격과 성향의 차이점에 대하여 상담에서 나온 실제의 예를 들어보겠다. 아내가 직장을 옮기면서 겪었던 스트레스로 인해 입병이 났다. 남편이 그것을 보고 "헤르페스같아. 나한테 가까이 오지 마. 옮길 수 있어!"라고 말했다. 이 말이 너무나 매정하고 서운하여 "당신은 어쩜 그리 이기적이냐?" 하며 쏘아붙이고 왔다는 것이다. 그런데 평소에 남편이 그렇게 자신만 생각하는 이기적인 사람이냐고 물어보았을 때, 상담자는 아니라고 말하였다. 평상시는 남편이 자신을 도와주고 이끌어 주는 자상한 면이 많다는 것이다. 그럼 지금 남편의 행동은 어디서 온 것일까? 내가 "남편은 혹시 엄청 깔끔 떨고, 건강에 대한 상식과 조심성이 많은 사람이냐?"라고 물었더니 정확히 그러하다고 대답했다. 그래서 내가 상담자에게 내린 결론은 남편은 지금 성격으로 대답한 것이 아니라, 성향으로 자기 삶의 방법과 행동 경향을 드러낸 것이라고 말해주었다. 이것을 (윤리의식이 가미된)인격성으로 보지 않고 성향성으로 보면 그렇게 화가 날 일이 아니지 않을까? 부부 문제를 상담하게 되면 두 사람이 너무 가까워서 미처 보지 못했던 것들을 상담가의 시선으로 바로 잡아주고, 객관적인 관점으로 문제를 바라보도록 인도해 줄 수 있다. 솔직하지 못했던 서로의 태도에서 벗어나 한 발 더 다가가고 진짜 감정을 제대로 보여줄 수 있는 시간을 통해 서로의 관계에 집중하고 신중해질 수 있는 것이다. 대부분 사람은 내가 살아온 방식이 옳다고 상대방에게 강요하는 경우가 있다. 그러나 상대방 역시 그 자신만의 고유한 경향성이 있기 때문에 남을 바꾸기란 쉽지 않다. 상담을 통해 각자의 성향과 가치관, 관계에 대한 방향성을 검증 받을 수 있다.

성격은 보통 유아기 시절에 완성된다고 한다. 일반적으로 네 살까지 어린 아이의 장래가 결정되는데 성격이라는 시스템, 하드웨어가 구축이 된다는 것을 의미한다. 그래서 MBTI나 에니어그램(Enneagram) 등의 심리검사로 성격의 유형을 파악하려고 한다. 그러나 성향은 이런 검사를 통해서도 쉽게 파악되지 않는다. 성향은 유동적이고 가변성이 많기 때문이다. 성향은 성격이 어느 정도 굳어진 이후에도 삶의 여정 중에 계속해서 반복되고 쌓이는 경험과 교육의 영향을 받는다. 자기 행동의 방향을 반복해서 결정짓다 보면 습관화되고 일관성을 갖게 되는데, 거기에서 경향성이 나오게 된다. 본래 성격이 소탈하여 건강에 대해서도 무심하고 중요시 여기지 않았는데, 큰 병을 앓고 난 이후에는 건강에 집착하고 조심하는 성향으로 바뀔 수 있는 것이다. 그 성향성이 각 사람의 말과 행동을 가장 많이 좌우하는 요소가 된다. 그래서 부부간의 상대방에 대한 관심과 이해는 성격 테스트가 아니라, 성향 테스트를 잘 할 수 있을 때 더 가능하다. 재미 삼아서 대비되는 두 낱말에 대한 편향성(偏向性)을 알아보면 상대방을 조금 더 이해하고 배려하면서 살 수 있는 것이다. "걔는 성격 참 나빠."라는 문장을 "걔는 그런 성향을 갖고 있나 봐."라고 바꿔 쓸 수 있다면 우리는 사람을 평면도로 보는 것이 아니라 입체면으로 보려는 것이다.

성향의 이해에 가장 좋은 작품은 제인 오스틴(Jane Austen)의 『오만과 편견』
이란 소설이다. 200년 전에 써진 작품이지만 일반적으로 남자는 오만하
고 여자는 편견이란 성향성을 지니고 있음을 정확하게 분석하고 있다. 남
자 주인공인 다아시는 능력 있는 남자이다. 그는 자신이 살아온 환경 때문
에 타고난 성격과 달리 약간은 거만해 보이는 말투와 행동을 한다. 이런 행
동 때문에 진취적인 성향을 지니게 되었고, 자존감이 강하며 똑똑한 여주
인공인 엘리자베스로부터 오만이라는 낙인을 받게 된다. 하지만 사랑에 빠
져 두 사람은 마침내 결혼에 다다르지만 그후에 진행되는 스토리는 시종일
관 많은 문제점과 갈등을 야기한다. 한 번의 만남으로 여자는 남자를 오만
하고 독선적이라 판단하였고 그 후에 일어난 모든 사건은 그 토대 위에 증
오라는 건물을 세우게 되었다. 결국 오만군과 편견양이 색안경을 벗고 서로
의 진실한 사랑을 확인하는 과정은 쉽지 않았다. 이것은 시대를 넘어 인성
이 지닌 약점이다. 대부분 사람들은 자기의 생각이나 시각이 맞다고 생각
하며 살아가기 때문이다. 설령 상황이 잘못된 것이라고 느껴도 그것을 인
정하며 수용하기는 어렵다. 그래서 많은 사람은 때로 잘못된 만남을 갖고
평생을 후회하며 살아간다. 이런 오류에서 벗어나기 위해서는 경직된 시선
이 아닌 유연한 시각, 곧 성향성의 차이를 볼 줄 아는 안목이 필요하다.

토마스 사도는 우리들이 흔히 말하는 '불신의 사도'라는 불유쾌한 별명에
대하여 공정하지 않다고 느낄 것이다. 그는 스스로 자신을 생각할 때 불신
자, 의심하는 자, 믿음이 부족한 자라는 말보다 자신은 허하지 많고 무슨 일
이든지 집중하며 철저하게 임한다는 자신의 성향성을 이해 못하는 우리에
게 항의한다. 예수님도 자신을 성격 나쁜 불신자로 보지는 않으셨다고…….
부활하신 예수님을 목격했다고 이구동성으로 말하는 사도들의 말과 여인
들의 증언을 아무 생각 없이 곧이곧대로 받아들이는 것은 믿음이 깊은 사

람의 행동이라기 보다는 경거망동할 수 있는 우려를 먼저 생각했기 때문에 한 말임을 스스로 알고 있다. 스승 예수님의 말씀에도 자신을 시시비비에 대한 판단이 아니라 "네 손가락을 여기 대 보고 내 손을 보아라. 네 손을 뻗어 내 옆구리에 넣어 보아라. 그리고 의심을 버리고 믿어라."(요한 20,27) 하고 말씀하셨다. 스승님은 내가 평소에 완벽주의의 성향을 갖고 있고, 무슨 일이든 철저하게 하려는 나의 성향성을 잘 이해하고 계셨기 때문이다.

요즘 인공지능이 발달하면서 빅 데이터를 통해 정보를 분석하는 마케팅 방법은 사실 소비자의 성향성을 연구하는 것이다. 어떤 상품에 대하여 성별로, 세대별로, 지역별로 선호하는 성향이 다름을 분석해 낼 수 있으면 마케팅은 성공할 수 있다. 코로나19 시대에 넷플릭스를 통해 좋은 영화를 많이 보고 있다. 인공지능이 나에게 맞춤형 영화를 제시해오곤 하는데, 놀랍게도 내 취향에 80% 이상 맞는 영화를 선정해 준다. 지금까지 내가 선호해서 보았던 영화나 다큐멘터리들을 분석한 뒤에 알아서 상을 차려 주는 것이다. 기계가 나의 성격이 아니라, 나의 성향성을 파악하여 나를 더 잘 이해하고 있다는 느낌이 든다. 이 점을 감안하면 내가 사람을 이해하는 길은 타인의 성격을 파악하기보다 성향성의 이해가 더 중요할 것이다. 내 주위의 사람들을 시시비비로, 윤리적으로, 성격적으로 분석하기보다는 성향으로 파악하거나 이해하려고 할 때, 훨씬 더 좋은 관계를 유지할 수 있다. 그리고 나 역시 자신의 성향성을 파악할 수 있어야 자기반성, 자기성찰이 가능해지는 것이다.

사랑 후에는 무엇이 올까?

　부부 문제가 심각하다. 결혼이란 제도가 기본부터 흔들리는 듯하다. 부부의 문제가 한국 사회의 행복지수를 끌어 내리고 있다. 가정의 중추가 흔들리고 있으니 한 국가와 사회에 문제가 되는 것이다. 고해성사나 면담, 대화 중에 노출되는 부부들의 문제를 심각하게 의식하면서 독신자로 살아가는 나에게 결혼의 실체를 사색하게 한다. 한반도에 살던 조상들에서부터 합리적이지 못한 성 대결과 부부역할의 불균형으로 인해 파생된 결과일 것이다. 과연 결혼은 무엇이고 부부가 살아가는 과정과 원리는 무엇일까? 결혼은 로맨스로 시작된다. 사람만이 그런 것이 아니고 모든 생명체는 종족 번식과 발전이라는 숙명에 의해 성의 결합으로 나아간다. DNA는 그렇게 규정되어 있다. 리처드 도킨스의 『이기적 유전자』라는 책에 의하면 모든 생명체는 종족의 번식을 위해 낭만이라는 귀여운 사기술을 남녀, 암수가 서로 사용하여 성의 결합에 도달한다. 그런데 만물의 영장인 인류는 다른 생물체와 달리, 종족번식의 기능이 끝나도 여전히 성의 결합이 유지되고 있다. 또한 거기에서 인간만이 지닌 사랑의 갈등과 방황이 형성된다. 낭만이 끝나면 부부는 무엇으로 살아가야 할까? 결혼의 의미와 가치가 끝까지 유지되려면 어떤 원리로 살아가야 하는 것일까?

　우리의 인생은 결국 한 번씩만 경험하며 살아가는 과정이다. 유년기-소년기-청년기-중년기-장년기-노년기……. 매시기마다 그 특징이 있고, 그 시기마다 들어야 될 철이 있다. 그래서 시기마다 자신의 위치를 이해하고 그에 맞는 덕과 영성을 갖추어야 한다. 우리 인생은 변화하고 성장한다. 그러면서 하느님을 이해하는 관점도, 기도하는 방법도 바뀌게 되고 영성도 변화해야 하는 것이다. 나이에 맞는 영성을 이해하는 것을 에이징 영성(Ageing spirituality)이라 한다. 바오로 사도는 "내가 아이였을 때에는 아이처럼 말하고, 아이처럼 생각하고, 아이처럼 헤아렸습니다. 그러나 어른이 되어서는 아이 적의 것들을 그만두었습니다."(1코린 13,11)라고 말한다. 부부가 살아가는 삶 역시 과정이다. 변화한다는 말이다. 부부들은 인생의 각 시기를 어떤 마음으로 살아야 하는 것일까? 부부의 삶에는 세 가지 단계가 있다.

첫 단계는 낭만주의 시기이다. 이 시기에는 부동이화(不同而和)의 삶을 지향한다. 고운 정으로 살아가는 시기이다. 연애 시절에 서로 다르지만 일치를 이루기 위해 부동이화를 지향한다. 전에는 서로 다른 남남이었지만 하나가 되어 가정을 이루고자 하는 염원으로 닮아지려 노력한다. 서로 커플티도 입어보고, 커플링도 하면서 조금이나마 더 공통점을 찾아보려 한다. 그게 아니더라도 좋아하는 영화나 취미가 같으니 서로 잘 맞는다고 말했을 것이다. 사람들이 궁합을 보려는 것도 공통점을 찾아 결혼 전의 불안을 해소하고 싶어 하는 인간의 심리에서 나온 행동이다. 아마 콩깍지에 뒤덮여서라도 서로의 '다름을 넘어 화합'하고자 했을 것이다. 그때는 그럴 수밖에 없었을 것이다. 공통점만을 좇아왔고 그것이 최선인 줄 알았다. 그래야만 한 가정을 이룰 수 있었을 테니까. 그러나 부동이화는 시간이 지날수록 도전받게 된다. 우리라는 말이 울타리에서 나온 말임을 알게 되는 것이다.

이때, 두 번째 단계인 사실주의 시기가 도래한다. 가정사, 자녀교육, 경제, 삶의 잡다한 시시비비, 경우의 수, 합리적 판단의 차이 등으로 인해 부부는 현실의 벽에 부딪히는 체험을 하게 된다. 이 사실과 현실은 어쩌면 불혹의 나이를 넘어서면서 느끼게 되는데 동이불화(同而不和)의 시대가 다가

온 것이다. 서로 다른 너와 내가 하나가 된 줄 알았고 그래서 서로 닮아가는 줄 알았다. 그러나 시간이 흐르면 흐를수록 서로가 얼마나 다른가를 느끼기 시작하면서 화(和)가 도전을 받게 되는 것이다. "당신은 나와 어쩌면 이리도 다를까?" 나와는 다른 남편이, 다른 아내가 미워지기 시작하고 그 불화(不和)가 반복되면 어느 날에는 "잘못한 결혼은 아닌가? 저 이가 저럴 줄은 몰랐는데……" 하고 회의와 후회가 슬그머니 문을 열고 들어오게 된다. 결혼 주례사 때 "부부는 일심동체(一心同體)를 지향해야 한다."라는 말을 들었을 것이다. 신혼부부들에게 이 말은 어쩌면 낭만적으로 들릴지 모르고 그래야 하는 줄 알았을 것이다. 그러나 긴 세월을 함께 건너온 부부들은 알고 있다. '부부는 일심동체가 아니다.'라고……. 또 부부는 영원히 하나가 될 수 없는 것이라고, 그리고 하나가 되어서도 안 되는 것이라고 말한다. 하나가 될 수 없는 너와 나의 다름이 곧 부부의 실존이기 때문이다. 심리 학자가 말한다. 한 침대에 부부가 누워있어도 겉으로는 두 명이지만 사실은 네 명이라고……. 겉으로 보이는 두 명 외에 상대방이 서로 잘 모르는 다른 자아, 바뀌기를 바라는 상대가 더 있다는 것이다. 부부는 '서로 마주 보는 것이 아니라 같은 방향을 보는 존재이다.'라는 말이 있다. 그러니 결혼은 사랑과는 다르다고 보아야 한다. 사랑은 두 사람이 좋아하면 되나, 결혼은 사회적 책임이라는 현실을 기반으로 이루어 지기 때문이다. 먼저 사랑에 대한 신화를 깨야 한다. 사랑만으로 결혼생활을 하려면 문제가 생긴다. 결혼과 사랑은 다른 색깔을 지니고 있다. 그래서 신혼을 넘어와 나이 들어가는 부부들에게 말하고 싶다. "부동이화(不同而和)를 넘어 화이부동(和而不同)으로 넘어가야 한다고……" 신혼 때는 화(和)를 추구하려 했지만, 화를 이룬 부부들은 이제 부동(不同)을 화두로 삼아야 한다. 부부는 한 가정을 이루었지만 하나가 아니다. 서로 다른 존재임을 수용할 수 있어야 화(和)가 공허하지 않게 된다. 진정한 화는 부동을 수용한 상태이어야 한다. 부부가 '서로 다르다는 것'은 화낼 일이 아니라 참으로 아름다운 것이다.

이어서 우리는 어떻게, 어떤 마음으로 살아야 하는 것일까? 어떤 원리가 낭만이나 사실이 지나간 자리를 메꿀 수 있는 것일까? 인생의 후반부에서 겪게 되는 세 번째 단계는 인본주의 시기에 돌입하는 것이다. 낭만과 사랑과 의무가 끝난 다음에는 무엇으로 사는가? 그 옛날 기쁘고 들떠서 정신없이 해버린 혼배서약문을 부부들은 기억이나 할지 모르겠다. "성하거나 병들거나 일생 당신을 사랑하고 존경하며 신의를 지키기로 약속합니다." 사랑이란 단어만 기억이 나지, 그다음에 존경이라는 단어가 있었는지는 기억도 못 할 것이다. 그 사랑이라는 것이 어쩌면 숭고함 너머에 지구상의 모든 생명체가 사용하는 DNA적 속임수였을지도 모른다는 생각을……. 나이 쉰이 들면 알게 된다고 말들을 한다. 하지만 그럼에도 생을 부여잡고 추슬러 열심히 살아가야 한다면 그 힘은 어디서 얻을 수 있을까? 감동과 낭만이 끝난 다음에는 무슨 힘으로 살아가는 것일까? 존경으로, 정성으로 살아가야 한다. 속임수 같은 사랑 게임에도 불구하고 서로 간의 희생에 대한 감사요, 꿋꿋함에 대한 존경이어야 한다. 사랑으로 가정이라는 구조, 제도를 세우고 자녀를 키우며 일가를 이룬 부부는 이제 다른 가치관과 방법으로 살아야 한다. 제도 후에 오는 것, 탈구조의 시간이 지나면 그다음에, 그 제도를 넘어서는 것은 진정성이다. 진실하고 성실한 마음의 자세는 새로운 가치관이자 삶에 대한 방법이다. 이것을 '포스트 트루스(Post-truth, 탈진실)' 시대라고 한다. 1900년대 후반에 들어서면서 세계의 조류는 포스트 모던을 넘어, 포스트 트루스 시대에 접어들었다고 말한다. 진실에 관한 사실의 여부보다 감성에 호소하는 것이 대중에게 더 큰 호소력이 있다는 믿음에서 나온 말이다.

진정성의 시대에 부부가 서로를 대하는 방법은 사랑을 넘어선 존경심에 있다. 성실, 진실, 진솔 모두 진정성의 시대에 맞는 가치관이다. 쉰이 되어서도 낭만주의나 사실주의의 코드를 사용해서는 안 된다. 결혼기념일에 꽃 한 송이와 선물보다도 더 중요한 것은 상대를 측은히 여기는 마음이다. 늙어가는 주름, 탄력성을 잃은 피부, 흰머리들, 잔병치레…… 이러한 노화의 징후들을 애틋이 바라볼 수 있는 힘은 낭만만으론 불가능한데, 그것을 가능케 하는 정서가 바로 존경심이다. 존경하는 마음은 인문이고 휴머니즘이다. 노화, 죽음에 대한 묵상은 상대방의 존재를 새롭게 인식하도록 이끌어 준다. 엠이(M.E)에서 죽음을 묵상하고, 서로에게 직접 쓴 유서 읽기의 체험은 상대를 새롭게 인식하게 만드는 체험이다. 측은지심(惻隱之心), 애틋함, 인간애 등등의 마음은 존경심에 근거한다. '미운 정'이라는 말이 이해되면 부부는 비로소 철이 들어가는 것이다. 본래 이 두 단어는 성립불가다. 긍정과 부정의 조합이기 때문이다. 나의 반쪽을 진정성으로 대하게 될 때까지, 부부는 아직 철이 든 것은 아니다.

누구에게든 마지막 말은 하지 마라: 군유소불격(軍有所不擊)

한국의 자살률이 세계 최고인 이유는 무엇일까? 자살하는 사람은 벼랑에 서서 더 이상 다른 여지가 없다고 생각하여 극단적인 결정을 하는 것이리라. 그러나 정말 다른 여지가 없는 것일까? 외국에서 오래 살다 보니, 같은 상황을 직면해도 민족마다 응대하는 방법과 자세가 다르다는 것을 알수 있었다. 한국인의 정서 중에 고정화되고 경직된 부분이 많다는 것을 해외생활 중에 자주 느꼈다. 나 역시 예외가 아닌 한국인인데, 떨어져서 바라보니 전에는 몰랐던 우리 민족의 맹점이 보였다. "섬에서는 섬이 보이지 않는다."라는 말이 있지 않은가? 지리적 감각과 사고의 유연성 사이에는 적지 않은 관계가 있다. 중국에 살면서 나는 한국인들이 얼마나 단순한 사고의 동선을 가졌는지 느꼈다. 반도는 대양과 대륙으로 확장될 수 있는 지정학적인 유연성을 가지고 있지만 섬이라는 지리적 특성은 언제나 공간의 절박함속에 갇혀 있다. 상해에서 출발하여 중국의 여러 지역 신학교로 강의를 나갔다. 동서남북 위아래 좌우 모두가 나의 활동방향이다. 그런데 어느 지역에 폭설이 내리거나 태풍이 와도 돌아갈 길이 많다는 점이 한반도의 획일적 지정성과는 다르단 생각이 들었다. 에둘러 갈 수 있는 길이 많아, 강의시간에 도착하지 못할까 조바심을 낸 적이 없었다. 이 길이 안 되면 저 길도 가능하니 그만큼 공간적인 유연성이 큰 것이며, 이런 지정학적인 사실이 사고의 폭에도 영향을 미친다고 생각되었다.

다시 말해 공간의 유연성이 높은 환경은 의식 체계에도 영향을 주어 벽을 만나도 굳이 경직될 필요가 없고 억지 주장을 펼 이유도 적어짐을 알았다. 중국인의 대륙적 여유는 한국인이 지니지 못한 DNA이다. 한국인의 지리적 동선은 단순하다. 한반도에서 삶의 동선은 예로부터 남북으로 이루어졌지만 근현대 한국의 발전은 더더욱 남북의 축을 중심으로 이루어졌다. 항상 남북을 기본 축으로 삼고 살아왔으니 동선이 지나치게 획일적이다. 동서라는 좌우로의 공간 축은 겨우 몇 가닥의 길이 나 있을 뿐이니, 공간의 유연성이 매우 경직되어 있는 것이다. 북쪽으로 가려 해도 반도가 동강이 나서 갈 수가 없다. 섬이 아닌데 섬처럼 반 백 년을 넘게 살아왔다. 그러다 보니 사고가 경직되고 행동이 획일화되었다는 느낌이 든다. 이것이 아니면 저것일 뿐이다. 과거 고구려가 지녔던 북방 대륙으로의 외연 가능성은 조선 이후부터 막혀 지금에까지 이른다. 이데올로기의 경직성 속에서 정치는 대립과 갈등만 연출하였다. 북은 빨갱이로서 반공, 멸공되어야 할 적일 뿐이다. 정치적인 토론과 대화는 이판사판으로 가다가 결국 난장판으로 끝나기 일쑤이다. 대화와 소통이 없는 한국적 정치는 스스로 백척간두에 서서 진퇴양난을 자초한다. 이 모든 부정적인 문화의 표출이 지리적이고 지정학적인 한반도의 상황과 무관하다고 말할 수 없다. 중국의 지한파 작가 장홍제라는 사람도 비슷한 관점을 말한다. 중국은 부드럽고, 한국은 강한 것이 두 나라 국민의 성향 차이라 했다. 중국은 광활하고 기후변화가 커서 환경에 적응하는 관용을 배운 반면, 한국은 좁고 폐쇄적이다 보니 타협을 잘 모르는 강한 기질을 갖게 됐다고 지적했다. 그러다 보니 두 나라 국민성은 양극단으로 조급함과 느긋함이란 차이를 표출하게 된 것이라고 말한다. 어린 시절을 되돌아보면 "다시는 안 놀아, 다시는 안 볼 거야."라고 스스로 말하기도 했고 듣는 바도 많았다. 이제 끝이라고 너무 쉽게 말하지만, 인생의 다양함을 겪고 보니 그런 말은 쉽게 할 수 있는 말이 아니라고 생각되었다. 사람의 미래는 알 수 없고 그 사람이, 그 상황이 어떻게 바뀔지는 아무도 모르기 때문이다. "입 닥쳐!"라는 한마디에 "그래, 닥친다." 라고 말하면서 서로의 관계를 막장으로 몰아넣고 괴로워하는 사람도 많다. 가족 간에도 하지 말아야 할 말을 하여 평생 불목하며 사는 경우가 적지 않다. 잔인한 말은 삶을 쑥대밭으로 만들고 무례한 말은 화를 자초하며, 비꼬는 말은 앙심을 품게 만든다.

『손자병법』에 군유소불격(軍有所不擊), 성유소불공(城有所不攻)이라는 말이 있다. 공격해서는 안 될 곳이 있고 노려서는 안 될 성이 있다는 뜻이다. 전쟁에서 싸워도 크게 이득이 안되는 땅을 욕심내다가는 큰 것을 잃게 될 수도 있음을 경고하는 병법이다. 상대편의 약한 부분을 발견했다고 해서 덥석 물었다가는, 미끼에 걸려들 수도 있으니 경거망동하지 말라는 말이다. 인생도 작은 전쟁터와 같다는 생각이 드는 것은 관계의 복잡성과 상호 연관성 때문이다. 쉽게 말하고 경거망동할 일은 아닌 것이다. 인생을 살다 보니 아무리 힘들고 어려운 일이 생겨도 건드려서는 안 될 부분이 있다는 것을 알았다. 말과 행동, 마음에 모두 적용되는 원칙이다. 약점을, 아킬레스건을, 트라우마를 건드려서는 안 된다. 특히 가족들이나 친한 관계는 너무 가까워 서로가 서로에게 지피지기(知彼知己)이다. 그러니 전략상으로 매우 유리할 수도, 불리할 수도 있다. 어디에 소금을 뿌려대면 아파하는지를 너무나 잘 알고 있어 가족 간의 싸움이 막장으로 끝나는 경우는 그 마지막 말, 넘지 말아야 할 마지노선을 넘었기 때문이다. 홧김에 상대를 뒤엎을 치명적인 말과 행동은 결국 관계를 되돌릴 수 없는 지경까지 이르게 만든다. 그러니 가서는 안 되는 길이 있고, 해서는 안 되는 말이 있음을 알아야 한다. 어리석은 전쟁을 한다고 하더라도 때로는 돌아갈 줄 알아야 하고 버릴 줄도 알아야 하는 법이거늘, 인생의 전장에서도 기본이 되는 병법이 있으니 '정말 마지막 말은 그 누구에게도 하지 말아야 하는 법'이다.

"옳고 그름 사이에는 정원이 있지요. 거기서 만납시다!" 영화 〈다이애나〉라는 영화의 대사에 나온 말이다. 영국 황실로부터 배척받아 독자적인 행보를 결심할 때 만난 파키스탄 의사 하스낫 칸과의 사랑을 담은 영화의 대사에 사용된 시구다. 삶의 시시비비가 무 자르듯이 쉽게 잘리지 않는 것이 인생이다. 어린 시절, 팔을 걷어붙이고 침을 손바닥에 뱉으며 나와서 시비를 가리자고 싸웠던 기억을 생각한다. 그것은 철이 없어서 그랬다고 웃어넘길 수 있지만 나이가 들어서도 그러하다면, 그래서 시(是)와 비(非), 그 사이에는 중간이 없다고 산다면 그것은 무지와 폭력의 표출인 것이다. "누구든 남을 비판하고 싶을 때면 언제나 이 점을 명심하여라. 이 세상 사람이 다 너처럼 유리한 입장에 놓여 있진 않다는 것을 말이다." 바로 『앵무새 죽이기』에 나오는 말이다.

인생이라는 그림을 흑백이라는 두 가지 물감만으로 그릴 수 있다. 바로 '묵화'이다. 그러나 세상의 모든 화가가 그렇게 하지는 않는다. 세상에는 많은 색깔이 있고 사람의 삶도 흑백으로만 구분될 수 없기 때문일 것이다. 그러니 인생을 살면서 그 누구에게든지 마지막 말은 정말로 하지 말아야 한다. 오늘을 넘어 내일도 모레도 살아야 한다면 넘지 말아야 할 치명적인 행동과 말은 하지 말아야 하는 것이다. 한국의 이혼율이 높은 이유 중에도 부부가 금기의 선을 넘어 '그 마지막 말과 되돌릴 수 없는 행동'을 했기 때문일 것이다. 매주 매일 수 없이 방영되는 연속극을 보면, 정말 하지 말아야 할 말들을 너무나 쉽게 대사로 쏟아낸다. 사회가 몹시 아픈 이유 중에는 그런 드라마의 영향이 크다. 미국 펜실베이니아 대학의 인간 심리연구소에서 조사를 했다. 악한 말, 즉 상대방에게 해를 입히는 막말은 우리가 사용하는 전체 말 가운데 48.7%가 되고 반면 좋은 말, 덕을 세우고 사람을 살리는 말들은 25.5%밖에 안 되더라는 것이다. 언급하고 싶지도 않은 사람을 죽이는 말들이 매일 드라마 방송에 악역 연기로 불을 뿜어내며 우리에게 쏟아진다. 대부분 가족이나 사회의 관계 속에서 오가는 말들인데, 저런 드라마를 쓰는 사람은 누구이고 아무 생각 없이 방송하는 사람은 누구인가? 인터넷의 댓글은 한술 더 떠서 사람이 하는 말이라고는 믿어지지 않는 포악스러운 흔적들이 난무한다. 그 말을 하는 사람의 얼굴이 보인다면 도저히 뱉어낼 수 없는 수준의 언어를 사용하고 있다. 보면서 배운다는 말이 있다. 사회에서 사용되는 그런 말들이 은연중에 내 영혼에 젖어 들어 최면을 걸고 있다. 지금 한국 사회가 많이 아픈 이유는 사회적 최면상태에서 보고 배운 바가 크리라 생각된다. 그러므로 그 어떤 이유로도 그 마지막 말은 정말 하지 말아야 한다는 인생의 병법을 필히 지켜야 한다.

세상 모두에게 져주기: 미명(微明)

경쟁의 시대에 세상 사람들은 모두 이기려 든다. 나도 이겨야 한다고 배웠다. 모두 남에게 지면 살아남지 못한다고 알고 있다. 승자만 기억하는 사회임을 보고서 모두가 이기려고만 들고 있다. 성공한 사람은 매스컴을 통해 우상화되고 심지어 신격화된다. 성공하려면 틈새를 찾으려 노력해야 한다. 틈새를 찾았다고 안심할 때, 이미 같은 틈새를 뚫고 성공하려고 발버둥치는 다른 이들을 발견하고는 다시 경쟁에 뛰어든다. 그 속에서 경쟁력이 없는 서민들은 점점 무력해질 수밖에 없다. 모두가 내 세상으로 만들어야 하는 것처럼 달려든다. 악착같이 바둥거렸고, 달리고 노력해서 어느 정도 이루었다 생각하면 더 이겨야 할 대상이 한없이 내 앞에 펼쳐지고 있기 때문이다. 지금 한국인은 기쁘지 않고 행복하지 못하다.

내가 사는 뒷산에는 참나무가 많다. 저 깊은 숲에 누가 저리도 참나무를 많이 심었을까? 생각해 보면 금세 답이 나온다. 조금 모자란 다람쥐가 심었겠지. 심으려 한 게 아니라, 모자란 다람쥐가 겨울에 먹으려고 숨겨놓았다가 잊은 것이 싹트고 숲을 채운 것이라. 모자란 다람쥐가 숲을 키운 것이다. 만약 모든 다람쥐가 다 똑똑하고 기억력이 좋다면 숲에는 참나무가 살 수 없을 것이다. 『나무를 심은 사람』이란 소설은 모자란 다람쥐 같은 어느 노인의 이야기이다. 황무지에 매일 도토리 자루를 메고 심으려 다니는 노인의 모습을 보며 양치기 청년은 비웃는다. 그러나 십여 년이 흐른 후 청년이 다시 황무지를 찾았을 때, 참나무 숲으로 변한 모습을 보고 감동한다는 단순한 이야기이다. 우공이산(愚公移山)과 같은 일은 우직하고 뚝심 있는 사람만이 가진 힘, 세상을 키우는 저력이다.

세상에는 영웅과 천재들이 있어 발전하고 진보하는 것 같지만, 사실은 조금 부족하고 모자라며, 느린 존재들이 있어 세상을 가꾸고 우거지게 만든다. 세상의 참 주인공들인 셈이다. 눈을 바삐 움직이며 남보다 먼저 뛰어가고 남보다 먼저 오르려고 머리를 질끈 동여보지만 세상은 영웅들이 가꾸는 것이 아니다. 그들은 세상을 쥐고 흔들면서 자신의 한 생을 누리다 갔을 뿐이다. 세상에 바보들이 존재하는 이유는 모두 살기 위해서이다. 그들은 자기 밥그릇만 챙기는 약삭빠름도, 슬기로움도 없다. 틈새가 있어 만물이 서로 숨통을 트고 쉬어 갈 수 있는 것이다. 이리 치이고 저리 치여도 바보들은 굴러다니지만 그것이 세상으로 하여금 공생하고 상생하도록 해준다.

어느 구멍가게에서 다툼이 이는 것을 지켜보았다. 한 아주머니가 물건에 이상이 있다고 환불을 요구하고 있었다. 분명 무리한 요구같아 보인다. 주인이 더 큰 소리로 몰아붙여 손님을 내쫓는다. 겉으로 이긴 것 같지만 그 손님은 다시는 그 가게에 들르지 않을 것이다. 그러나 다른 반응이 있을 수 있다. 모르는 척 져주면 그는 평생 단골 한 명을 얻게 될 것이다. 하지만 손해 보려고 하지 않는다. 그러나 작은 손해를 보면 큰 이익을 얻는다. 거래의 기본이다.

지난 안식년 기간에 농사를 지었다. 농사는 잡초와의 전쟁임을 몸으로 알았다. 고구마밭의 잡초를 한 두둑 매고 돌아서면 이미 잡초가 다시 올라왔다. 무더운 여름날 땀을 뻘뻘 흘리며 밭에서 잡초를 뽑아내자면 입에서는 저절로 한숨이 새어 나왔고 짜증까지 났다. "하느님은 왜 이런 쓸모없는 잡초를 만든 것일까? 이 잡초들만 없으면 더운 날 이 고생, 땀을 흘리지 않아도 되고 밭도 깨끗할 텐데……." 그러나 책을 통해 요즘, 잡초를 다시 이해하고 있다. 사람이 농작물 이외의 식물을 잡초라 부르지만 존재가 있고 이름이 있으며 역할이 있다. 그 잡초도 사실은 중요한 의무를 띄고 이 세상에 존재하는 것임을 알았다. 비가 많이 내릴 때는 흙이 흘러 내려가지 않도록 막아주고, 너무 건조한 날에는 먼지나 바람에 의한 피해를 막아주고 있는 것이다. 또 진흙땅에 튼튼한 뿌리를 뻗어 흙을 갈아 부드럽게 만들어 주기도 한다. 만일 잡초들이 없다면 우리 땅은 흙먼지만 일어나고 비에 흙이 씻겨내려, 땅은 쓸모가 없게 될 것이다. 근래에 황사가 자주 일어나는 중국의 내몽고 지역은 잡초가 없어서 그런 것이다. 중국 대약진(大躍進) 시절, 초목을 베어 땔감으로 쓴 후유증을 톡톡히 치르고 있다. 그러니 우리가 잡초라고 천하게 여기지만 잡초야말로 땅의 진짜 주인인 셈이다. 옛사람들은 농사의 원칙으로 까치밥을 남겨둘 줄 알았다. '나도 먹고, 너도 먹어야 한다.'고 생각한 공생의 마음이다. 그러나 요즘 농사는 혼자 독식하려 든다. 그래서 비료를 뿌려 대고 수백 가지의 농약을 쳐댄다. 사람만 살려고 창조된 지구가 아니다. 사람만 살려고 하면, 사람도 살 수 없게 된다. 너도 살아야 나도 살 수 있는 것이 생태보호의 원리이다. 장자는 말한다. 소인은 소총명에 능하지만, 군자는 대총명을 생각한다. 소총명은 자기 밥그릇만 생각하는 것이지만, 대총명은 모두를 살리기 위한 대의이다.

내가 사는 길은 좁은 골목길이라서 마주 오던 차가 비껴갈 수 없이 좁다. 누가 먼저 양보를 하지 않으면 안된다. 누구든 우선권이 없고, 누구든 상대방에게 요구할 수 없다. 또한 양보해야 할 어떤 의무도 없는 상황이다. 두 운전자가 마주 보고 도무지 요지부동(搖之不動)이다. 서로가 비켜 주기를, 동상이몽(同床異夢)으로 운전대를 잡고 서로를 노려보고 있다. 눈을 부릅뜨고 상대가 후진해주기를 기다리고 있다. 그렇게 한참을 대치하다가 나와서는 말로 시비를 하다가 싸움으로 번졌다. 이런 비슷한 일이 관계에도 일어난다. 부부간에 먼저 져주기는 행복의 지름길이다. 억지로 이기려 하면 진다. 지는 것이 참으로 이기는 것이다. 역설 같지만 복음의 정신이다. 세상 모두에게 져주라는 것이 진복팔단의 진수이다. 선도 보지 않고 중매로 만나 평생을 운명처럼 살던 나라가 이제 성형에 목숨을 거는 나라가 되었다. 매스컴에 나오는 아이돌들의 모습은 마치 공장에서 뽑아낸 듯 한결같이 생겼다. 단군이 내려와 보면 우리가 한민족인 줄 알아는 보겠나 싶다. 그런데 모두가 다 잘하고, 모두가 다 예쁘면 이 세상 무슨 재미로 살아가야 할까? 그러면 그렇지 못 한 사람은 다 도태되어야 하는 것일까?

이러한 시대를 예견했는지 노자가 져주라고 말한다. 지는 것이 이기는 것이라고, 그래서 무위하라고 말한다. 행위를 해도 아무것도 하지 않는 것, 이것이야말로 노자의 가장 깊은 비밀이다. 톨스토이가 노자의 『도덕경』을 읽고 이렇게 말했다. "세상의 잘못되는 일은 무엇을 하지 않아서 그런 것보다 억지로 하려 드는 데에서 생기는 경우가 더 많다." 만일 일부러 '행하려고' 한다면, 당신은 말썽만을 일으키게 될 것이라는 말이다. 도덕경의 36장은 미명(微明)을 말한다. 미명은 희미하게 밝음을 뜻한다. 빛이긴 하나 약한 빛이다. 눈을 들어 볼 수 없는 태양 같은 강한 빛이 아니다. 그러니 은밀한 밝음이다. 자신을 드러내지 않음이야말로 세상을 이기는 방법이라고 말한다. 유약승강강(柔弱勝剛强), 곧 부드러움이 굳센 것을 이기고, 약함이 강한 것을 이긴다. 요즘 정치적으로 많이 쓰이는 "도광양회(韜光養晦)"란 말이 있는데 미명과 관계있는 말이다. 원래는 유비가 조조의 식객으로 있으면서 자신의 재능을 숨긴다는 고사성어인데 '칼날에 빛을 감추고 어둠 속에서 힘을 기른다.'라는 뜻이다. 과히 중국인의 의뭉스러운 심성을 담은 말이다. 겉으로는 어리석은 것처럼 보이면서, 속으로는 힘을 기르는 중국인의 엉큼함을 많이도 보았다. 1980년대에 중국의 덩샤오핑이 대외정책을 펼 때, 대외적으로 마찰을 줄이고 내부적으로 국력을 신장해야 한다는 지침으로 쓰이면서 유명해진 말이다. 그렇게 하여 개혁개방 40년이 지난 지금 중국이 국제 사회에서 강대국으로 우뚝 선(崛起) 것이다. 중국은 미국과 겨룰 정도의 실력으로 자랐으니 그것을 대륙굴기(大國崛起)라 말한다.

현대 문명은 욕심에 가득 차 있다. 세상은 승리와 성공을 원한다. 서로 먼저 더 많이 가지려고 하고, 서로 더 높아지려고 한다. 서로 이기려고 하지만 정작 그곳에는 평화가 있을 수 없다. 오늘날 세상에 분쟁이 많은 것도 바로 이 때문이다. 경쟁의식이 팽배한 현대에 지고는 못사는 사람이 많아졌다. 매사에 이기려고만 하다 보니 삶 자체가 긴장의 연속이다. 과다한 스트레스가 원인인 각종 질병이 만연하고 윤리와 도덕이 강한 물질주의 의식에 밀려 갈피를 잡지 못한지 오래되었다. 이제 우리는 진정한 행복이 져주는데 있다는 것도 한 번쯤 생각해 보아야 한다. 옛말에 "지는 것이 이기는 것이요, 정당하게 지는 것이 비열하게 이기는 것보다 더 명예롭다."라고 했다. 지는 것은 양보의 너그러움이며 정의의 또 다른 모습이기도 하다. 복음의 정신은 사랑에 있다. 그래서 겉옷을 달라면 속옷까지 주고, 오 리를 가자고 하면 십 리를 가주라는 예수님의 말씀은 세상에 져주란 것이다. 사랑하기 위해서는 져주지 않으면 안 된다. 부부가 사소한 일로 말싸움을 하다가 남편이 한마디 했다. "입 닥쳐!" 그래서 아내는 30년간이나 입을 악다물었다. 남편이 먼저 세상을 떠났는데 아내가 장례식장에서 대성통곡하며 울었다. 이겨서 얻은 것은 무엇이고, 남은 것은 무엇인가? 모든 관계가 그러하지만 특히 부부간의 문제는 하찮은 데서 시작된다. 아무리 작은 문제라도 자존심과 연결이 되면 트라우마가 된다. 서로 지지 않으려고 날을 세우지만 이겨서 남는 것은 공허함 뿐이다. 의식을 가지고 세상 모두에 져보자. 알지 못하는 행복이 스며들 것이다.

내 마음이 서야 너를 용서할 수 있어: 충서(忠恕)

　세상에 가장 하기 어려운 일 중의 하나가 '용서'라고 한다. 용서는 평화로 가는 마지막 문이다. 누구 하나 피해 가지 못할 문이다. 넘지 못하면 걸려 넘어져 문턱 앞에서 평생 쓰라린 가슴을 쓸고 있어야 할지 모른다. 용서하지 못해 분노로 새하얗게 밤을 지새 본 기억이 있는가? 용서하지 못하는 마음은 양을 백 마리 세어도 잠을 이루지 못한다. 세상에 용서하지 못하는 마음처럼 영혼을 옥죄는 감정이 또 있을까? 남을 용서하지 못하는 마음은 점차 굳어져 돌이 되고, 그 돌은 가슴속에서 구르며 생채기를 낸다. 종내에는 몸에 큰 병의 원인이 될 수도 있다. 용서하지 못하면 관계의 틈 속에서 끈적거리다 곰팡이가 피어오르고, 어느새 너와 나를 죽음의 천과 같이 하얗게 덮어버린다. 남을 향하는 원한과 미움의 비수들은 사실 스스로 먼저 상처를 입히고 남도 찌른다. 용서하지 못하는 마음의 저변에는 복수심이 자리 잡고 있어 남을 해하고자 하지만 사실 가장 큰 피해자는 용서하지 못하는 바로 자신이다. 사소한 부부싸움 중에 남편이 "입 닥쳐!"라고 했는데, 그로부터 남편이 죽을 때까지 삼십여 년간 입을 열지 않은 아내가 있었다고 한다. 그래서 남은 것은 무엇인가? 용서하지 못해 무엇을 얻었고, 무엇을 성취했다는 것인가? 아! 용서, 왜 그리 어렵고 왜 그리 잘 안되는 것일까? 용서의 개념을 잘 이해하지 못했기 때문은 아닐까? 용서의 본 의미를 처음부터 다시 생각해 보자.

우리가 용서(容恕)라는 말을 쓰지만, 사실 처음에는 충서(忠恕)라는 말이 먼저 있었다. 용서의 서(恕)는 충과 연결되어야만 비로소 온전한 단어가 되는 것이다. 충(忠)이란, 중(中)과 심(心)의 합자(合字)로 자기 마음속으로 성의를 다하는 충실의 뜻이다. 그리고 서(恕)란, 여(如)와 심(心)의 합자로 다른 사람의 마음을 자기의 마음과 같이 생각하는 일이다. 충이 있어야 서가 되는 것이니 충은 원리요, 서는 실천인 것이다. 내 마음이 서 있지 않으니 너에게 다가간들 용서가 될 리 있겠는가? 먼저 나의 마음이 정리되고 나서야 너를 용서할 수 있다는 것이 충서를 한 단어로 묶은 이유이다.

먼저 충을 살펴보자. 사실 충이라는 말은 가장 오도된 개념 중의 하나이다. 우리가 흔히 알기로 충은 윗사람에 대한 아랫사람의 공경스러운 태도를 의미하는 상하관계적인 말인데 원래는 그것이 아니다. 본래 충이란 글자는 '내 마음이(心) 흔들림 없이 중심을 잡는다.(中)'는 의미인데 반드시 서(恕)와 합쳐져야 하는 말이다. 충서라는 단어 속에는 두 개의 마음이 들어 있는데, 충속의 심은 나의 마음이고 서의 심은 너의 마음이다. 곧 나의 마음의 중심을 잡아(忠) 너의 마음과 같아지려는 서(恕) 행위를 충서라 하는데, 공자는 이것을 인(仁)이라 하였다. 충서는 나에게서 출발하여 너에게로 가는 과정, 곧 '내가 너를 용서하기 위해 나의 마음이 먼저 중심을 잃지 말아야 한다.'라는 뜻이다. 그러니 충의 본래 의미는 윗사람에 대한 아랫사람의 마음 자세를 의미하는 것이 아니라, 윗사람도 갖춰야 하는 올바른 마음가짐을 말함이다. 용서를 위해 내 마음의 중심을 잡는다는 것은 나의 자존심, 기싸움, 삐딱한 마음과 불순한 동기 등으로 인해 흔들리지 않는 곧음을 말한다. 자신의 중심을 잡아(忠) 그로써 남을 내 몸처럼 아끼고 배려해준다는 것(恕)이 바로 충서이다. 이렇게 충은 원래 자신과 다른 사람에 대해 마음을 다하는 정신자세를 의미하는 개념이었다. 그러나 한대의 동중슈(董仲

術)는 황제에게 통치의 원리를 제공하기 위해 충의 개념을 상하 수직관계로 바꾸어 충효(忠孝)라는 새로운 개념을 만들어 내었다. 충서의 수평적 개념이 정치화되어 수직적 개념으로 둔갑한 셈이다. 그래서 충효는 단지 신하가 임금에게, 자녀가 부모에게 드리는 수직관계의 예의로 변질됐다. 그러나 충의 본래 짝은 효가 아니라 서(恕)였던 것이다.

다음으로 서(恕)를 살펴보자. 풀어보면 그 안에 용서의 진정한 의미가 담겨 있다. 여(如)와 심(心)이 합쳐져서 이루어진 서(恕)자는 '남을 용서하는 마음의 자세가 서로 동등해야(如) 한다.'는 뜻을 지닌다. 흔히 용서를 해'주는 것'으로 알고 있다. 한때 드라마에서 유행했던 "너의 죄를 사하노라." 하는 말은 용서를 '해주는' 어떤 덤이나 하사품 같은 것으로 이해하는 표현이다. 실제 이러한 관념이 우리 자신의 삶 속에 들어 있다. "당신이 잘하면, 다시 말해 당신이 먼저 굽히고 들어오면 내가 다 용서해 줄 수 있는데……." 부부싸움이 칼로 물베기 같다지만, 부부간의 얄팍한 자존심이나 기싸움이 평생 갈 수 있다. 뻣뻣한 자세로 위에서 자선을 베푸는 것처럼, 선심 쓰듯 용서했다고 하지만 서운해지면 그 일이 찬 바람에 소름 돋듯 다시 돋아난다. 내가 네 마음을 이해하고 싶지 않은데, 여심(如心)이 되지 않은 상태에서 어찌 서로 온전한 용서가 이루어질 수 있겠는가?

복음에 용서의 위치적 미학이 아름답게 묘사되고 있다. 바리사이와 율법인들이 현장에서 간음하다 붙잡은 여인을 끌고 와 돌을 쥐고 서서 굽어보고 있다. 여인은 땅바닥에 무너져 있다. 그때 예수님께서 땅에 구부리고 앉아 뭔가를 쓰시기 시작한다. 무엇을 쓰셨는지는 중요하지 않다. 그들의 교만하고 심판적인 상하수직적 관계를 무너뜨리기 위해 앉아서 여인과 수평적 위치를 맞추신 것이다. 그들이 사라지자 주님이 눈을 들어 여인의 눈을 보며 말씀하신다. "다시는 죄짓지 마라"(요한 8,11). 진정한 여심(如心)이 이룬 아름다운 서(恕)의 장면이다.

'탕자의 비유'를 통해서도 드러나는 여심의 수평적 관계가 아름답다. 렘브란트(Rembrandt)의 명화는 진정한 용서의 관계를 역시 수평적 위치로 그려냈다. 고관대작의 대청마루 높은 곳에 서서 댓돌 아래 죄인으로 꿇어 엎드려 용서를 청하는 탕자의 모습으로 그렸다고 상상해 보라. 어찌 용서의 감흥이 전달될 수 있겠는가? 헐벗고 지쳐서 돌아온 아들을 보고 내려와 끌어안고 감싸주는 아버지의 낮은 자세야말로 진정한 용서의 여심이다. 반면 그 옆에 씩씩거리고 서서 분노의 삿대를 지르는 큰아들의 모습과는 얼마나 큰 위치적 차이가 있는가? 용서가 안 되는 것은 큰아들의 마음에 충이 서지 않아 동생과의 여심이 이루어지지 않았기 때문이다. 여심이 이루어지지 않은 마음이란 용서하면 손해 본다는 느낌, 얄팍한 자존심, 되갚아 주고 싶은 복수심이나 교만함 등이 토라져서 웅크리고 있는 것이다. 거만함에 가득 차 위에서 아래를 삐딱하게 굽어보니, 서가 이루어질 리가 없다.

자공이 공자에게 물었다. "말 하나로 종신토록 행할 만한 것이 있습니까?(有一言而可以終身行之者乎?)" 공자가 대답한다. "그것은 서(恕)이다."라고……. 성질 급한 베드로 사도가 잘난 척하며 "주님, 제 형제가 저에게 죄를 지으면 몇 번이나 용서해 주어야 합니까? 일곱 번까지 해야 합니까?"(마태 18,21) 하고 주님께 물어 온다. 나름 주님의 수제자라는 자각으로 부글거리는 마음을 꾹꾹 누르며 용서를 해주다가 의문이 들었나 보다. "용서를 해주다가도 어느 때가 되면 더 이상 용서해 줄 가치가 없을 지경까지 올 수 있지 않겠습니까? 그때는 따끔하게 혼내 줘야 할 필요가 있을 텐데 그것이 대략 여덟 번째쯤입니까?"라는 질문이다. 베드로가 하려는 일곱 번의 용서는 충에서 출발하지 않았으니 당연히 여심이 이루어지지 않은 서이다. 진정한 용서, 여심은 바로 눈높이의 사랑이다. 관계의 평등성이다. 아래를 깔아보는 눈을 거두고 허리를 굽혀 손을 마주 잡아 주는 것이요, 판단의 단상에서 내려와 어깨를 맞대고 다독거려 주는 것이다. 주님께서 말씀하신다. "일곱 번이 아니라 일흔일곱 번까지라도 용서해야 한다"(마태 18,22). 억지로 참고 세어 가며 봐주는 것이 아니라, 용서하지 않을 권리를 포기하라는 말씀이시다. 포기하면 관계는 춤을 추게 되고 너와 나를 하늘로 날아오르게 만든다. 용서의 공간에서 진정한 자유가 나온다. 그런데 우리는 주님의 이 말씀을 잘 살아낼 수 있을까? 누구나 평생 살아가면서 화두로 삼아야 할 것이 용서이리라. 용서는 인간이 할 수 있는 행위 중에 가장 신을 닮은 행위라 한다. 그토록 숭고한 행동이며 그래서 그리 어려운 일인가 보다. 그러나 누구든 용서의 문턱을 넘어가지 못하면 그 문턱은 걸림돌이 되어 평화로워야 할 발걸음을 채어 버릴 것이다. 내가 먼저 정리되고 흐트러뜨리지 않은 충의 마음을 간직하여 너에게 다가갈 수 있어야 한다. 하느님께 용서를 청하려면 먼저 이웃을 용서할 수 있어야 한다고 '주님의 기도'에서 말하니, 충에서 서가 나온다는 말씀이리라. 한 해가 저물어 간다. 아직도 가슴속에 용서하지 못해 힘들어하는 사람이 남아 있지는 않은가?

기다리지 마라! 기대하지도 마라!: 무대(無待)

　꽃은 아름답다며 칭찬한다고 해서 더 오래 피어 있지 아니하고, 못생겼다고 흉본다고 해서 먼저 시들어 버리지 아니한다. 보름달이 환하고 더 오래 버티지 아니 하고, 가을이 향기롭다고 하여 더 오래 머물지 아니한다. 자연은 스스로(自) 그러하니까(然) 자연이란 이름을 얻었다. 노자(老子)는 말한다. 자연은 불인(不仁)하다고, 무대(無待)하니까 불인하다고. 무대(無待)는 무념무상(無念無想)의 담백함이다. 집착이 없으니 기다리지도, 기대하지도 않는다. 기다리지 않으니 서운해하지도 않는다. 때가 되면 스스로 그러할 뿐이다. 그래서 자연은 스스로 소유유(逍遙游: 유유자적) 하는 것이다.

　사람들은 언제나 기다리고 기대한다. 왜 사람들은 항상 기다리고 기대하며 사는 것일까? 달력에 동그라미들을 쳐놓고 오직 그날만이 의미 있는 것처럼 기다리며 산다. 나도 어린 시절부터 그러했다. 아빠 엄마가 달력에 어떠한 표시를 해놓고 기다리시는 것을 보고 나도 추석이나 설날, 운동회 날에 동그라미를 쳐놓고 기다리며 무언가를 기대해 왔다. 그러나 기대한 바가 생각했던 것보다 그렇게 좋았던 기억은 별로 없다. 군 제대 날짜에 별을 그려 놓고 졸병들에게 매일 저녁 복창시키며 날을 세었는데, 막상 제대하고 보니 별것이 없었다. 복학하기 전까지 얼마나 무료하게 지냈던가? 제대한 그 해 봄, 개나리가 너무 흐드러지게 피어서 우울증에 걸릴 뻔하였다.

　사람만이 무엇을 기다린다. 지금 하고 있는 상황을 제쳐 두고 다른 일을, 다른 사람을 기다린다. 비슷해 보여도 기다림과 희망은 다른 것이다. 희망은 지금의 현실에 연장된 상황을 만들고자 함이나 기다림은 현 상황을 뒤 엎고 새로운 상황을 만들고자 함이니 순리에 어긋나는 일이다. 내일을 기다리며 오늘을 지겨워함이요, 새로운 만남을 기다리며 지금의 만남에 권태로워함이다. 열심히 저축하며 제집을 장만할 희망 속에 살아가는 사람과 로또 한 장을 사 들고 일주일을 멍하니 기다리는 사람의 마음을 같다고 말할 수 있겠는가? 누구나 기다리기에 기다림은 자연스러운 것처럼 보여도 사실은 그 안에 맹점이 있다. 기다림은 가치의 비교에서 나온 행동이기 때문이다. 이 일보다 다가올 일의 가치를 더 탐하고, 지금 함께 있는 사람보다 만날 사람을 기다리는 것은 가치의 비교 때문이다. 오늘을 제쳐 두고 내일을 기다리려 하지만 내일이 되면 그 일 역시 하나의 일상일 뿐이다. 내일의 천국을 기다리려다 오늘을 망치는 신앙이라면 그 믿음이라는 것은 얼마나 허무한가? 요원한 행복을 기다리고 머나먼 천국을 기다리며 오늘을 불행하게 사는 신앙인이라면 그 믿음에 무슨 의미가 있겠는가?

기다림의 다른 말은 기대함이다. 기다림 속에 기대함이 욕망이라는 똬리를 틀고 숨어 있다. 기대하기에 기다리는 것이다. 그러나 모든 상황이 나의 기대함에 부응하는 것은 아니다. 마음속의 달력에 달포 전부터 찬란한 동그라미를 쳐놓고 결혼기념일 선물을 기대하며 기다린다. 그러나 그날의 해가 다 가도록 선물은커녕 축하의 말 한마디도 듣지 못하면 마음속은 이미 결혼의 의미보다 미움으로 가득 차오른다. 성서에도 큰 기대감에 하루를 기다리다 망쳐버린 사람들의 얘기가 나온다. 아침에 일찍 포도원에 일하러 나왔다가 나중에 오는 사람들을 보고, 자신에게는 더 많은 품삯을 줄 것이라 혼자 생각하며 기대감에 부풀어 하루를 보냈다. 그러나 그 기대와 기다림은 금세 분노로 바뀌어 버린다. 주님이 오셔서 잘 대접해드리려고 동분서주하던 마르타가 드디어 큰 기대감에 예수님의 응원을 요청한다. 기대한 바는 동생 마리아를 혼내주고 자신의 수고와 노력에 칭찬을 듬뿍 주실 것을 기대했던 것이다. 그러나 주님으로부터 되돌아온 말씀은 한 바가지의 찬물과 같은 훈계였다. 요한의 어머니가 치맛바람을 휘날리며 예루살렘 입성을 앞둔 시점에서 다짐받으려고 주님께 나아온다. 두 아들의 출세를 위해 선수를 쳐야 할 절묘한 순간이라고 생각했을 것이다. 그러나 모든 제자가 주님과는 동상이몽으로 그렇게 한 자리를 기대하며 예루살렘을 올라가고 있었다.

욕심에서 나오는 기대감과 그것을 기다리는 태도는 관계를 좀먹게 한다. 기대가 무너지고 기다린 보람이 물거품처럼 느껴지면 관계에는 서운함이 가득 차고 마침내 분노로 부풀어 오른다. 서운함은 관계의 감기이고, 토라짐은 관계를 단절에로 이끈다. 하느님께 대한 기도 역시 기대감과 기다림이 서운함에 감염되면 토라짐에 이르고 하느님과의 관계는 단절에 이른다. 기도는 희망함이지 기대함이 아니다. 지나친 칭찬을 하지도 말고 기대하지도 말아라. 칭찬하다가 방향이 바뀌면 비방을 할 수 있다. 과도한 친절도 조심해야 하는 법, 보상받지 못하는 친절은 오래가지 아니한다. 유위(有爲)적인 인(仁) 속에는 많은 불순물들이 숨어있다. 계략과 위선과 욕심 등이 들어 있을 수 있다. 이것들은 유위이기에 덤이며 군더더기이다. 머지않아 상처받고 토라져서 방구석으로 들어가 버릴 것들이다. 흐르는 구름이 풍성한듯하지만 거품일 뿐이다. 높은 자리에 앉기 위해서 잠시 낮은 자리로 내려가는 것은 유대(有待)이다. 그러다가 위로 올라와 앉으라는 말이 없으면 서운해지고 한(恨)이 생긴다. 그 겸손과 예의, 친절과 교양 속에는 이미 유대(有待)가 들어차 있기 때문이다.

조바심을 내지 말아야 한다. 조바심은 인간만이 하는 억지요 앙탈이다.

어릴 때 반달이 야속하다고 느낀 적이 있다. 저 반달이 차면 추석인데……. 새 옷과 맛있는 음식을 기다리면서 밤마다 달을 보지만, 반달은 쉽게 차올라 주지 않는다. 그 반달이 야속했다. 나는 초조한데 잔인(殘忍)한 반달은 내마음을 아는 듯, 모르는 듯 반쪽 얼굴을 참 길게도 늘어뜨리고 있었다. 그반달의 불인(不仁)함을, 나의 기대감(有待) 속에서 어린 나는 작은 아픔으로참아야만 했다. 기다리다 가슴이 숯검댕이가 되어 본 적이 있는가? 기다림이 얼마나 괴로우면 애간장이 다 녹아난다고 했을까? 기다리다 기다리다아예 오장육부가 막혀버려 돌멩이가 될 수 있으니, 망부석은 기다림의 한(恨)이 결정되어 버린 것이리라.

기다림의 허상함을 가장 잘 표현한 작품이 사무엘 베케트(Samuel Barclay Beckett)의 『고도(Godot)를 기다리며』이다. 고도를 무작정 기다리는 두 노인의 이야기이다. 두 노인은 서로가 서로에게는 무의미한 듯 고도만 기다리고 있다. 고도가 누구인지 혹은 무엇인지조차 알지도 못한다. 아무 일도 일어나지 않고 아무도 지나가지 않는 시골길, 나무 한 그루 놓여 있는 곳에서언제 나타날지도 모르는 고도를 기다리고 있다. 고도가 오면 모든 것이 끝난다는 희망 하나로 지루한 하루하루를 지겹게 여기며 살아간다. 지루함을덜기 위해 두 노인은 끊임없이 대화를 하지만, 그것은 공허한 단어의 나열일 뿐이다. 언제나 옆에 있어도 서로가 하루를 어떻게 보냈는지 기억도 하지 못하는 그들에게 일상은 늘 지루한 하루의 연속일 뿐이다. 똑똑히 말할줄도 모르며, 타인의 말을 정확히 이해할 줄도 모르면서 그 누구를 기다린다. 그 누가 나타나면 무엇을 해야 할지도 모르고 기다리는 모습에서 사무엘 베케트는 현대인의 고독을 상정하고 있는 것이다. 기다리며 늙어가는 인간의 부조리를 묘사한 작품이다. 기다림을 포기하지 않기 위하여, 여전히살아 있음을 실감하기 위해 그들이 할 수 있는 일은 그냥 말을 하는 것이다. 서로 질문하고 대답하며 욕하고 장난하고, 그 자체론 의미 없는 일이지만 고도를 기다리는 이유 그 하나만으로 이 모든 망나니짓이 용서될 수 있을까? 누군가 "인간은 희망에 속아 사는 존재"라고 말했다. 누구나 희망을 설정해 놓고 기다리지만 그 희망이 얼마나 자주 기대에 못 미쳤는지 잘 안다. 희망이 현실화되는 순간, 거품이 꺼지는 느낌을 누구나 경험해 보았으리라. 잘 보라! 망(望)자 속에는 죽음(亡)이 한구석에 자리하고 있지 않은가?

누구나 외로움을 안고 산다. 함께 어울려 사는 것 같지만 그러면서 또 누구나 외로움을 겪는다. 오지 않는 전화기가 야속한 것은 유대(有待)의 집착에 머무르기 때문이다. 그래서 장자(莊子)는 말한다. 기다리지 마라. 기대하지 마라. 무대(無待)! 무대하게 되면 자신을 바라보게 된다. 나를 바라보면 충만하게 되니 그 무슨 외적인 것을 기대할 필요가 있겠는가? 기다림은 현존만 못 하다. 현존만이 의미를 지니는 것이다. '천국은 이미 지금 여기서 시작되었다.'라는 주님의 뜻, 천국은 저 산 너머의 무지개를 따라가는 것이 아님을 말해 준다. 옆의 존재를 제쳐 두고 알지도 못하는 고도를 기다리지 말고, 서로가 서로에게 고도가 될 수 있어야 한다는 말이다. 어쩌면 우리의 모습이기도 한 그들에게 말한다. 기다리지 마라! 지친다. 기다림에 지쳐 부르다 죽음에 이를 이름, 그 이름은 허상이라는 고도이다.

제	2	부		시	대	의		영	성	

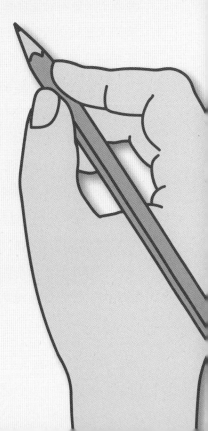

코로나19 시대, 부재와 결핍의 영성

산업혁명 이후 기계 문명이 인류에게 가져온 진보와 충족의 개념은 인간에게 행복을 가져왔다. 인구가 폭발적으로 증가하면서 사람들은 도시로 몰려들었고 대도시 기능을 위해서 많은 공장과 에너지 소비가 요구되었다. 시장에는 물건이 넘쳐나고 관계는 점점 더 복잡해져 갔다. 과학자들은 우리들이 살아가는 인류 문명에 문제가 있다고 수없이 지적 했지만, 그런 풍요와 밀집의 문화는 조금도 제동이 걸리지 않았다. 그러던 어느 날 코로나19 바이러스가 인간을 멈춰 서게 했다. 공장이 가동을 멈추고 비행기가 운행을 멈추고 사람들도 집 안으로 숨어들어야 했다. 시장은 텅 비어 있고 대형 운동장도 적막하게 되었다. 학교에는 학생들이 없으며 교회의 문도 굳게 닫혔다. 먹을 것이 부족하고 마실 것이 없으며 생활용품도 부족하게 되자 사람들은 아우성을 질러댔다.

가뭄이나 홍수, 지진이나 전쟁에도 일상은 계속되었지만, 눈에 보이지 않는 바이러스는 인류에게 한 번도 경험해보지 못한 '부재와 결핍'을 극단적으로 체험하게 만들었다. 그 어떤 것도 예외일 수 없었다. 정치, 경제, 문화의 전반적인 모든 영역에서 그런 부재와 결핍이 나타났다. 심지어 종교의 영역마저 예외가 아니었다. 신앙의 집회가 금지되고 신성시되던 교회의 법규와 금기사항들까지 허공 속으로 사라져 버렸다. 신마저도 부재하고 경건심은 결핍되었다. 신과의 관계, 인간들과의 관계, 물건들과의 관계 속에서 처음으로 겪게 되는 새로운 형태의 부재와 결핍은 우리 인류에게 충격 그 자체였다.

포스트 코로나를 이야기하면서 사람들은 잠시 어둠의 터널을 지나는 것이라고 스스로 위로했다. 일상의 회복, 진보와 충족의 시대가 다시 완전히 회복될 것이라고 믿었다. 그런 믿음은 코로나19 시대 3년 차를 지나면서, 서서히 의심하게 되었고 앞으로 얼마나 더 많은 시간을 이런 암흑 속에서 지내야 할 것인지는 예측 불가이다. 그래서 곰곰이 앉아 생각해 보니 성급할 일이 아닌 것 같다는 확신이 든다. 과거 인류가 살아온 삶의 결과로 나타난 바이러스였다면 방향이 수정되어야 한다. 만약 이대로 계속 더 나아간다면 결국 똑같은 잘못을 반복하게 될 것이다. 인류의 삶을 전환해야 할 때가 온 것이다. 인간의 집착에서 나온 진보, 풍요로움은 자연에게 오염과 불안정성, 죽음을 제공하는 꼴이 되었으니 인간의 자업자득인 셈이다.

앞으로 인류는 어떻게 살아가야 할까? 그 방법에 필요한 원리와 영성은 무엇일까? 그것은 '부재와 결핍'의 영성일 것이다. 인간의 입장에서 부재와 결핍은 악의 요소나 부정적인 측면으로 보이겠지만, 대자연의 질서 속에서 그것은 모두를 살리는 길이다. 집착하지 말고 욕심을 덜어내며, 본래 존재하던 관계의 거리를 유지해야 하는 것이다. 공생하자는 의미이기 때문에 자연과 인간이, 인간과 동물이, 인간과 식물이 공존하기 위하여 절대적으로 필요한 영성이다. 존재의 결핍은 우리 인간의 유한성을, 실존성을 인식할 수 있는 영성이다. 인간은 본래 그렇게 유한적이고 불완전하며 부족한 존재라는 것을 깨달아야 하는 것이다. 아니라고 박박 우겨대면서 인간 스스로 자화자찬하던 과학기술 문명은 이제 또 다른 바벨탑의 신기루였음을 인식할 때이다. 인간 자신의 업적에 놀라서 우리 스스로가 신의 경지에 오르게 된 줄로만 알았던, 그래서 '호모 데우스'를 선포했지만 그것이 신 앞에서 얼마나 가소로운 일이었는지 인식할 때가 온 것이다.

인간은 살아있는 한 욕망의 지배를 벗어날 수 없고, 그러므로 항상 결핍을 느끼며 살 수밖에 없다. 욕망은 결핍의 빈자리를 메우려는 것에서부터 생겨나기 때문이다. 우리는 많은 이별을 하며 살아간다. 애초에 우리가 가지고 태어난 것은 아무것도 없다. 살아오면서 만나게 되는 모든 것들은 본래 덤으로 얻은 것들이다. 사람도 물건도 지식도 따지고 보면 우연히 갖게 된 것이다. 그런 만큼 그것들은 어느 날 우리를 떠날 수 있다. 그럼에도 우리는 이것들의 부재를 슬퍼하고, 그 부재로 인한 결핍감에 고통스러워한다. 그런데 이 슬픔과 고통의 근원에는 우리의 욕망이 있다. 우리는 무엇인가를 욕망함으로써 나를 채우려 한다. 그리고 그 욕망하게 된 무엇인가가 나를 구성하며 규정하고 있다고 믿는다. 내가 얻은 지식이나 직업, 내가 가진 재산이나 가족으로 나를 설명한다. 그래서 더 많이 가지려 하고, 더 많이 얻으려 한다. 하지만 욕망은 채워지지 않는 것이고 가진 것들은 또 언젠가는 사라지게 마련이다. 때문에, 우리는 우리의 욕망을 채워 줄 것의 부재와 그것들이 사라지고 남은 빈자리의 결핍을 항상 경험하지 않을 수 없다. 삶의 슬픔과 고통은 모두 다 이런 부재와 결핍을 거부하려 들면서 생기는 것들이다. 의도한 바는 아니지만 인류 모두는 바로 지금, 코로나19 시대를 겪으면서 그 이면의 부재와 결핍을 적극적으로 바라보아야 할 때이다. 부재 속에서 존재가 드러나고 결핍 속에서 충족의 가치가 발견되는 것이기 때문이다. 자연의 질서 속에서 인간도 예외가 아니라는 것을 알아야 한다. 인간의 우위적인 집착과 행동을 멈추면 대자연의 질서는 회복된다. 스스로 그렇게 회복이 되기에 자연인 것이지 않은가? 비무장지대의 놀라운 복원력을 보았다. 자연은, 우주는 우리에게, 인류에게 멈추라고 말하고 있다.

한국 사회의 유교적 구조주의의 모순과 탈해법

한국 사회의 큰 문제점들은 대부분 사회 구조에서 유발된다. 부조리, 비리, 악행, 불의, 관습 등은 시·공간적 구조 속에서 견고하게 짜여 악의 힘을 발휘하고 있다. 시간적인 구조의 맹점은 혈연적 관계, 유교의 문화적 개념 등에서 나온다. 그리고 공간적 구조의 악은 지연, 학연이라는 시스템 속에 존재한다. 미투 현상이 단지 한국에서만 문제시되는 것은 아니지만, 한국 사회에서 그것은 단지 윤리적이고 인격적인 영역만의 문제가 아니다. 군자와 사대부라는 전근대적 남성 중심의 사회와 문화(masculine culture)가 발휘하는 성적 폭력성과 비리가 깊은 저변부에서 작용하고 있는 것이다. 남북 간의 분열과 갈등 역시 이데올로기적인 구조 속에서 정치, 경제, 군사적 문제가 충돌을 일으키고 있다. 이렇듯 한국 사회의 문제점은 전반적으로 '구조적 악'에 있다. 그래서 시스템에서 오는 문제들은 견고하게 사람을 억압하고 통제한다. 한국이 행복할 수 없는 사회인 이유이다.

유교의 구조주의적 모순과 불의는 극단적 남성 중심주의에 있다. 소위 '사대부'라고 하는 정치적 위계질서와 '군자'라고 하는 인격적 기득권은 중국 사회에서 지난 3천 년간 부동의 가치관이자 윤리관이었다. 위정자들은 이러한 질서와 가치가 '충과 효'라고 하는 윤리적 행동 양식에 기초하여 민중을 쉽게 무력화시킬 수 있음을 알았는데, 그것은 일종의 사회적 최면인 셈이다. 유교적 인생은 규범과 명분으로 이루어진 명교(名敎)이다. 이름에 합당한 삶을 살아내야 하는 대의명분을 최고의 덕목으로 삼고 있으니, 유교는 윤리 교과서적이다. 어느 나라나 문화마다 통치계급이 사용하는 문화의 코드가 있고, 일반 백성들이 사용하는 문화의 코드가 달리 존재한다. 전자를 대전통(大傳統, great tradition)이라고 하고, 후자를 소전통(小傳統, little tradition)이라고 한다. 모든 민족문화 안에서 발견되는 현상이지만 중국의 경우에는 그 구분이 다른 어떤 문화보다 확연히 드러난다. 소위 대전통은 충과 효, 명분대의(名分大义)를 추구하는 명교(名教)적인 유교의 문화를 말한다. 또한, 소전통은 복과 부를 추구하는 민중의 생활원리로서 도교문화를 말한다.

구조주의(構造主義, structuralism)는 20세기의 한 철학적 흐름이다. 인간의 사상, 문화, 행동 등은 배후에 진을 치고 있는 구조에 영향을 받는 것이란 관점이다. 개인들은 자신이 행위하며 말한다고 생각한다. 그렇지만 사실은 이 구조가 말하게 하고, 행위를 하게 하며 욕망을 갖게 한다는 것이다. 그래서 인간의 자유, 이성, 주체를 인정하려 들지 않는다. 인간은 단지 구조와 사회적 환경(구조) 속에서 무의식적으로 행동하고 반응한다. 이에 반하여 일어난 해체주의(解體主義 혹은 탈구조주의, deconstructivism)는 그 견고한 시스템을 부수어야 한다는 주장이다. 프랑스 철학자 자크 데리다(Jacques Derrida)가 주장한 독자적인 사고방식으로서 철학, 예술, 문학, 건축 등 다양한 분야에 영향을 미쳤다. 구조적인 틀 안에서 이루어지는 모든 비인간적이며, 비인문적인 성향을 부수어야 비로소 인간다워지고 관계가 회복된다고 주장한다. "새벽종이 울렸네, 새 아침이 밝았네……" 외쳐 부르면서 우리가 뛰어든 곳은 구조였다. 대학, 대기업, 관공서, 병원 등등 많은 구조가 삶을 지탱해 주리라고 생각했다. 전후 한국 사회는 무너진 모든 구조를 재건하기 위해 안간힘을 써 왔다. 그래서 어느 정도 세우고 이루며 성취했지만, 그 속에서 인간은 보이지 않게 되었다. 지금 구조 안에서 경직되고 정형화된 한국 사회에 던지는 화두는 '탈구조' 작업이다. 그러기 위해서는 해체주의가 답이다. 남북문제나 지역, 계층 간의 갈등을 비롯하여 사회 전반에서 일어나는 문제들의 견고한 시스템은 인문성, 자유, 관용이라는 약 처방이 필요하다.

지금 한국 사회의 구조적 모순점이 드러나서 우리가 진통을 겪고 있지만, 결국 합리적인 해법을 찾아 치유해 나아가야 한다. 그 길은 먼저 구조의 해체에 있다고 본다. 매일 터지는 정경유착적 비리 역시 한국 사회가 안고 있는 구조적 모순, 곧 '지속 가능한 기득권자들끼리의 갑을적 관계망 형성'을 통해 체제의 기능을 안정적으로 유지해오고 있기 때문이다. 아파트의 획일적 구조, 검은색과 흰색으로 대별되는 자동차 색깔, 성형수술로 양산되는 비슷비슷한 얼굴들, 누구든 튀면 안 되는 보수적 사회, 질문과 토론이 없이 오로지 스펙만을 쌓는 교육의 현장, 영남과 호남을 갈라 대치되는 지역갈등, 대화나 타협을 배우지 못해 극한으로 치닫는 자살률 1위의 사회……. 이 모든 아픔과 불행적 요소들은 대부분 구조에서 나오니 행복하여지려면 먼저 구조가 해체되어야 한다. 한국 사회에 만연된 구조적 직선과 직각의 문화에서 벗어나, 곡선과 때로는 불규칙하고도 자유로운 각도로 살아볼 일이다. 동대문 디자인플라자(DDP) 건물 옆에서 버스를 기다리다 보면 해체주의적 건축 양식에 낯선 한국인들의 불평과 비판이 들려온다. '외계인 건물' 같다느니, '창고' 같다느니 하면서 당혹감과 비판을 쏟아낸다. 아파트의 각지고 반듯한 구조주의적 건축물에만 익숙한 우리들 사고의 현주소이다. 스페인의 구겐하임 미술관이나 사그라다 파밀리아 성당의 해체주의적 건축은 예술로 보면서, 한국에서는 수용을 거부하는 우리의 경직성은 해체되어야 한다. 한 사회의 구조를 이루는 모든 분야의 시스템들이 제 기능을 수행하려면 그동안 낡은 인간관계 구조를 타파하고 새로운 관계망을 형성해야 한다. 경계를 허물어라. 벽을 부수어라.

한국적 관계주의의 비복음적 허상

　한국인의 뿌리, 한국문화의 근저에는 관계주의가 있다. 관계는 현상으로서 모든 사람, 모든 민족이 지니는 보편적 상황이다. 관계를 맺지 않는 사람은 없다. 그러나 관계주의는 관계를 인위적으로 조작하려는 의도, 동기, 행동 등 관계의 역학적인 원리들을 일컫는 말이다. 호불호와 취사선택(取捨選擇)의 기준이 된다. 타인의 취향이나 선택에 따라 자신의 의견을 바꿀 준비가 되어 있는 관계 지향적인 삶의 태도이다. 관계적이란 상대적이라는 의미이다. 그것은 주체적이거나 자아적이라는 말과는 대조되는 말로써 곧 상황에 따라, 상대에 따라 나라는 주체의 반응이 달라진다는 뜻이다. 한국인은 끈끈하다. 끈의 문화이다. 서양의 단추(버튼) 문화와는 다른 문화의 코드이다. 끈은 실이다. 이어주는 기능도 있지만 한번 얽히면 풀 수 없다. 혈연, 지연, 학연이라는 한국적 끈은 한국적 갈등의 원인이 된다. 이 끈이 바로 한국인을 관계주의로 이끄는 주범이다. 촌수 따지기, 상하 구분, 신분 구분, 남녀 차별 모두 관계주의의 산물이다. 그래서 옥스퍼드 사전에 오른 단어들인 기수(kisu), 재벌(jaebul), 갑질(gabjil), 애교(aegyo), 화병(hwabyung) 등은 바로 한국적 관계주의의 개념들이다. 어느 한 본당, 어느 한 공동체, 어느 한 가족, 그리고 어느 한 사람도 예외 없이 한국적 관계의 거미줄에 걸려 허우적거리는 모습은 단지 드라마 속에서의 문제만은 아닐 것이다. 아! 한국 사회의 관계의 복잡함에 대하여 그 누가 겪어보지 않은 사람이 있을까? 나 혼자 잘하겠다고 해서 되는 문제가 아니더라. 관계의 그물에 걸리게 되면 의도하지 않은 문제들이 생기게 된다. 코로나19로 인해서 그 관계의 거미줄이 조금은 느슨해졌다. 그래서 관계가 자유로워지고 지난 2년 반 동안 담백하고, 깔끔하게 살았다는 사람들이 의외로 많았다.

관계주의는 객관적이고 정형화된 틀이 없이 유연하게, 적당하게, 신속하게 잘 알아서 관계를 형성하고, 서로 간의 신뢰 하에 움직이는 것을 뜻한다. 관계 속에 있다는 말은 곧 선을 탄다는 말이다. 서로 밀어주고 당겨주는데 우리가 '남이지 않기' 때문이라고 말한다. 이때 학연, 지연, 혈연 등 온갖 연고와 관계가 작동한다. 외국에 이민 간 한국인들이 하는 말, "일 처리하는데 있어서 다른 나라는 우리처럼 융통성이 없다."라고 투덜거린다. 그 말의 속뜻은 '적당히 알아서 해줄 것은 해줘야 하는 게 아닌가?' 하는 말이다. 그런데 그 '적당히'가 원칙, 기준이 없다. 관계주의는 서로 다른 관계에 끊임없이 영향력을 행사하려고 한다. 그래서 우리가 맺은 관계는 용서와 포용의 대상이고 다른 관계는 적대와 증오의 대상이 된다.

언어의 기능 면에서 보면 한국어는 상대를 염두에 둔 관계주의적 언어이다. 한국어는 정보기능(性, 객관성)과 관계주의(情, 주관성)가 혼합된 언어이다. 존댓말과 하대말을 구분하는 이유는 한국의 기수, 서열문화에 기원한다. 대부분의 서양 어법은 "예!"라고 할 것은 "예." 하고, "아니요!" 할 것은 "아니요."라고 말한다. 그러나 한국어는 상대의 질문에 따라 나의 답이 변한다. "밥 안 먹었지?", "예.(상대방의 지향), 안 먹었어요.(주체의 상황)"라는 말의 어법이 영어와 다르다. 영어는 팩트, 곧 나의 객관적인 상황에 맞추어 대답한다. 식당에서 음식을 시킬 때 한국인은 먼저 물어보는 말이 "너, 뭐 먹을래?"이다. 상대를 배려하고 관심을 가져주는 친절함으로 읽을 수도 있지만, '네가 먹는 것에 따라, 내 메뉴도 바뀔 수 있다.'는 의미도 들어있다. 외국인들이 한국어를 배우면서 가장 어려워하는 개념이 '우리'라는 말의 사용법이라고 한다. 자기 아내를 친구에게 "우리 와이프야."라고 소개하면, 외국인들은 고개를 갸우뚱거릴 수밖에 없을 것이다. "내 엄마"보다도, "우리 엄마"라고 말하는데 더욱 익숙한 것이 한국인의 언어 습관이다.

한국인의 이러한 언어의 사고적 배경은 어디에 기인하는 것일까? 한국인의 교육 개념 중에는 지나치게 공동체 관념을 중시하는 경향이 있다. 초등학교 시절에 '뭉치면 살고 흩어지면 죽는다.'라는 표어를 선생님에게서 자주 들었던 기억이 있다. 그래서 홀로 튀는 것을 자제하고 남이 튀는 것에도 눈총으로 경계하고 제지하였다. 그러다 보니 한국인의 교육은 각 개인의 독창성과 독립성을 제대로 교육하지 못했다는 생각이 든다. 일본의 식민지 사관에서 받은 교육의 찌꺼기가 남아 있다는 생각도 들지만, 혼자라는 개체가 존경받지 못하고 추구되지 못하는 것은 우리 민족의 DNA 안에 자리 잡은 우환의식에 기인하는 것은 아닐까? 그러나 우리라는 동질성과 단합성의 이면에는 배타성과 편파성, 차별성이 숨어 있다. 가난한 나라에서 찾아 와 일하는 노동자나 난민들에 대한 혐오, 냉대, 차별은 우리가 아니기 때문이다. 그러나 건강하지 않은 '우리'는 공동체와 구성원들 간의 관계마저 갈등을 야기한다. 왕따와 편파, 파벌문화가 유난히 심한 한국적 상황이 기인하는 이유이다. 5천 년의 역사 안에서 잦은 외부의 침략으로 인해, 무리 지어 있으면 혼자 있는 것보다 덜 위험하고 서로에게 힘이 되기 때문일 것이다. 자연의 생태계에서도 혼자 있으면 위험한 경우가 많다. 그래서 수천, 수만 마리의 고등어 떼들은 무리 지어 피시볼을 만들고, 고래의 먹이 사냥에 대응한다. 이러한 전략과 같이 우리 민족은 공동체를 강조하며 외세의 침입에 대응한 것은 아닐까? 혼자 있으면 두렵기 때문에 생긴 민족 나름의 생존전략일 듯싶다. 인간의 생존경쟁과 전략안에 민족적 트라우마가 작용하는 것이다. 그래서 서로 무리 짓기를 좋아하고, 공동체성을 강조하는 과정 중에 '나'라는 일인칭보다는, '우리'라는 복수인칭을 쓰는 언어 습관이 생긴 것은 아닐까 생각한다. 사실 강강술래의 놀이는 바로 전쟁의 불안을 극복하고 외세의 침입에 공동 대응하고자 했던 우환적 상황에서 나온 놀이라는 점에서 이러한 가설은 더욱 설득력이 있다고 본다.

여러 가지 통계에 의하면 한국 사회는 불행하다. 잘 살면서도 우리가 더 불행한 이유는 관계주의 문화 그리고 그것에서 비롯한 수직적 가치관에 있다. 가족주의 문화가 만연한 한국 사회에서 수많은 개인이 '내가 너무 튀는 것은 아닐까?' 하는 생각에 속내를 드러내지 않고 자신의 욕망을 제풀에 꺾어버리며 살아간다. 그것은 거꾸로 건강하지 못한 사회 공동체를 구성하는 원인이 된다. 개인이 할 수 있는 일이 있고, 함께 하면 더 힘이 나는 일이 있지만 이것을 구분할 줄 알아야 한다. 그러나 한국인은 모두 함께해야 하는 줄 알고 관계를 강요한다. 싫은 것은 싫다고 말할 수 있는 건강한 개인이 있어야 함께 사는 관계도 건강할 수 있다. 건강한 관계, 공동체가 가능한 것이다. 한국 사회를 더 불행하게 만드는 굴레가 전근대적인 집단주의 문화이고, 우리에게 부족한 것은 근대적 의미의 합리적 개인주의이다. 한국적 '우리'에 의해 단죄받은 단어인 '개인주의'야말로 르네상스 이후 현대에 이르기까지, 인류 문명의 발전을 이끈 엔진이었음을 우리 역사는 가르쳐 본 적이 없다. 그러나 시대가 변하고 있다. 국제적 감각에 적응하는 요즘 젊은이들이 개인주의화 되어 가고 있다. 그들이 기성세대를 비판하는 가장 큰 이유는 관계주의 문화에 대한 거부이다. 꼰대, 라떼라는 표현들에는 그들의 거부감이 들어 있다.

한국 문학의 소재는 모두 관계 속에서 생기는 오욕칠정(五慾七情)의 현상들을 다루고 있다. 꿈, 상상력, 동화적, 신화적, 우화적이지 않다. 그렇기 때문에 한국 문학은 의미는 있지만 기쁨이나 환희, 감동이 없다. 삶의 질곡만을 다룬다. 너무 무겁다. 읽어서 기쁘지 않은 문학, 이것이 한국 문학의 현실이다. 우리 민족이 한 번도 노벨문학상을 받지 못한 이유가 여기에 있는 것은 아닐까? 우리 문학의 지형이 지닌 시·공감각의 부족, 소재의 빈곤은 모두 지평의 축소에서 파생되어 나온 문제들이다. 한국 문학의 주제들은 관계들의 갈등과 파생되는 충돌을 다루고 있다. 꿈과 동화가 존재하지 않는 문학은 자본주의적 찌꺼기만을 양산하고 있다. 물론 관계주의의 장점이 있기도 하다. 관계주의에서 나온 융통성과 적응력이 경제혁명을 가능케 했고, 초고속 성장을 이룬 힘이 되기도 한 것이다. 한국인의 병적인 관계주의를 미화시키는 말들이 있다. 예를 들면 배려, 다정다감, 임시변통, 유연성, 적응력 등등이 있는데 한국 경제성장의 동력이었을 수 있다. 한국 민족을 '정(情)의 민족'이라고 한다. 그러나 정은 그 이면에 상대성, 변동성, 비공정성, 우유부단, 비객관적이라는 약점을 지니고 있다. 그래서 일은 잘하나, 관계에는 서투른 민족이다. 경제에는 밝으나 정치에는 죽을 쑤는 이유이다. 여야의 갈등과 아수라장이 된 여론 정치, 국회의 파벌과 기싸움, 국제 관계에서 눈치를 보는 한국 정치의 현실은 자존감의 상실에서 연유된다. 지금까지 관계주의는 고도성장의 원동력이었을지는 모르지만, 미래에 한국이 나아갈 길은 아니다.

복음에서 제시된 진리와 행복의 길은 결코 관계주의에 있지 않다. 진리를 대하거나 사람을 대할 때 결코 사용하지 말아야 할 것들이 우리 안에는 너무 많은 것 같다. 복음 속의 '마르타와 마리아'의 이야기에서 한국인들은 언니 마르타가 동생 마리아에 대해 퍼붓는 비방과 하소연을 너무나 잘 이해하는 민족일 것이다. 서열 측면에서 보아도 그렇고, 우리가 그토록 비난해 온 개인 성향을 띠는 마리아의 태도를 얼마든지 단죄할 준비가 되어 있는 민족이다. 마르타의 행동은 자존감의 상실에서 나오는 결핍성 인격장애일 수 있다. 그러나 예수님의 판결은 다르다. 사람마다 지니고 있는 그 목소리, 개인적 소명에 관하여 간섭하지 말라는 것이다. 마리아가 마르타의 일에 관여하지 않았던 것처럼……. 마리아의 존재주의는 건강한 개인주의의 표상이다. 자존감이 충만한 사람만이 가능한 일이다. 진리를 마주 대하면 주위와 환경에 마음을 빼앗길 겨를이 없다. 진리는 절대성을 지니고 있기 때문이다. 마리아가 언니 마르타를 배려하지 않는 마음을 이기심이나 개인주의로 이해한다면 그것이 바로 한국적 관계주의의 개념에서 나온 판단일 것이다. 이제 우리 민족은 관계주의를 넘어서야 한다. 자존감 상실에서 연유된 한국인적 관계주의는 자아긍정, 자기충만, 진정성을 통해 치유의 길, 새로운 삶으로 나아가야 하지 않을까? 그 지난한 관계적 끈의 문화를 잘라내야 좀 더 행복해질 수 있을 것이다.

지금 우리는 신모계 사회로 회귀하는가?

나는 페미니스트도 아니고, 이 글의 목적 역시 여성 상위를 주장함도 아니다. 한국 사회의 현상을 객관적으로 보면서 지금 무슨 일이 일어나고 있는지, 그 원리와 사회적 메커니즘을 이해하기 위함이다. 시대의 징표를 읽어내야 하는 사제의 예언직은 미래의 사목 방향과 전망에 민감해야 한다. 과연 교회는 인간의 성(性)을 공평하게 이해해왔고, 그것을 사목에 적용해 왔는가? 사목적 측면에서 교회는 여성을 제대로 이해하고 있는가? 너무 늦지 않기 위해 정직하게 물어보아야 한다. 신자의 구성비에서도 7:3 정도로 우위를 차지하는 여성이지만 교회 안에서, 교계 안에서 여성은 예수 그리스도의 처신보다 훨씬 못 미치는 성적표를 가지고 있다. 공산주의 혁명가인 마오쩌둥마저 "하늘의 반을 떠받치고 있는 것은 여성이다."라고 말했다. 기나긴 세월 동안 한반도 사회는 남성 중심으로 살아온 불균성 속에서 헤게모니의 폭력성이 세상을 지배해 왔음을 역사는 기록하고 있다.

자연계의 원형은 모계 사회, 곧 일처다부제에 가깝다. 짐승들 역시 모계 사회가 주류이다. 여왕벌은 그 대표적인 경우이고, 사자 무리들을 보아도 수사자는 빈둥거리며 주위를 맴돌 뿐 무리를 이끌어 가는 것은 암사자이다. 코끼리 역시 암컷이 모계를 중심으로 무리를 이루면서 살아가는 사회적 동물로서, 수컷 혼자서는 살 수가 없다고 한다. 그런데 과거 인류가 살아온 삶의 방식은 자연계와는 정반대의 남성 중심 사회였다. 생존을 위해 자연과 경쟁을 하자니 협력, 협동, 협심이 필요했기 때문이다. 힘이 모이면 그 힘을 지배하는 통치자가 나오게 되어 있는데 남성이 그 축을 쥐고 있었다. 그런 힘의 문화를 'Masculin culture'라고 하는데, 직역하자면 남성 근육질 문화라고 한다. 그러나 정보와 IT, 인공지능의 시대에 그런 힘이 더 이상 필요치 않게 되었다. 여성이 지닌 위치와 능력이 새롭게 감지되는 현상들이 많이 보인다. 여성들도 충분히 힘을 축적하고 조종할 수 있는 시대가 되자, 상대적으로 신페미니즘이 도래한 것으로 느끼게 되는 것이다. 힘(Power), 권력, 근육, 남자가 할 수 있는 일들을 중심으로 이루어졌던 남성 중심의 사회가 몇천 년간 이어져 왔다. 그러는 동안 보호받아야 한다는 명분으로 지배당하고 소유의 개념으로 만들었던 여성성이 힘이라는 개념의 경제력으로 이동하면서 봉인이 해제되고 있다. 여성도 파워의 축이 될 수 있고 원하는 것을 얼마든지 할 수 있다는 말이다.

신모계 사회적 현상들은 자연스럽게 감지되고 있다. "화장실과 처가는 멀수록 좋다."라느니, "겉보리 서 말만 있어도 처가살이는 안 한다."라는 말이 있다. 옛날에는 집에 우물과 화장실이 동시에 있었는데, 화장실은 냄새와 오염의 문제 때문에 본채에서 가능한 멀리 배치했다. 당시 우리 사회가 남성 중심의 문화였으니 외척을 도외시하는 풍습으로, 먼 곳의 사돈을 더 선호하는 것은 자연스러운 선택이었던 것 같다. 요즘이야 친가보다 오히려 외가에서 아이를 돌보는 경우가 많다. 그러다 보니 처가는 가까울수록 더 좋고, 화장실은 거리 문제가 아니라 많을수록 좋은 것이다. 처가를 멀리하면서 남성의 영역을 지켜왔던 과거와는 달리, 이제는 시집살이를 노예처럼 느끼는 젊은 여성들은 아예 결혼을 포기하려고 한다. 폴리매스(Polymath) 시대에 육아 문제는 큰 걸림돌이다. 그런데 처가살이를 하게 되면 이 문제가 자연스레 해소되니 남자들도 처가살이를 불편해하거나 미안해하지 않는 시대가 되었다. 암탉이 울면 집안이 망한다는 속담도 수정되어야 한다. 암

닭이 울지 않으면 계란은 없다. 지금 결혼기피, 저출산이 한국의 미래를 흔들고 있다. 세상은 여성성의 존재와 가치를 깎아내려서 좋은 일이 생길 리가 없다.

　신모계 사회로의 회귀에 가장 중요한 역할은 예전처럼 여성의 출산 능력을 필요해서가 아니라, 사회가 발달하다 보니 인간의 행복 추구를 위한 각종 제도가 변화 속에 있다. 그러다 보니, 예전에 가지고 있었던 남존여비 사상은 남녀평등의 사상으로 점차 대체되어 가는 중이라 할 수 있다. 현대의 한국 사회에 가장 큰 문제점은 인구감소, 노인절벽이라는 사회의 문제이다. 이런 현상들의 가장 큰 키워드는 여성들의 결혼기피와 저출산이다. 주방이 폐쇄되고 있고 밀키트가 대세이다. 옛날에는 주방에 불이 꺼지면 조왕신 할머니에게 불경이라고 큰일 나는 줄 알았는데, 요즘 젊은 여성들은 주방에서 화력으로 조리하려 들지 않는다. 배달 문화와 렌탈 산업이 발전하면서 여성들 고유의 일이 변하고 있다. 힘보다는 정보가 중요한 시대에서 남성 편향성이 약화하고 있다. 종교계에서도 이런 현상이 감지되는데 수녀들이 본당 사목을 거부하고 성당에서 철수하고 있다. 사목의 현장에서 느끼는 불평등성에서 수도자들은 고유한 카리스마를 추구한다는 취지 아래 사업성 사목으로 전환하고 있다. 많은 의학자와 과학자들은 남자와 여자를 비교하기 시작했다. 모든 여성성을 가진 동물 중에 가장 발달한 여성성을 가진 동물이 인간 중 여자라는 동물이며, 그에 비하면 남자는 많이 미개하다고 연구되었다. 실제 생물학적으로도 여자가 남자보다 고급이라는 것이 증명되고 있다. 요즘의 남자들은 정자수도 점점 줄어들어 여성화되어 간다고 한다. 평등한 조건으로서의 경쟁에서 여성은 남성보다 더 사회적이고, 더 규칙적이며, 상대적으로 높은 지능지수와 지혜를 가지고 있다. 그러므로 점차 여성의 중요성과 비중이 확대되어 가고 있다고 보아야 한다.

남자들의 얄팍한 자존심, 하느님은 남자의 갈빗대를 뽑아 여자를 만드셨다. 그러니 여자는 남자의 종속물이자, 하등의 피조물이다. 내가 남자이지만 이런 표현을 들어 여성을 비하하거나 교회 안에서 여성의 역할을 폄하하는 근거로 들이민다면, 전혀 성서적이지도 않고 하느님의 사랑과 자비, 평등성에 위배된다. 새 시대의 새 사목! 여성을 잘 이해하자. 교회 안에서 남녀의 위치가 더 이상 균형을 잃어서는 안 된다. 반쪽짜리 교회로는 미래가 없다. 모든 종교 안에는 여성성이 초월적으로 존재하고 묘사된다. 인간은 여성에게서 태어나고 그래서 여성이 지닌 어머니라는 존재와 역할은 위대하다. 어머니만이 신의 창조사업에 직접 참여하기 때문이다. 가톨릭의 종교신심 안에 성모 마리아가 차지하는 비중과 중요성 역시, 하느님께서 인간이 되어 육화하는 과정에 여성의 자궁을 빌어 역사하셨음에 근거한다. 여러 종교 안에서도 여성의 존재, 모성의 위대함은 강조되는데 성서에서도 예외는 아니다. 예수님의 십자가 길과 죽음에 이르는 모든 과정에 남성 제자들은 모두 도망갔지만, 여성 제자들은 함께 했다. 부활의 첫 목격자요 증인들 역시 여성들이었다. 소위 거룩한 예루살렘 부인들이라는 이름으로 불리면서 그리스도의 구원 사업에 동참했던 여성들의 존재와 역할은 현대종교에서도 변함이 없다. 유물론자인 마오쩌둥마저도 여성의 존재와 가치를 긍정하는 명언을 남겼다. 그는 "하늘의 반을 떠받치고 있는 것은 여성이다.(婦女能頂半邊天)"라는 말을 통해 인민의 반은 여성이고 여성과 남성은 동등하다는 교시를 내렸다. 그 후로 중국 공산당은 여성을 중시하는 태도가 강조되었고 부녀절(婦女節)도 창설되었다. 그런데 3월 8일 부녀절(三八節)이 현대에선 여성을 욕하는 '산빠'라는 말로 타락해 버려, 그의 명언이 무색해졌다.

신모계 사회에 카산드라는 회귀하고 있는가? 카산드라 신드롬(Casandra syndrome)이라는 말이 있다. 진실을 말해도 받아들여지지 않는 현상을 말한다. 목마(木馬)로 유명한 트로이 전쟁의 이야기 속에 카산드라 공주가 등장한다. 그 미모에 반한 아폴론 신(神)은 미래를 보는 예지력을 공주에게 주었지만, 그녀가 자신의 유혹을 거부하자 아무도 그녀의 말을 믿지 않게 하는 저주를 내렸다. 카산드라의 "전쟁이 날 것"이라는 예언과 "목마가 재앙을 가져온다."는 경고도 트로이 왕은 믿지 않았다. 진실을 말해도 받아들여지지 않는 현상을 일컫는 '카산드라 신드롬'의 어원이다. 카산드라가 여성이란 사실은 무엇보다 중요하다. 카산드라는 대체로 사건 주변부에 머물면서 '주어진' 운명 앞에서 절망과 체념, 광기를 드러내는 인물로 그려진다. '남성신의 사랑을 거부했다.'는 죄로 저주받았고, 이 때문에 가족과 나라의 멸망에 대한 자신의 예언이 현실로 이뤄지는 것을 지켜봐야 했다. 이 시대에도 카산드라는 존재한다. 그 카산드라의 충고와 질책을 무마하려 들지 말아야 진실과 진리에서 우를 범하지 않는다. 역사의 교훈이다.

미래를 본 사람에게는 미래가 없다

새해에 새 달력을 받아 들고서 나는 무슨 생각을 해야 하는가? 다시 다가올 한 해, 우리는 미래를 대하는 방법을 고민하는가? 한 해 운수를 엿보려고 토정비결을 보는 사람이 많다. 재미로 보는 사람이 있는가 하면, 신문이나 인터넷으로 그날의 운세를 보며 하루를 시작하는 사람도 있다. 결혼이나 사업 또는 자녀들의 대학입시 등이 잘 될지 불안해 점집으로 발걸음을 옮기기도 한다. 어느 문명을 막론하고 인류의 역사에서 점성술은 시작부터 존재했다. 점을 보고 싶은 인간의 마음은 실존과 관계가 있다. 현실에서 마주치는 고통과 실패, 다가오는 미래에 대한 불안과 불확실성, 이것이 인간의 실존이다. 이를 해결하고자 하는 것이 종교이지만 감각적이고 이기적인 욕심은 채워줄 수 없다. 자신이 믿고 있는 하느님은 가려운 곳을 긁어주는 데에 느리고, 또 너무 냉정하다 못해 고지식하게 느껴지니 대안이 필요한가 보다. 내 마음을 잘 이해하고 속 시원히 필요한 대답을 감각적으로 쉽게 말해주는 무당이나 점쟁이의 신에게 살며시 다가간다. 현재의 불안함 속에서 보다 안전한 미래에로 벗어나고자 하는 희망이 담긴 인간의 본능이다.

미래를 볼 수 있는 기계를 만들어 자신과 세계의 미래를 볼 수 있게 된다면 어떤 일이 생길까? 영화 〈페이첵〉은 이러한 희망과 염원이 현실로 이루어졌을 때 일어날 일을 상상하며 만들었다. 천재적인 능력을 가진 과학자는 악당들에게 속아서 미래를 볼 수 있는 기계를 만든다. 이 기계를 창작한 뒤 미래를 보니 그 '읽혀진 미래'를 서로 탐내어 욕망이 분출되고 결국 핵전쟁이 일어난다는 것을 보게 된다. 아직 전염병이 돌지 않았어도 미래에 그런 일이 일어나는 것을 알고서 지레 겁먹고 더 큰 혼란이 생겨 진짜 전염병이 돌게 됨을 보게 되지만 악당들은 그래도 미래를 파악하고자 한다. 미래를 장악하면 돈이 되고 권력이 되기 때문이다. 결국 이 기계를 창조한 사람이 그 기계를 부수어 '미래를 미래로' 넘겨준다는 내용이 이 영화의 줄거리이다.

이 시대에 우리는 미래를 어떤 마음으로 대하고 있는가? 고대 이래로 인간이 점을 보려는 유혹은 아주 원초적인 근질거림이었다. 기계 문명이 발달하고 인지능력이 아무리 진보했다 하더라도 미래를 볼 수 없는 현대인들은 사주팔자를 입력하여 그 미래를 보는 기계를 사용하고 싶어 한다. 복권이 당첨될지, 국회의원이나 대통령에 당선될지 미래를 보고 싶은 유혹에 넘어가 미아리로 몰래 기어들어 간다. 4차 산업혁명으로 일컫는 정보통신 산업은 미래를 읽는 기술에 맞추어져 있다. 인공지능은 미래를 컨트롤하려는 기계이다. 과거에 있었던 일을 자료에 넣고 컴퓨터가 알고리즘(algorithm)이라는 방식으로 읽어내면 미래에 생길 수 있는 가능성을 확률로 알아낼 수 있다. 암세포를 일으킬 수 있는 유전자를 미리 바꾸고, 돈의 흐름을 분석하여 주식투자의 향방을 결정하기도 한다. 일주일의 날씨뿐만 아니라 한 달 후 공기의 흐름도 예측할 수 있다. 빅 데이터는 현재와 과거에 근거하여 미래를 결정할 수 있는 자료들을 제시해 준다. 내가 무엇을 원하는지, 내가 무엇을 선택해야 하는지 나보다 인공지능이 객관적인 면에서 더 잘 알고 있다. 그러니 미래는 인간의 것이 아니고, 인공지능의 계산 속에 존재한다고 말할 수 있다. 나는 모르는데 타인이 인공지능을 통해 나의 미래를 훔쳐보고 나를 조종할 수 있는 위험성이 높아졌다. 이런 상황 속에서 미래 우리 인간의 실존은 '현존재'가 아니라 '가상존재'가 될 수 있다.

누구는 미래를 파악하고, 누구는 그렇지 못하다면 그것은 공정한 게임이 될 수 없다. 경쟁의 장에서 패를 읽어 낸 사람, 파워를 지닌 사람들과 싸워서 이길 방법이 없으니 미래에 빈부와 권력의 불균형은 가속화될 것이다. 그렇다면 누가 자신의 실존에 투신하고 싶어 할까? 타자는 나의 미래를 알고 있는데, 나 혼자서 바둥거린다는 것이 얼마나 한심스럽게 느껴지겠는가? 무슨 성취동기가 있어 나를 삶에 성실하여지도록 만들 수 있겠는가? 유발 하라리는 인공지능의 힘을 빌려 인간은 2100년에 '호모 데우스'가 될 것이고, 그러면 인간은 더욱더 행복해질 것이라 말한다. 그러나 영화 속에서 경고하는 바는 '인간의 욕망은 결코 공정하거나 자애롭지 않으니, 파국으로 치닫게 될 것'임을 말한다. 영화 〈갓 오브 이집트〉에서 피라미드를 지키는 스핑크스가 생사를 가름하는 문제를 낸다. "나는 존재한 적은 없지만 언제나 존재할 수 있다(I never was, but I am always to be)." 나는 누구인가? 답은 내일이다. 점을 보려는 유혹은 미래를 앞당겨 현재화하려 함이다. 미래를 보는 사람에게는 노력과 성실도 존재할 수 없다. 더 이상 희망과 신비가 존재하지 않기 때문이다. 오늘에 투신하고 올인하려는 노력은 내일을 모르기 때문에 가능한 것이다. 내일을 가능성으로 이해하는 사람에게는 그것이 현실화될 희망을 지니고 있기 때문이다.

성경의 요한 묵시록은 예언서이다. 하지만 성경의 예언은 영화 〈페이첵〉의 예언과는 다르다. 그것은 시공을 초월해 계시는 하느님께서 상징을 통해, 인간에게 미리 귀띔해 주시는 하느님의 통치에 관한 길이다. 곧 묵시록의 예언은 세상의 생명을 회복하기 위한 하느님의 뜻을 반영한 것이다. 예언을 바르게 이해할 때 하느님의 의도대로 우리 인간은 그른 길에서 돌아와, 다시 회복하고 번영할 수 있을 것이다. 묵시록의 예언은 멸망을 예고한 것이 아니다. 회복과 충만한 생명이 있는 '새 하늘과 새 땅'을 예고한 것이다. 그러나 어떤 이들은 예언의 현상에만 집착하여, 예언이 마치 미래의 일이 그대로 일어날 사건의 시나리오라고 인식한다. 지금 인터넷 속에는 세상의 종말, 핵전쟁, 제3차 세계대전 등등 소위 영화 〈지옥의 묵시록〉적 예언들이 수없이 많이 올라와 있다. 또 최근 미국의 어느 사이비 예언자가 나타나 한반도 문제를 파국적 종말로 예언하여 불안감을 조성하고 있다. 북한의 핵으로 인해 한반도는 날아가고 세계는 파국으로 치닫는다는 것이다. 묵시록의 예언을 그렇게 이해하면 결국 사람들의 인생은 그로 인해 망하게 된다. 영화에 나오는 대사 중에도 "예언은 인간을 망하게 한다!"라고 경고한다.

복음에도 미래에 대한 궁금증에 근질거리던 몇 제자들이 예수님께 미래에 관해 살짝 여쭙는다. 그러나 예수님께서도 "그날과 그 시간은 아무도 모른다. 하늘의 천사들도 아들도 모르고 오로지 아버지만 아신다."(마태 24,36)라고 하셨다. 그리고 당신 스스로도 그 미래를 열어보지 않으셨다. 그분에게는 오로지 투신만이 있으셨고, 올리브 동산에서 홀로 피땀을 흘리며 현재를 고민하셨다. "아버지, 아버지께서 원하시면 이 잔을 저에게서 거두어 주십시오. 그러나 제 뜻이 아니라 아버지의 뜻이 이루어지게 하십시오"(루카 22,42). 미래가 불안하다면 그것은 인간의 내재적 불안이요, 죽음이라는 불확실성을 지닌 존재의 실상이기 때문이다. 그런 사람만이 삶을 신에게 맡길 수 있다. 인간의 자기확신, 자기결정은 모두 허상이며 신기루일 뿐이다. 그런 사람에게 미래는 은총이 될 수 있고, 그래서 현실이 암울해 보여도 살 만한 것이다. 결코 존재하지 않았었지만 언제나 존재할 미래, 누구도 보지 못했지만 언제까지나 살아서 숨 쉬는 모든 것에 신뢰를 주는 것이 내일이다. 하지만 그 미래를 훔쳐보고 싶은 마음은 유혹이다. 미래 예정설은 조금도 복음적이지 않다. 영화 〈페이첵〉이 우리에게 메시지를 전해 준다. 자! 기억하라. 그 미래를 연 사람의 종말을. 판도라의 상자를 열고 싶은 인간의 원초적 욕망을 과감히 내던져라. 갈 수 없는 곳만 가려고 하면 발밑의 보물을 보지 못할 수 있다. 미래는 현실에 충실한 사람에게만 문을 열어줄 것이다.

누구나 아큐(阿Q)일 수 있다: '정신승리법'의 보편적 성향

『아큐정전(阿Q正傳)』은 중국 문학의 놀라운 영역을 개척한 수작이다. 시대와 공간을 넘어 읽히고 있는 명작의 가치는 '아큐'라는 인물의 보편성에 있다. 소위 '아큐문화' 영역의 세계적인 현상 중에는 다양한 모습의 아큐가 많이 존재한다. 아큐의 '정신승리법(精神勝利法)'은 인류의 보편적이고 내재적인 병리 현상이다. '아큐정전'은 인간 역사의 흐름 속에서 평범하고 보잘 것 없는 한 인간, 남들에게 우쭐대고 싶어 하지만, 아무것도 가진 게 없는 열등 인간이 자신의 왜소함과 무기력함에서 벗어나기 위해 걸어갈 수밖에 없는 왜곡된 길이다. 나는 상해에서 루쉰을 전공하면서 '아큐'라는 가상의 인물을 접했다. 그의 정신승리법을 연구하면서 인간 안에 내재해 있는 그 보편성을 발견하였다. 그런데 나중에 도스토옙스키의 『지하생활자의 수기』를 읽으면서 놀라운 맥을 발견하게 되었다. 루쉰은 그보다 60년 후에 태어난 인물이다. 그러니 러시아 문학을 공부했던 루쉰 역시 그 책을 읽었을 가능성은 높다. 이 두 작품의 직접적인 연관성을 찾아볼 수는 없지만 내적으로는 놀라운 연관성을 발견하였다. "나는 병적인 인간이다." 이 소설의 첫 문장이다. 누구보다 똑똑하다고 자부하지만 실제로는 새로운 시대의 철학과 이념도 모두 경멸하며, 나아가 자기 자신을 가장 경멸하는 주인공 '지하 인간'은 기존의 소설에서 상상할 수 없는 새로운 캐릭터를 보여준다. 구린내 나고 추악한 지하에서 이십 년 동안이나 독기를 품은 채 살아온 한 남자가 자신의 이야기를 시작한다. 젊은 시절 하급관리로 사회생활을 했지만 친분

관계도 거의 없이, 모든 이들을 혐오해왔다. 한편으로는 자신을 무시하는 사람들의 작은 행동에도 심한 모욕을 느끼며, 온갖 방법으로 복수할 궁리를 한다. 실제로는 아무런 행동도 취하지 않는 무기력한 인간이지만, 세상 모두에게 증오를 보내면서 산다. 『지하생활자의 수기』의 내용은 마치 수치스러운 인간의 일면을 보는 듯한 느낌을 주는 것과 동시에, 우리가 감추려 하는 것을 낱낱이 고발한다. 이런 점에서는 봉준호 감독의 영화 〈기생충〉과도 맥이 통한다. 그에 앞서 21세기 소설가 랠프 엘리슨(Ralph Ellison), 영화 〈택시 드라이버〉에까지 영향을 준 것으로 평가되고 있다.

　일상생활 속에서 무의식중에 사용되는 정신승리법의 현상은 우리 민족의 속담이나 표현법에도 많이 들어 있다. '나 빼놓고 놀러 간 놈들 소나기나 맞아라.'라든지, '먹지 못할 떡에 침이라도 뱉자.'는 심보이다. 거절당하기 전에 먼저 거절하면 내가 주도권을 쥔 것이라는 자기 보상심리를 표현하는 말이다. 인간은 비교우위의 선택 본능을 지니고 있다. 나는 가지 못했기 때문에 그들이 본 영화가 재미없기를 바라는 마음도 같은 맥락이다. 마치 이솝우화에 나오는 「여우와 신 포도」의 이야기에서처럼 울타리 너머 닿지 않는 포도를 보고 여우가 "저 포도는 너무 시어서 맛이 없을 거야! 난 원래 신 포도를 싫어해."라고 중얼거린다. '종로에서 뺨 맞고 한강에 가서 화풀이한다.'라든지 "걔 만났어도 금방 헤어졌을 거야. 성격이 괴팍하거든……." 등등의 표현도 같은 맥락이다. 영어에도 비슷하게 '고홈&틱톡'이라는 표현이 있다. 노실색시(路室色視)라는 말 역시 '안방에서 노하고 시장에 가서 얼굴 붉힌다.'라는 의미로 같은 맥락이다. 하지만 내가 못 먹었다고 해서 모든 포도가 시지는 않을 것이다. 내가 가진 것은 달게, 내가 잃은 것은 시다며 생각하고 싶은 것이 정신승리법이다. 저 멀리 있는 포도보다 여기에 있는 레몬이 더 달다고 믿고 싶은 마음. 자기변명과 자기변호, 어쩌면 그것은 루저의 변이고 약자에 대한 갑질이다. 이 역시 정신승리법에 매달려 있는 옹이일 것이다.

　'아큐'와 같은 존재는 도처에 존재한다. 아큐는 홍콩, 베이징, 상하이에만 있
지 않다. 아큐는 우리 자신일뿐만 아니라 우리 모두이며, 우리 사회이고, 우리
국가일 수도 있다. 우리 사회를 들여다보면 아큐가 우리에게 겉과 속을 통해 보
여준 공허한 영웅주의와 가련한 패배주의는 전형적인 봉건 시대의 유산으로
여전히 곳곳에 뿌리 깊게 남아 있다. 대부분 인간은 아큐와 마찬가지로 자신을
합리화하고 정당화하는 정신적 승리법을 통해 자신의 삶을 왜곡하면서 편안해
하려 든다. 사실, 불행이란 인간의 삶에서 필연적인 요소이다. 대부분의 사람은
이를 극복하기 위해 그럴듯한 이유를 외부적인 원인으로 돌리거나, 다른 사람
의 더 큰 불행을 상기해내어 자신의 고통을 축소해 나가는 방법을 쓴다. 중국의
아큐는 자기냉소주의, 자기합리화, 자멸주의, 과장주의, 봉건적 패배주의 등을
내포하는 정신승리법이요, 일종의 자기최면 요법이다.

　어느 날 아큐는 도박판에서 돈을 많이 땄는데, 갑자기 싸움판이 벌어져 노
름판은 온통 수라장이 되었다. 아큐는 영문도 모른 채 온통 얻어맞고 발길질
을 당하며, 자기가 딴 그 많던 돈마저 몽땅 잃어버리고 말았다. 아큐는 집으
로 돌아와, 어떻게 해도 마음이 편치 않았다. 오른손을 들어 힘껏 자기 빰을
두세 차례 연거푸 때리면서 쾌감을 느낀다. 자기가 다른 사람을 때린 것 같이
느껴졌다. 그래서 그는 자기가 이긴 것처럼 으쓱해지면서 흐뭇한 마음으로
잠을 청한다. 그는 자기야말로 자기경멸을 제일 잘하는 사람이라고 생각했다.
아큐의 사고방식과 그것으로 유지되는 그의 삶의 방식은 '정신승리법'이라는
정신 현상에 있다. 그는 굴욕의 결과들을 자기합리화함으로써 그것이 스스
로 유익하게 보이도록 자기최면을 건다. 이는 자기도 속이고, 남도 속이는 기
만적인 행동으로서 자기멸시나 자아도취 등의 다양한 형태로 나타난다. 즉
실패와 굴욕이라는 현실 속에서 감히 이를 올바로 직시하지 못하고, 거짓 승

리로 정신적이나마 자신을 위로하고 자아를 마취시키거나 망각해버린다.

왜 우리 민족은 자아비판서를 쓰지 못할까? 양계초, 쑨원, 루쉰, 후쉬, 보양 등 중국의 지성은 자아비판서를 썼다. 그러나 한국의 지성이 이처럼 철저한 자아비판서를 쓴 적은 없다. 지금의 중국 발전은 이 자아비판과 결코 무관하지 않다고 생각한다. 신해혁명(辛亥革命)이야말로 지금의 중국을 있게 만든 결정적인 계기가 된 사건이다. 당시의 지성들은 외국을 돌아보면서 과거 중국의 자아 중심주의가 얼마나 보잘것없고, 개혁되어야 하는지 신랄한 비판을 가했다. 한국에 사는 외국인들이 느끼는 것 중의 하나가 바로, 토론이나 대화에서 외국인이 한국의 어떤 현상을 지적하면 한국인은 상처를 받는다고 한다. 외국에서는 캐나다의 축구가 별 볼 일 없다면서, 그러한 사실에 대해 캐나다인과 담담하게 얘기를 나눈다. 그러나 한국의 축구에 대해 비판을 하면, 한국인은 본인이 공격당한다는 느낌을 받아 감정적으로 되받아친다는 것이다. 한편 '헬조선', '어글리 코리안'이라고 하면서 자기를 부정하려는 얄팍한 심리의 소유자들은 현대판 아큐일 수 있다. 자신은 수준 높은 생활자이기에 추악한 한국인들과 어울려 살기에는 창피하고 부끄러워 떠난다는 논리이다. 사회에 대한 변화와 개혁의 노력보다는 자신의 영위를 위해서 취한 행동이라는 자기변명을 곁들이면서 말이다.

벤치에 두 사람이 앉아 있다. 누군가 다가와서 "왜 여기에 앉아 있습니까?"라고 지나가는 말로 물어보면, 마음의 상처를 받고 화내는 사람이 있다. 누구일까? 바로, 앉은뱅이다. 설 수 있는 사람에게는 이 말이 상처가 되지 않으나, 설 수 없는 사람에게는 상처가 된다. "그래, 나 앉은뱅이다. 왜, 어쩔래?" 하고 시비를 걸어올 수 있다. 설 줄 아는 사람은 설 수도 있고, 앉을 수도 있다. 자유로움이 존재를 편하게 한다. 그러기에 그 자유로움에서 관용과 평화가 나오고 흔들리지 않는 자아는 건전하며 건강하다. 토르 오게 브링스베르트(Tor Åge Bringsværd)의 시문 중에 "두 다리로 땅을 딛고 서 있는 사람은 말없이 조용히 서 있다."라는 뜻과 같은 의미이다. 또 "물방울은 거기 매달려 있지 않다."라는 구절이 있다. 물방울은 스스로 자신이 아름답다고 굳이 매달려 집착하지 않는다는 의미이다. 콤플렉스가 없는 사람은 자기 것에 대한 강한 집착도 없는 법이다. 과거 한반도의 역사 속에서 900여 차례가 넘는 외세의 침입으로 상처받은 자아이기에, 우리는 언제나 자신을 보듬고, 자아를 다독거리며 위로하고 살아왔다. 하지만 그것이 한이 되고 트라우마가 되는지는 모르고 있다. 진정한 애국심은 자아연민, 자아망상과는 다른 것이다. 한국을 여행하는 외국인들이 세계 제일, 세계 최대·최다 등등의 장소가 많음에 의아해한다. "한국인은 왜 최고만을 좋아하는가?" 하고 물어온다. 우리는 한국의 성공신화를 이루었다. 하지만 아직도 벗어나지 못하는 허상과 누(累)가 많이 있음에도 우리 지성들은 한 번도 신랄하게 해부하지 못한다. 올바른 비판과 논리적인 토론문화가 없기에, 객관적 사고가 서지 않아서 "그놈의 정 때문에" 하며 상처를 주고받는다. 집단에서 동질감과 소속감을 느끼고, 그 속에서 집단적 우월감과 만족감에 취해 있다면 그것은 다름 아닌 정신승리법인 것이다.

"가장 한국적인 것이 가장 세계적이다."라는 말이 있다. 하지만 그것은 우리가 자신을 위하는 소망일 뿐, 보편적인 것은 아니다. 자기 폐쇄적인 한국, 한국인이란 소속감에 대한 우월의식은 나르시시즘일 수 있다. 선진국 국민을 대하는 태도와 한국의 시골에서 만나는 월남 댁, 인도네시아 댁을 대하는 태도가 다르다면 그 다름의 기준은 어디에 근거하는지 정직하게 물어보아야 한다. 정신승리법은 자존감의 결여에서 나오는 내면의 질병이다. 이것을 넘어서는 건전한 '우환의식'은 참 자아를 바라보게 하지만, 이것이 결여된 민족은 진정한 자아반성을 이루지 못한다.

복음의 해체주의는 참된 해방이다

　나이 든 사람들은 더 이상, 그 구조적인 그물에 걸리고 싶어 하지 않는다. 예순을 바라보는 나의 지인들은 한결같이 혼자 살고 싶어 한다. 〈나는 자연인이다〉라는 프로그램처럼 살고 싶은 것이 로망이다. "살아보니 관계, 그거? 다 쓸데 없더라구!" 하지만 젊은이들은 그 억압된 사회의 구조 속으로라도 들어가고 싶어 안달이다. 얼마 후에 그들 역시 지치고 상처받아 되돌아 나올 것이다. 한국 사회의 구조는 그래서 관계의 블랙홀이다. 구조는 효율성의 결과물이다. 획일성과 신속성을 제공해 주기 때문이다. 구조주의는 단순화의 원리이다. 이미 답이 주어져 있으니 여지가 없고, 여유가 없다. 그러나 인간의 행복은 자유로움과 평안함에 기초하니 구조 속에서 인간이 행복해질 수 없는 것이다. 한국의 경제, 정치, 교육의 구조 속에 구축되어 있는 수많은 덫들은 올가미가 되고 우리들은 그것에 걸려 아파하고 있다.

　우리는 복음 안에서 해체주의적 가치와 원리를 발견할 수 있다. 아니, 예수 그리스도의 하느님 나라의 선포와 가르침이야말로 과거 구약적인 가치와 질서를 탈구조하고 새로운 길로 나아가는 해체주의의 전형이다. 복음 속에 나타난 해체주의는 참된 해방을 의미한다. 예수 그리스도께서는 바리사이들과 율법 학자들 그리고 유다교 지도자들, 소위 말하는 기득권자들에 대하여 새로운 계명과 계약을 선포하신다. "내가 진실로 진실로 너희에게 말한다"(요한 1,51). 구약의 경직성과 구조적 불의에 대한 항거의 표현이다. 그들의 위선을 향해 "회칠한 무덤"(마태 23,27), "네 눈에서 들보를 빼내어라."(마태 7,5) 하며 경고하신다. 또 "예언자는 자기 고향에서 존경받지 못한다."(요한 4,44)라고 지적하신 그분의 뜻은 구태의연한 타성과 습관에 대한 도전이었다. 새 포도주 대신에 묵은 포도주를 고수하는 그들의 편협함, 그래서 그들을 향해 "이 성전을 허물어라. 그러면 내가 사흘 안에 다시 세우겠다."(요한 2,19)라고 선포하신 것이다. 그들에게는 엄청난 도전이었을 말씀이다. 성전은 지성소, 하느님의 집이다. 하느님을 위한다는 그들만의 성스러움, 자신들의 행위에 관한 정당성을 확보하기 위한 믿음의 행위 속에 숨어 있는 위선과 거짓을 드러내기 위하여 예수님은 성전 정화를 하셨다.

행복선언 역시 참된 해방을 선포하신 것이다. "바람은 불고 싶은 데로 분다."(요한 3,8)라고 하신 주님의 말씀은 성령의 자유로움을 의미한다. 어떤 그물에도 걸리지 마라. 진리가 너희를 자유롭게 할 것이다. 갇힌 이들을 향한 진정한 해방의 선포이다. 바벨탑의 후예들은 자신들의 위대함을 드러내려 했지만, 결국 자신들의 교만함을 허점으로 드러냈다. 그것이 구약적 가치의 한계이고 맹점이다. 하느님으로부터 뽑힌 백성이라는 선민의식 안에는 교만이 숨어 있었다. 그러나 예수님은 말씀하신다. "하느님께서는 이 돌들로도 아브라함의 자녀들을 만들 수 있다"(마태 3,9). 그들이 걸려 넘어지게 될 엄청난 도전이다. 세례자 요한이 광야로 나간 이유는 기득권에 대한 도전이었고, 예수님께서 직접 세례자 요한을 찾아가 세례를 받으신 이유 역시 같은 맥락이다. 중풍 병자를 치유해주시면서 죄로부터의 해방을 선포하신다. 안식일의 참된 주인은 사람이어야 함을 선포하신 것이다. 그러나 기득권자들은 안식일 법규정을 지키기 위해서 인간이 그 안에 규정되고 통제되어야 한다는 엄격한 잣대를 들이댄다. 그것은 사랑이 아니고 자비도 아님을 드러내어 주신다. 오히려 예수님께서는 거룩한 분열, 거룩한 혼돈을 선포하신다. 아버지가 아들을 반대하고 딸이 어머니를 반대하며 둘이 셋을 반대하게 된다는 참의미는 '타협적 평화에 거주하지 말고 일어서라.'는 의미이다. "내가 세상에 평화를 주러 왔다고 생각하느냐? [⋯] 오히려 분열을 일으키러 왔다."(루카 12,51)는 것이다. 예언자는 고향에서 존경받지 못한다고 한탄하시면서 그들의 타성과 경직된 마음을 꼬집으신다. 탈출기에 나오는 해방, 파스카의 현대적인 의미 역시 탈구조주의 안에서 파악될 수 있다. 이집트라는 구조 속에서 가나안으로의 이동, 전이! 그것은 안일함과 거짓, 평화스러운 이집트의 안주에서 벗어나 새로운 땅으로 들어가기 위함이다. "두껍아, 두껍아! 헌 집 줄게 새집 다오." 어린 시절, 모래집 놀이를 하면서 불렀던 이 노래 속에는 구조에서 탈구조로의 요구가 담겨있다. 과거의 낡은 집이 해체되어야 새로운 집으로 넘어갈 수 있음을, 파스카의 진정한 의미가 숨어 있는 노랫말이었음을 이제야 느끼게 된다. 정석 깨기! 바둑의 교훈이다. 초보자들은 처음에 정석을 배우게 되고 그것이 그들을 승리의 길로 이끄는 기초임을 안다. 그러나 진정한 고수가 되기 위해서는 그 정석을 넘어서야 한다. 그것에 연연하면 더 큰 길을 갈 수 없기 때문이다. 정석을 넘어서는 길은 탈구조, 해체주의로의 전이에 있다. 사회뿐만 아니라 한 개인의 삶에서도 마찬가지로, 낡은 것들은 해체되어야 새로운 삶이 시작된다. 돌같이 굳은 심장을 드러내고 살처럼 부드러운 마음을 심어야 한다. 우리가 살아보지 못한 삶의 방식을 바꿔보면 다른 행복이 보일 것이다. 젊어서 세우고 이루고 채우다가도, 인생의 여정에서 예순이 넘으면 해체주의적 삶으로 들어가야 한다. '놓아야 행복해진다.'는 신빈(神貧)의 진리는 복음적이며, 그 가치는 영원하다.

포스트 트루스 시대, 우리는 무엇으로 사는가?

　공산주의는 인간의 마음에 욕심이 있다는 것을 부정하면서 무너졌고, 자본주의는 인간의 욕심 본능에 한계가 없음을 간과하면서 흔들리고 있다. 마키아벨리(Niccolò Machiavelli)는 "이윤 창출을 위해서라면 악을 사용할 필요가 있다."라고 말하는데 이것이 자본주의적 한계이다. 다다익선(多多益善), 실리, 뇌물, 편법, 꼼수, 사기, 거짓 등등 우리의 행동 원리 안에는 얼마나 많은 자본주의적 맹점이 자리 잡고 있는지조차 모른 채 살고 있다. 그런데 자본주의를 넘어서는 가치가 있다면 무엇이 있을까? 새 시대에 우리는 어떤 가치를 부여잡고 살아가야 할까?

　닉슨과 레이건은 둘 다 거짓말을 하였고, 모두 탄핵의 심판대에 올랐다. 그런데 닉슨은 탄핵받았고 레이건의 잘못은 용인되었다. 70년대 닉슨은 재선을 위해서 '워터게이트' 사건으로 알려진 배후의 거짓과 모함이 들통이 나서 결국 백악관을 떠나야만 했다. 그런데 20년 후 인질로 잡힌 미국인들을 석방하기 위해서 레이건이 이란 정부와 뒷거래를 한 것이 국민들에게 낱낱이 폭로되었다. 하지만 레이건은 자신의 마음에 대해서 국민들에게 정성껏 설명해 주었다. "나는 지금도 내가 한 행동이 미국 국민을 위해서 한 것이라 생각하고, 그 행동이 개인적인 양심에 위배되는 일은 없었다." 이 말의 진정성이 미국인들에게 수용되었던 것이다. 이 일이 있고 난 뒤에 '포스트 트루스'라는 단어가 생겨났다. 탈권위주의적이고 문화적인 민주주의를 추구하게 되는 오늘날 환경보호, 평등, 관용, 공존, 성적 소수주의 등

다양한 가치가 자신의 존재를 드러내게 된다고 말한다. 그 원리는 '진정성 (authenticity)'이다. 현상 뒤에 숨은 이야기와 흐느낌을 느끼고 이해하려면 마음을, 그 진정성을 읽어내지 않으면 안 되는 시대가 온 것이다.

1900년대 후반에 들어서면서 세계의 조류는 포스트 모던을 넘어 '포스트 트루스(탈진실)'시대에 접어들었다고 말한다. 진실보다 감성에 호소하는 것이 대중에게 더 큰 호소력이 있다는 믿음에서 나온 말이다. 정보 사회에서는 조작된 팩트나 현상에 현혹될 수 있는 위험성이 더 많아졌기 때문이다. 진정성을 대화와 소통의 방법으로 이해하는 시대가 된 것이다. 이치에 맞지 않으면 그 사람은 정말 아닌 사람이다. 그런데 그 이치라는 것이 시시비비, 흑과 백이라는 양극단밖에 없다. 논리적이고 합리적인 사고의 맹점이 판단 속에 갇힐 때 생기는 일이다. 과거 구조주의 틀에 갇혀 살면서 아파하던 사람들이 탈구조를 외치고 구조를 해체하기 시작했다. 사실이나 현상을 진실과 거짓이라는 이분법에 대입하려다가 그 구조 속에서 상처받고 아파했다. 하지만 믿었던 그 팩트, 현상이라는 것이 신기루와 같아서 보이는 것 같지만 사실은 없는 것일 수 있다는 것을 지난 반세기 동안 경험한 것이다. 특히 가짜 뉴스 시대, 공상 시대, 허구의 시대에 시뮬레이션 같은 과학의 허상과 환상이 실제처럼 연출되는 시대에는 무엇이 참인지 거짓인지 헷갈리곤 한다. 현대 문명의 가장 큰 특징은 이 사이비성에 있다. 사이비(似而非)는 '비슷한데 아닌 것'이다. 비슷해 보이나 실제와는 다른 내용으로 세상을 속이려 들고 있는 사이비 산업이다. 먹는 것도, 입는 것도 가짜, 증서도 학식도 모두 가짜다. 능히 '가짜 공화국'이라 불릴 정도다. 짝퉁 명품과 가짜 양주, 가짜 석유 등 불법 상품 제조와 유통, 판매로 인한 피해는 물건만 손해를 보는 것이 아니라 사람과 사람 사이의 신용과 믿음의 붕괴를 초래한다. 공정거래의 질서가 무너지고 국가 신뢰도와 경쟁력이 위협받고 있다. 이 모든 것은 우리에게 현상과 실제가 얼마나 허망한 것인지 경험하게 해 주었다.

그래서 포스트 모더니즘 이후의 새로운 삶을 방법과 가치관은 '탈진실 시대'라는 용어를 사용하면서 발전하기 시작한 것이다. 헷갈리는 현상이나 실제보다는 마음을 헤아려 보는 것이 더 현명하다는 것이 새 시대의 셈법이다. 진정하고 성실하며 사실적인 말과 행동, 그리고 진실한 사람이 의미가 있다는 것을 깨달은 것이다. 사이비 산업은 진정성 마켓을 이길 수 없다. 고객이 기억하는 것은 얄팍한 상술이 아니라 진정한 기업정신이라는 것을 알아야 한다. 미쉐린 타이어가 자신들의 타이어를 팔기 전에 먼저 맛집과 여행 가이드 북을 만들어 별점을 부여하기 시작한 것이 지금의 그 유명한 '미슐랭' 평점이다. 사람들이 여행을 많이 하고 맛집을 찾아 다니면 자연히 타이어도 잘 팔릴 것이란 먼 포석은 참 귀여운, 성실한 마음의 발상이다. 자본주의적 가치를 넘어서는 새 시대의 가치? 그것은 진정성이다. 착한 사람이 결국에는 이기게 되어 있다. 착한 사람, 착한 마케팅, 착한 기업으로 가는 과정에 새 시대의 방향이 설정되고 있다. 철학자들은 우리의 인류 앞에 펼쳐질 미래는 '착함'이 그 무엇보다 중요한 요소가 될 것이라고 전망한다. 그러므로 인생의 진정한 성공을 위해 인성, 도덕성 그리고 윤리의식 등으로 불리는 착함의 속성이 필요하다는 것이다.

성서 속의 진정성 있는 인물로는 단연코 아브라함이다. 나그네를 대함에 있어서도 정성을 기울이는, 정말 허하지 않은 듬직한 사람이다. 그래서 그는 믿음의 아버지가 된 것이다. 페니키아 여인의 진정성 있는 자세와 간청은 예수님의 농담 같으신 말씀마저도 녹아들게 만들었다. 복음에 "'네 마음을 다하고 네 목숨을 다하고 네 힘을 다하고 네 정신을 다하여 주 너의 하느님을 사랑해야 하고' '네 이웃을 너 자신처럼 사랑해야 한다.'"(루카 10,27)는 예수 그리스도의 말씀이 나온다. 인간이 신에게, 그리고 인간 서로에게 얼마나 성실해야 하는지를 하느님께서 말씀하신다. 그 성실함, 신세리티(sincerity)가 구원의 과정에 얼마나 중요한 덕목인지를 알려 주신 것이다. 사제들이 서품받고 나서 첫 미사를 드릴 때의 감동과 느낌은 평생 기억하고 있다. 그러나 20년, 30년 동안 똑같은 미사를 반복하며 얼마나 쉽게 타성화될 수 있는지 자신을 돌아보게 된다.

"나는 진정성 있는 사람인가?"라는 질문에 누구도 예외 없이 답변할 의무가 있다. 사람의 마음을 움직이는 것은 지적질이나 충고, 판단, 설득, 웅변이 아니라 마음 하나를 얻으면 되는 일이다. 일곱 번씩 일흔 번이라도 찾아가고 마음을 써주어야 한다는 예수님은 진정성의 달인이시다.

사실 우리 국민들의 옛 정서와 태도는 굳이 포스트 트루스를 말하지 않더라도 이미 그렇게 살아왔다. 그 심성을 대변하는 한마디 말이 있다면 정성(精誠)이다. 나는 가장 한국적인 종교적 심성을 '정성의 한국학'이라 말하고 싶다. 무식한 촌부라도 '지성이면 감천'이라 말하고, 조금 유식한 체하면서 '진인사대천명'이라 말한다. 이른 새벽, 정화수 한 그릇을 떠 놓고 하루를 시작하는 조선 아낙네들의 모습 속에는 역사에 점철된 한반도의 삶이 녹록지 않았음을 말해준다. 그 민족적 종교 심성이 DNA가 되어 오늘도 자식들 대학 입학과 남편의 승진을 위해, 가족의 평안을 위해 새벽부터 절을 찾고 교회로 모여드는 것이리라. 한국인의 종교적 감성은 치성(致誠)이다. 정성과 진실함으로 이 시대의 상처가 치유되어 공히 진정성의 시대라 불리기를 희망한다.

이 시대를 살아가는데 있어서 우리는 무엇이 되어야 할까? 어떤 사람을 이상으로 삼고 살아가야 되는 것일까? 똑똑한 사람, 일 잘하는 사람, 능력 있는 사람, 난사람……? 이러한 모든 가치관에서 우리는 행복을 찾을 수 없다는 것을 알았다. 결코 빠른 길도 아니었다. 진정성의 시대에 우리가 살아가야 할 방향과 이상은 선한 사람이다. 너무나 단순한 이 한마디!!! 그러나 인류가 정말 선하지 않은 시대에 우리에게 던져질 화두요 도전은 바로, "나는 선한 사람이다!"라고 외칠 수 있어야 한다. 그것만이 내가 행복할 수 있고, 너를 행복하게 할 수 있으며, 함께 공존해 나갈 수 있는 가장 빠른 길이고, 우리는 그것이야말로 진정한 성공이라고 말할 수 있어야 할 것이다.

포스트 트루스 시대의 사랑법

1960년대 포스트 모던을 넘어와, 이제는 가짜 뉴스와 거짓 진실이 난무하는 이 시대를 '포스트 트루스', 곧 '탈진실(脫眞實)' 시대라 한다. 사실을 왜곡하고 마음을 속이며 살지 않으면 안 되는, 현대 문명을 비판하는 신사조이다. 진실마저도 속이고 살아가는 이 세상은 자본주의가 만들어 낸 찌꺼기로 가득하다. 모든 수단과 방법을 동원하여 경쟁하는 사장의 원리와 자본의 이윤추구, 그것은 결국 사이비(似而非)적 문명을 낳았다. 말뜻을 직역하면 '비슷하지만 아닌 것'을 말하니 바로 비리(非理)이다. 언뜻 같아 보이지만 실제로는 전혀 다르거나, 아닌 것을 이르는 말이니 표리부동(表裏不同)한 것이다. 이처럼 가짜를 진짜인 것처럼 속이고, 거짓을 진실이나 사실인 것처럼 사기(詐欺)치는 행위를 사이비라고 처음 규정한 사람은 공자이다. 그는 "외모는 그럴듯하지만 본질은 전혀 다른, 즉 겉과 속이 다른 것은 사이비(似而非)이다."라고 말했다. 자본주의적 문명은 비슷한데 또 아닌, 가짜와 거짓의 짝퉁 문명이다.

90년대 후반부터 불기 시작한 시대적 사조가 바로 '포스트 트루스'이다. 해체주의를 통해 탈권위주의적이고 탈구조적인 삶을 추구하려는 현대에, 그 원리가 자본주의적 가치 체계를 넘어서는 '진정성(authenticity)'에 있다. 성실성이 타인을 대할 때의 마음가짐이라면, 진정성이란 영어 단어의 자의대로 나 자신의 마음가짐을 의미한다. 현상 뒤에 숨은 이야기, 맥락 속에서 흐느낌을 이해하고 공감하려면 그 마음과 진정성을 읽어내지 않으면 안 된다. 텍스트 너머의 행간을 읽어 내려면 진정한 마음의 자세가 필요한데, 바로 그 가치를 이해하는 시대가 도래한 것이다. 광고의 트랜드 역시 진실보다 감성에 호소하는 것이 대중에게 더 큰 호소력이 있다는 믿음에서 '진정성 마케팅'으로 바뀌고 있다. 정보 사회에서는 조작된 팩트나 현상에 현혹될 수 있는 위험성이 더 많아졌기 때문이다. 진정성을 대화와 소통의 방법으로 이해하는 시대가 된 것이다. 철학자들은 우리 인류 앞에 펼쳐질 미래는 '선함'이 그 무엇보다 중요한 요소가 될 것이라고 전망한다. 미래 학자인 앨빈 토플러가 말하는 제5의 물결 '영성의 시대' 역시 같은 맥락으로 이해된다. 그러므로 인생의 진정한 성공을 위해 인성, 도덕성 그리고 윤리의식 등으로 불리는 선함의 속성이 필요한데 이 모두는 진정성에서 나오는 것이다. 바야흐로 진선미의 시대에서 선미진(善美眞)의 시대로 바뀌고 있다. 이 진정성의 가치와 의미가 실생활에서 어떻게 이해되어야 할까? 어느 혼배성사 강론에서 나는 진정성 시대의 사랑법에 대해 다음과 같이 말했다.

"매리지 엔카운터(Marriage Encounter)라고 하는 부부 주말 피정에서 결혼한 지 10-30년 차 부부들의 모임을 지도해오며 느낀 바는, 부부의 삶은 환희나 낭만 너머에 다른 원리가 있다는 것을 알게 되었습니다. 그래서 오늘 신랑 신부에게 찬란한 미사여구로 축하해주기보다는, 앞으로의 긴 여정을 어떤 마음으로 살아야 할지에 관하여 말해 주고 싶습니다. 실제로 제가 부부들에게 했던 강의를 듣고 그분들이 '왜 신혼 때는 이런 소리를 듣지 못했을까요? 헷갈리며 살아온 날이 후회됩니다.'라고 말하더군요. 엠이(M.E)에 참석하는 적지 않은 부부들이 서로의 관계로 인해 많이 힘들어 합니다. 그래서 그들에게 물어보았습니다. 낭만과 열정이 끝난 다음에 부부들은 무엇으로 사시는가? 함께 살아온 날보다 더 많은 날을 살아야 할 부부들은 무슨 힘으로, 어떤 영성으로 계속 살아야 할까요? 물었습니다. 사실, 정답은 혼인서약문에 다 나와 있듯이 바로 부부간의 진정성입니다. 그 옛날 기쁘고 들떠서 정신없이 해버린 혼인서약문을 물어보았지만, 잘 기억하지 못했습니다. 오늘 새 신랑 신부를 축하하기 위해 이 자리에 참석하신 많은 부부 역시 그 옛날, 자신들의 결혼식을 회상하며 함께 생각해 볼 문제입니다.

인간의 삶은 관계에 있고 부부 역시 예외가 아닙니다. 전혀 다른 상황과 환경 속에서 자란 두 남녀가 한 가정을 이루며, 인연을 맺고 평생을 살아간다는 것은 관계를 살아간다는 말입니다. 혼배성사는 곧 관계의 성사일 것입니다. 어느 시인의 표현대로 '한 사람이 다가와 인연을 맺는다는 것은, 한 사람의 전체가 다가오는 것'이라고 했습니다. 과거, 현재, 미래가 담겨 다가오는 것입니다. 그러니 두 남녀의 만남과 인연은 두 우주의 만남이라고도 말할 수 있을 것입니다. 두 가정, 두 문화, 두 인격, 두 환경이 통째로 다가와 만나는 것이니 신랑 신부 두 사람만의 일은 아닙니다. 또 결혼은 종신대사(終身大事)라 했으니 모든 부부는 백년해로할 의무가 있습니다. 그런데 혼인의 의미와 가치가 끝까지 유지되려면, 부부는 어떤 원리로 살아가야 하는 것일까요?

평생 젊은이들을 사랑한 성인으로 돈 보스코(Don Giovanni Bosco)가 계시는데, 그분의 말씀 중에 '아모레 볼레짜(Amore volezza)'라는 독특한 말이 있습니다. 우리말로 표현하기는 어렵지만, 굳이 번역하자면 '감응적 사랑', '상대가 느끼도록 하는 사랑', '세심한 배려'라는 뜻입니다. '청소년들을 사랑하는 것만으로 족하지 않습니다. 그들이 사랑받고 있음을 느끼도록 사랑해야 합니다.'라는 것이 돈 보스코 성인의 영성입니다. 아이들의 마음을 얻기 전까지는 아무 일도 시작하지 않겠다는 것이 성인의 뜻이었습니다. 사랑! 너무나 쉽게 쓰는 말이지만 감응되지 않은 사랑은 진정한 사랑이 아니라는 말입니다. 부모는 자식에게 '내가 하는 말과 행동이 서운하게 생각되겠지만, 다 너를 사랑해서 하는 말이다.' 라고 말합니다. 그러나 자식은 부모에게 갸우뚱거리며 '잘 모르겠는데요!'라고 말한다면 그 사랑은 문제가 있는 것입니다.

부부간에는 특히 사랑이라는 단어를 많이 씁니다. 그런데 이 사랑이라는 개념의 차이 때문에 싸우기도 많이 합니다. 왜 그럴까요? 남편과 아내가 각자 서로를 사랑한다고 하지만 상대방은 느끼지 못할 때, 감응이 이루어지지 않을 때 어쩌면 그 사랑은 헛수고일 수도 있습니다. 사랑이 갑질이될 수도 있다는 것은 매우 역설적인 말 같지만 사실입니다. 일방적이며 교감하지 않는, 적선을 베푸는 정도의 선심성? 그렇다면 그것은 사실 감응되는 사랑은 아닌 것입니다. 내가 사랑한다고 다 되는 것이 아닙니다. 상대방으로 하여금 내가 사랑하고 있다는 것을 느끼도록 해야 진정성 있는 사랑인 것입니다. 또한 모든 인간관계에도 해당하는 말입니다. 그래서 부부는 상대가 좋아하는 것에 대한 관심보다, 싫어하는 것이 무엇인지를 파악하는 것이 더 중요하다고 봅니다. 그것이 상대방의 마음을 더욱 열 수 있기 때문입니다. 사람의 마음을 움직이는 것은 지적질이나 충고, 판단, 설득, 웅변이아니라 마음 하나를 얻으면 되는 일입니다. 그것은 낭만을 넘어서는 진정성있는 태도이고 배려입니다. 일곱 번씩, 일흔 번이라도 찾아가고 마음을 써주어야 한다는 예수님의 말씀도 진정한 마음으로 이웃을 대하라는 뜻입니다. 그래서 이제 신랑 신부에게 당부합니다. 오늘 이후부터는 사랑싸움, 사랑의 줄다리기를 그만두어야 합니다. '나 사랑해? 얼마만큼 사랑해?' 이러한 사랑의 확인은 연애 시절에만 하는 것입니다. 그것은 귀여운 정도의 사랑 전략이었을 것입니다. 그러나 결혼 후에는 묻지 않고, 확인하지 않아도서로 사랑하고 있음을 느낄 수 있도록 사랑해야 하는 것입니다. 이것이 부부의 진정한 모습입니다. 아모레 볼레짜! 감응적 사랑, 그것은 바로 진정한 사랑이고 사랑의 진정성입니다."

디지털 시대를 위한 사목적 배려: 종교의 미래, 방어만이 상책이 아니다

성당과 교회 모두 예외 없이 신자 수의 감소가 심각한 상태이다. 사람들이 교회를 떠나는 이유는 무엇인가? 한때 종교를 믿었지만 "지금은 믿지 않는다."라고 말하는 사람이 적지 않다. 특히 젊은이들이 종교를 떠나고 있다. 이러한 추세는 종교의 미래가 불확실하다는 것을 암시한다. 왜 그럴까? 과학기술의 발달, 소셜 미디어, 인공지능 등으로 사람의 생활은 편해졌고 풍족해졌지만 정신과 영혼은 더 피폐해졌다. 디지털이라는 단어는 이제 첨단과 신문명을 일컫는 말이 되었다. 아날로그 방식은 정보를 전달하면서 전달자의 일방통행식 전달의 특성을 가지고 있어 기계식이란 말과 통한다. 반면 디지털 방식에는 신호들 사이에 '숫자(digit)'가 개입된다. 연속적인 신호를 숫자로 바꿔 데이터화하는 방식을 말하는데, 정보 전달에 있어서도 쌍방향 소통이라는 변화를 가져왔다. 전달자의 의도에 따른 일방통행식 전달이 아니라, 내가 원하는 시간과 정보를 얻을 수 있게 되었다. 다양한 해석을 접하면서 스스로 선택하며 참여할 수 있게 되었고, 시간과 공간을 초월한 정보생활이 가능해진 것이다.

이 디지털 방식이 신문명에 가져온 가장 큰 변화는 시·공간에 대한 인류의 인식과 체험이 바뀌게 되었다는 것이다. 과거 아날로그적 삶의 방식은 느리고, 좁고, 폐쇄적이며 일방적인 시·공간이었다. 그러나 아날로그 시대를 거치지 않은 신세대들은 그런 과거의 방식에 낯설어한다. 아직도 아날로그 방식으로 소통하려는 종교에 답답함을 느끼며 떠나가고 있다. 자유로운 디지털 신인류들은 제한된 시·공간에서 권위적인 방식에 순응하며 인내하고 기다리라는 삶의 방식을 받아들일 수 없는 것이다. 예를 들면 젊은이들은 판공성사를 보는데, 긴 줄로 서서 한 시간씩이나 기다린 후 죄를 고백하는 어른들의 모습에 신기해한다. 그럴 바에야 전화나 인터넷으로 고백성사를 볼 수는 없는 것인지? 디지털적인 방식으로 과감히 의문을 제기하고 나선다. 실제로 사회주의 중국에서는 '고해빠'나 '기복빠'라는 것이 있어 종교적 기능을 대체하고 있다. 학교와 사회에서 받는 디지털 교육에 젖은 젊은 세대들은 교회에서 미사 참석과 강론을 듣고, 주일학교 등의 신앙생활에 참석해야 하지만 그들에게는 불편하기 그지없는 아날로그 방식일 뿐이다. 그래서 신세대들이 점차 싫증을 느끼며 교회에서 멀어져 가고 있는 것이다. 다행인 것은 디지털 세대에 해당하는 젊은 사제들 사이에서 다양한 방법으로 새로운 사목이 실험되고 있다는 점이다. 다양한 사목적 콘텐츠를 업로드하여 디지털 공간에서 공유하고 소통한다. 그러나 아직도 종교의 기득권자들은 아날로그 세대들이다. 그들의 아날로그적 시·공의 개념과 가치관은 현재 진형이지만, 그 세대가 가고 나면 디지털적 신인류들은 과연 종교의 미래를 잘 이끌어 갈 수 있을까? 그러기 위해서 지금 종교가 변화해야 할 점은 무엇인가?

과도기를 지나고 있는 현 상황에서 궁여지책으로 '디지로그 종교'라는 말을 만들어 아날로그와 디지털 방식을 혼용하고 있다. 아날로그적인 종교의 현상을 보면, 현장 경신례, 헌금 봉투, 집회에서 귀로 듣는 강론이나 특강 등을 들 수 있다. 공동체성을 강조하지만 관계는 수직적이고 권위적이다. 일을 진행함에 있어 속도가 느리고 시·공을 대하는 방법은 폐쇄적이다. 반면 디지털적인 종교 현상들은 신용카드로 봉헌금을 지불하고, 온라인에서 다양한 공동체 프로그램에 참여한다. 시각적 방송이나 가상세계로 복음 매체를 구성하고 운용한다. 그들은 탈중심적(개인적)이고, 탈시·공적이며 개방적이다. 교회 운영의 효율성과 속도성이 증가하고 있다. 가치의 인본적인 측면을 강조하고 상호관계는 수평적이다. 참여 중심의 전례와 영성체험의 느낌이 강조된다. 이렇게 아날로그적 교회와 디지털적 교회의 양태가 공존하고 있는 상황에서, 사목의 형태 역시 변화를 감지하고 대응하여야 할 것이다. 의도하지는 않았지만 코로나19로 인해 신자들은 집에서 디지털 미사와 신령성체를 경험해야 했고, 사순절 판공을 볼 수 없었던 신자들은 마음의 고백성사를 체험했을 것이다. 신천지의 유입을 방지하기 위해 디지털화된 신자 카드를 사용할 줄은 몰랐겠지만, 지금 교회는 디지로그적 시스템으로 변화하고 있다.

그러나 이런 하드웨어나 형식적인 디지털 방식의 운영은 그 한계가 있어 교회는 근본적 변화를 필요로 하고 있다. 예측되는 바는 미래의 종교생활 중 가장 큰 변화는 참여의 방식이 달라질 것이다. 시공의 제약을 받기 싫어하는 현대인의 특성으로 인해 기존의 공동체 프로그램 운영에 변화가 생길 것이다. 과거처럼 고정된 미사 시간, 고백성사의 장소, 성가 연습 등의 시·공적 제약은 디지털적 세대들에게 매력을 줄 수 없으며 참여율은 급속히 떨어지게 될 것이다. 참여의 방식을 바꾸어 주지 않으면 그들은 돌아오지 않을 것이다. '신유목민 신자'라는 말처럼 여기저기를 떠돌며 영적인 풀을 뜯는 양 떼들이 생기고 있다. 소속되거나 구속 받는 것을 싫어하는 경향으로 인해, 자기가 고정적으로 다니던 교회에서 벗어나 유명한 사목자가 강의하는 곳으로 찾아가 자유롭게 참여하고 활동하는 변화된 모습을 보인다. 사목자들이 고정적인 시·공 관념을 탈피하면 양 떼들의 새로운 입맛을 배려해 줄 수 있게 될 것이다.

요즘 젊은 세대의 디지털적 특성은 몇 가지로 정리될 수 있을 것이며, 이는 미래에 전개될 디지털 사목의 원리, 현대 영성의 방향에로 적용될 수 있을 것이다. 1) 동참: 신인류의 특징 중 하나가 SNS를 통한 업로드와 공유이다. 미래에는 시·공을 주도적으로 통제하고 초월하는 삶은 점차로 확대되어 갈 것이다. 신인류들은 좋다고 느끼며, 경험하는 바를 공유하려는 경향이 강하다. 그러니 복음을 느끼고 체험하게 만들면 그들은 무한대의 공간에서 공유하고 연대하려 한다. 발로 뛰고 찾아 다니고 모이던 시대보다도 복음화와 선교가 의외로 더 쉬울 수 있다. 교회는 신인류를 과감히 교회의 모든 영역에 동참시키도록 해야 할 것이다. 2) 치유: 인공지능, 과학기술 속에서 소외되고 외로워하는 현대인이 늘어나고 있다. 이런 상황 속에서 어깨를 빌려주며 상호 의지하는 종교의 기능은 디지털 시대에 종교가 틈을 메꾸어 줄 공간이다. 미래의 사목에서 각자도생, 일코노미, 혼생, 졸혼 등의 사회적 현상 등에 대처해야 할 이유이다. 보편성보다는 개별성에, 수동성보다는 능동성에 더 중점을 두는 사목이어야 한다는 의미이다. 공동체의 가치와 그에 대한 참여의식의 고취가 미래 종교의 관건이다. 3) 여성성: 신모계 사회가 대두되고 있다. 과거 2천 년간 크게 이해되지 못했던 여성성과 모성에 대한 발견은 앞으로 인류에게 새로운 영성과 방향으로 다가올 것이다. 뉴에이지가 오히려 먼저 그 틈새를 파고들고 있다. 한국의 그리스도교는 장자권적인 유다이즘과 가부장적인 유교사상의 영향 아래 남성 편향적인 종교성이 더 강하다. 미래에 종교는 인간의 성별에 대한 균형적인 이해와 형평성 있는 사목이 전개되어야 할 것이다.

유발 하라리는 『사피엔스』와 『호모 데우스』라는 저서에서 2100년에는 인간이 '신적인 존재(Homo Deus)'가 되어 마치 인간의 행복이 극대화될 것처럼 예언하고 있다. 하지만 디지털화되어 살아가는 인간은 점점 더 외롭고 지친다. 위안이 필요하다. 허그가 필요하다. 임금님 귀는 당나귀라고 말할 곳이 필요하다. 고해성사의 가치가 사라진 것이 아니라 방식이 문제이다. 그래서 미래에 교회는 디지털과 아날로그가 만나는 곳이어야 한다. 디지털 기술로 절대 채울 수 없는 것은 어린 시절, 설날의 떡국 맛이다. 컴퓨터가 천 번, 만 번 업데이트해도 안 되는 것이 미각의 씹는 맛이다. 컴퓨터가 만들어 내는 가상현실(VR)의 삼차원 공간에서는 센서 글러브를 끼고 보조 장치만 갖추면 실제의 현실 그대로 보고 듣고 만지기도 한다. 이미 냄새까지 맡는 향기통신의 웹 사이트도 생겼다. 그러나 가상 공간의 체험이 아무리 찬란하고 다양할지라도, 그래서 미사와 영성체를 아무리 디지털화해도 채울 수 없는 마음의 평화, 갈증은 있는 법이다. 영혼의 미각은 맛을 본 사람은 알고 있다. 이 시대에 내가 누구인지 말할 수 있는 자는 누구인가? '빅데이터'가 나의 과거를 제시하고 현상을 보여주며 미래를 예측하도록 조종하고 있다. 그러나 인간의 '혼'과 '정신'과 '마음'은 그 어떤 기술로도 조종될 수 있는 영역이 아니다. 인공지능(AI)이 범접하지 못하는 영역이 예술과 종교의 영성이다. 바로 미래 사회 종교의 존재 이유는 AI와 인간 사이의 빈 공간을 영성으로 채우는 데 있다. 디지털 시대에 종교는 의식을 가지고 이 세대의 징표를 읽어낼 수 있어야 한다. 과거의 종교는 시대를 앞서서 세상을 이끌어 갔지만 지금은 세상이 종교의 미래를 걱정하는 시대가 되었다. 종교의 미래, 방어만이 상책이 아니다. 더 큰 그림을 그릴 수 있어야 미래에 종교가 살아남을 수 있을 것이다.

누구나 역(易)을 살고 있다: 생활 역경(易經)

주역이라는 단어를 들으면 바로 점괘나 길흉화복이 떠오를 것이다. 그러나 공자께서 역경을 간파하신 뜻은 거기에 있지 않다. 주역은 두 마디의 개념으로 설명이 되는데, 곧 만물변환(萬物變換)과 천지불인(天地不仁)이다. 우선 주역(周易)은, 변화의 철학이다. 역경을 알면 변화의 원리와 그 필연성을 이해하게 된다. 변화의 흐름에는 일정한 법칙이 있다. 사람이나 만물은 모두 변화의 결과이다. 대자연의 법칙을 이해하고 인간 역시 그 안에 존재함을 이해하는 것이 주역의 대의이다. 천지불인은 자연을, 우주를 사사로이 여기지 말라는 뜻이다. 사심으로 만물을 보게 되면 편견을 갖게 되고 거기에서 호오(好惡)가 나온다. 화복은 스스로 자초하는 것일 뿐이다. 그래서 역경의 기본원칙 중 하나는 미신을 배제한다는 것이다. 천지간에는 절대적으로 좋은 일도 절대적으로 나쁜 일도 없기 때문이다. 모든 경우는 다 사람의 마음에 달린 것이다. 마음이 바르면 나쁜 일도 나쁘지 않고 마음이 바르지 않으면 좋은 일도 좋을 수 없다. 진실로 역을 잘 아는 사람은 결코 점을 치려 들지 않는다. 역경을 배우고 나면 보살에 의지할 수도, 하느님에게 바랄 수도 없는 자연의 이치가 있음을 이해하게 되기 때문이다. 역경은 종교도 아니고 과학도 아니며 철학도 아니다. 우주 만물과 인생에 대한 지혜서이다. 성공과 실패는 서로 의존한다. 우리는 지금도 괘 안에 있고 심지어 일거수일투족이 괘 속에 있으니, 점을 칠 때만 괘를 운용한다고 생각해서는 안 된다. 이것이 음양이요, 상생(相生)과 상극(相剋)의 다른 의미이다.

인류는 왜 종교를 믿을까? 왜 돈 주고 점을 보면서까지 알 수 없는 인생의 숨은 길을 알려 드는 것일까? 인간은 가장 근원적인 욕망, 욕심의 본능에 따라 행동하기 때문이다. 그렇다면 인간 세상에 나타나는 길흉화복(吉凶禍福)의 현상은 어떻게 이해해야 할까? 사실이라는 것은 현상의 문제가 아니라 인간의 심리에 근거해서 이해될 뿐이다. 현상이 팩트 같지만 허상일 수 있다. 같은 괘라 하더라도 어떤 사람에게는 길하게 보이지만 자연의 다른 입장에서 보면 흉한 것일 수도 있다. 마찬가지로 다른 사람이 보기에는 크게 흉한 것도 내 입장에서 보면 길한 것으로 느껴질 수 있는 것이다. 속된 말로 타인의 불행은 나의 행복이라는 말은 인간의 가장 기본적인 이기심을 말한다. 길흉화복은 개인의 필요에 의해 느껴지고 감지될 뿐이다. 변통(變通)에 관한 관점 역시 이해관계에 따라 달라진다. 길흉이란 결국 인간의 정서에 따라 달라진다는 말이다. 그러기에 역경은 결국 인문 문화로 귀결된다. 길흉은 좋아함과 싫어함의 심리에서 나오는 것이다. 공자가 역경을 연구하고 나서 얻은 결론은 세상엔 절대적인 길흉과 선악, 절대적인 시비도, 절대적인 좋음과 나쁨도 없다는 것이다. 일체는 모두 인문문화 즉 사람들의 필요에 따라 정해졌다는 것이다. 배가 고플 때 눈앞에 빵이 있으면 아주 기쁘지만, 배가 부를 때는 귀찮게 느껴진다. 필요할 때 손쉽게 얻으면 아주 기쁘지만, 필요하지 않은데 얻어지는 것은 귀찮을 수 있다. 새옹지마는 주역의 가장 기본적인 변화원리이다.

주역의 역(易)은 상(象)을 말하는데 현상이다. 현상은 움직인다. 움직이기만 하면 길흉화복이 생긴다. 역은 카멜레온의 형상문자이다. 변화를 가리킨다. 길흉화복은 움직임에서 나오는 것이고, 강유(剛柔)는 근본을 확립한다. 변통은 시대의 흐름을 파악하는 것이다. 길(吉)의 뒷면이 흉(凶)이고, 흉의 뒷면이 길이다. 인생사에서 좋지 않으면 나쁠 뿐이다. 이 이치를 안다면 점을 칠 필요가 없다. 관상이나 점을 보러 가는 사람들은 대부분 망설이며 결정을 잘하지 못하는 사람들이다. 점을 보고 싶은 이유는 지름길로 가로질러 가려는 욕심의 발로이다. 돈이 잘 벌릴 때는 돈 버느라 바쁜데, 점 보러 갈 시간이 어디 있겠는가? 비즈니스에 실패한 사람들, 뾰족한 수가 없는 사람들, 요행을 바라는 사람들이 점쟁이를 찾아가는 것이다.

역경을 배우는 사람이 필히 이해해야 할 것은 시·공의 관계이다. 시간과 공간이 다르면 결과도 달라지기 때문이다. 누가 친구를 사귀는데 중학교 때라면 친한 친구끼리 서로 치고받고 해도 문제가 없을 것이다. 그러나 그 친구가 대통령이 되었다면 그렇게 할 수 없을 것이다. 편차가 생긴 것이다. 그것이 시간과 공간의 함수 관계이고, 주역은 이것을 다루고 있는 것이다. 과거를 알아 미래를 살피는 원리가 역(易)의 의미이다. 실제로 64궤 안에 원리가 있는데, 양궤에는 음이 많고 음궤에는 양이 많다. 역경은 "만 가지 변화도 근본을 벗어나지는 않는다. 괘(卦)는 만물을 표상하는 것이다."라고 말한다. 괘는 세계의 전 존재를 표현하고 본받는 상징체로 규정하고 있다. 천체 상에 걸린(卦), 마치 벽에 걸린 그림처럼 볼 수 있는 천체의 자연 현상이다. 괘는 진열해 놓고 볼 수 있게끔 하는 것이다. 64괘 중 어떤 괘든 좋은 괘일 수 있고, 나쁜 괘일 수 있다. 정당한 위치에 있으면 좋은 괘요, 그렇지 않으면 나쁜 괘이다. 명과 운이 조화를 이루어야 한다. 음과 양, 홀수와 짝수, 64괘를 이루는 가장 기본적인 원리이고 이것이 컴퓨터의 이진법에 사용되었다.

양과 음의 다른 표현인 강유(剛柔)의 문제에서 주역의 원칙은 너무 강해도 안 되고, 너무 부드러워도 안 된다고 말한다. 수혜와 위험을 동시에 활용해야 근본을 세울 수 있는 것이다. 그러나 동시에 변통을 알지 않으면 안 된다. 취시(趣時)라는 말은 시대를, 상황을 파악한다는 뜻이니 시중(時中)을 의미한다. 곧 때(時)와 그 합당함(中)을 판단하여 '역'을, 변화를 이해한다는 뜻이다. '때에 적중함'을 말한다. 주역에서의 시(時)는 정(定)함이 없다. 항상 변하는 것이 시(時)이기 때문이요, '중'에는 적중(的中)하기 때문에 정(定)함이 있다. 흔히 철부지라 함은 '때를 모르고 설치는 이'를 말한다. 철이 덜 든 사람은 어린아이에게만 쓰는 말이 아니다. 자신의 나이에 맞게 시중을 하지 못하는 사람은 철부지인 셈이다. 막힌 사람이며 고문관, 융통성이 없는 사람이다. 변통하려면 시대를 파악해야 한다. 만약 시대를 읽어내지 못하고 떠벌린다면 오류를 범할 수 있다. 시대의 징표를 읽어내는 것은 복음에서 '깨어 있는 자'를 의미한다. 주역에서 말하는 최고의 지혜, 그것은 신통력을 감춤이다. 인공지능 시대에 돌입하면서 인간의 미래와 정보의 예측이 분명해진 것 같지만 날이 갈수록 운명을 알고자 하는 사람들의 욕구는 늘어만 간다. 미래를 앞당겨 욕망하는 현대 물질과학 문명은 결국 인간성을 말살하고, 정신적 가치의 몰락을 가져 오며 황폐화되어 가고 있다. 주역은 64가지 괘를 통해 세상을 바라보고, 자연의 섭리와 순리에 입각해서 인간사의 현상을 이해하는 지혜이다.

노화와 노후의 영성

사람이 세상에 나와서 열심히 일하고 돈을 버는 이유는 무엇일까? 흔히 하는 대답으로 '나중에 잘 살기 위해서'라고 말한다. '나중'이란 바로 노후, 즉 은퇴 이후의 시기를 말한다. '잔칫날 잘 먹자고 사흘을 굶는다.'는 속담처럼 은퇴 이후의 삶을 윤택하게 보내기 위해 현재의 행복을 유예한다고 하지만 그렇게 '망건 쓰다 장 파할 수도 있을 것'이다. 요즘 한국 장수 사회의 화두는 노후와 행복이다. 노후! 먼저 생각나는 단어들은 무엇인가? 전원주택, 땅, 월 생활비, 국민연금, 취미, 여행, 맛집, 자산관리, 재취업 등등이 거론되지만 모두 경제적이고 외적인 조건들뿐이다. 노후 설계에 관한 방송이나 책이 넘쳐나지만 대부분 노후의 조건을 역시 경제적으로만 풀고자 한다. 얼마가 준비되면 노후는 끝이라는 시각은 극히 일부의 사람들에겐 이미 준비했다는 안도감을 주지만, 대부분의 사람들에게는 불안과 위협으로 들려온다. 그러나 조건만이 아니라 어떤 마음으로 노후를 맞이하고 보내야 할까? 곧 노후의 내면을 이해하지 않으면 진정한 노후를 말했다고 볼 수 없으니 외적인 조건보다 더 중요한 노후의 영성을 알아보자.

우선 노후에 대한 3가지 착각을 버려야 한다. 첫 번째로 노후 자금만 준비하면 행복한 노후를 약속 받는 것처럼 말하지만, 내 돈도 늙는다고 생각해야 한다. 가치의 변수가 생기니 노후는 돈만 가지고 될 일이 아니다. 가장 의지하게 되지만 또 가장 믿지 못할 것이 돈이기도 하다. 돈 때문에 부모와 자식 간에 엄청난 풍파를 겪는 경우가 많다. 건강을 잃으면 돈은 종이일 뿐임을 왜 모를까? 경제적인 조건을 구비했다고 하지만 그 비싼 양로원에 들어가서 행복해하지 못하는 사람들이 더 많다. 노후의 그 많은 시간에 정신적인 공허함으로 더 큰 어려움을 느끼기 때문이다.

두 번째는 노화와 죽음이 내 예상대로 원하는 시간에 원하는 방법으로 찾아올 것이라는 착각을 버려야 한다. 나이는 숫자에 불과하다는 말은 사회가 걸어 놓은 최면이다. 나이가 얼마나 무서울 정도로 정확하게 찾아오는지, 인정하지 않으면 헛소리를 하게 된다. 누구나 늙고 죽는다. '노인'은 결코 남의 얘기가 아니다. 그런데도 늙는다는 것은 남에게만 일어나는 일로 착각한다. 그것은 어제의 '나'와 오늘의 '나'가 비슷하기 때문일 것이다. 자신은 매일 거울을 들여다보기 때문에 늙어가는 것을 잘 모른다. 그러다가 어느 날 남이 내뱉는 '노인'이란 말을 듣고는 충격을 받는다. "왜 내가 노인인가? 무슨 기준으로 나를 늙은이 취급하느냐?"며 분노하는 경우도 많다. 자신이 처한 위치와 상황을 수용하지 못하면 "내 나이가 어때서? 사랑하기 딱 좋은 나이인데?"라고 우겨대는 것이다.

세 번째로 노후 설계에는 병과 죽음, 그리고 사후 설계까지 고려해야 한다. 노후 설계에 자기 죽음에 대한 계획과, 생존 혹은 사후에 일어날 수 있는 가족 간의 분쟁까지 고려해야 하는 것도 노후를 지혜롭게 이해하는 사람에게만 가능한 일이다. 평화로운 노후를 보내려면 상속의 문제도 아름다워야 한다. 노후 설계에 자신의 죽음에 대한 계획과, 생존 혹은 사후에 일어날 수 있는 가족 간의 분쟁까지 고려해야 하는 것이다. 인생은 마지막이 아름다워야 진정 잘 살았다고 말할 수 있는 것이다. 이승에서는 잘 살다가 사후에 자녀들의 재산 다툼으로 그 사람의 인생이 얼룩진다면, 그것은 얼마나 슬픈 일인가? 환경, 조건이 구비되면 노후가 이상적으로 될 것이라는 착각에서 벗어나야 한다.

이런 착각에서 벗어나려면 노후의 영성을 생각해야 한다. 노후의 영성은 한마디로 관계의 정리이다. 사람이 태어나서 시작된 관계는 생을 정리하는 시점에서는 열매로 맺어져야 한다. 관계는 세 가지 차원, 곧 자아, 타인, 하느님의 관계에서 발견되고 말해져야 한다. 그리고 그 각각의 차원에서 합당한 노후의 행동 양식을 전개할 수 있어야 한다. 자아와의 관계는 고독에 대한 이해와 처리를 요구한다. 부부가 함께 살아왔어도 가는 시간은 서로 다르다. 결국 노후에는 혼자 보낼 시간을 염두에 두어야 하는데, 바로 자기 자신을 대하는 방법이다. 혼자 있음이 허하지 않고 두렵지 않아야 진정 자아와의 관계를 정립했다고 말할 수 있는 것이다. 두 번째로 타자와의 관계이다. 노년을 함께할 친구는 장수와 건강의 중요한 요소이다. 친구가 나와 너를 위한 배려라면 봉사는 초월적인 가치를 지닌다. 순수하게 이타적 행위는 뇌파마저 바꾸는 엄청난 힘을 지니고 있다. 봉사하는 사람들의 뇌파에서 알파파(이완, 평화)가 많이 감지된다고 한다. 세 번째는 신과의 관계 문제이다. 젊어서 무신론자는 스스로 강해 보이지만, 노후와 죽음 앞에 그 역시 존재의 시작과 끝이라는 문제에 직면하지 않을 수 없다. 신에 대한 의탁과 감사는 마음의 안정과 평화를 가져다준다. 노년에 기도와 신앙이 중요한 이유이다. 평화로운 죽음, 죽음의 평화는 삶보다 더 중요할 수 있으니 신과의 올바른 관계에서만 주어지는 선물이다.

인간은 자아, 타인, 신이라는 세 관계에 마치 삼각형처럼 상호 연결되어 있어 그 중 어느 하나라도 소홀히 하거나 이루어지지 않을 때는 삶 전체에 불균형을 가져올 수 있다. 삼각형은 원으로 가기 위한 가장 기본적인 조건이다. 완전한 삼각형은 세 변이 모두 제대로 갖추어져야 하듯이 우리 인간의 삶도 세 관계가 연결되고 균형을 이루어야 한다. 그 삼각형이 점차 우리 삶을 원만하게 이끌게 될 것이다. 그러기에 어느 한 변의 부재는 전체 균형을 붕괴시키게 되니, 이것을 노후 영성의 3요소라고 말할 수 있다. 자아의 부재는 삶의 활력소를 상실케 한다. 이기적이고 폐쇄적이 될 위험이 농후하다. 타인의 부재는 노후를 허하게 만든다. 노년에 이웃이 없고 친구가 없으면 방황하게 되고 불안해진다. 신의 부재는 영혼의 내적인 평화의 상실로 이어진다. 죽음에 가까이 다가갈수록 불안해진다면 인생 막바지에서 가장 큰 후회로 남을 일이다. 그러니 이 세 가지 관계의 문제는 그 어느 하나라도 소홀히 할 수 없는 노화와 노후의 영성이다.

항상 깨어있어라!: 우환의식(憂患意識)

코로나19 바이러스가 창궐한 이 시대를 무엇으로 정의할 수 있을까? 불확실성의 시대, 불안정한 시대이다. 시간과 공간이 그러면 우리가 이 시대에 산다는 것은 무엇을 의미하는 것일까? 우환의식 속에 살고 있다는 말이다. 그리스와 한국은 모두 IMF라는 국가부도 위기를 겪은 나라이다. 그런데 이 두 나라의 대응 방식에는 큰 차이가 있다. 그리스는 아직도 국민들 대다수가 문제의 심각성을 이해하지 못하고 구태의연한 방식으로 살아 그 굴레에서 벗어날 기미가 보이지 않는다. 이탈리아, 스페인, 포르투갈 역시 시에스타(siesta)를 즐기는 나라들인데 한결같이 경제 위기를 겪고 있지만 태평스럽다. 조상들이 이룩했던 과거의 찬란한 문화와 업적에 안주하며 주로 관광사업만으로 국가의 명맥을 이어가고 있다. 우환의식의 부재에서 나오는 위기감의 불감증에 젖어 있기 때문이 아닐까? 그러나 한국은 전 세계가 놀란 금 모으기 운동을 통해 온 국민이 힘을 합해 유사 이래 없이 단기간 내에 구제금융에서 벗어난 나라이다. 어디에 차이가 있는 것일까? 우리 민족의 반응 양식은 왜 그리 달리 표출된 것일까? 그 답은 한국 민족이 지닌 위기감 곧 우환의식에 있다고 본다.

한국인의 우환의식은 반만년의 긴 세월 동안 지정학적으로 부단한 외세 침입을 받을 수밖에 없었고, 그로 인해 수많은 고난을 겪으며 살아왔는데 그 경험이 점차 DNA 안에 자리를 잡아 유전되고 있는 것이리라. 민족적 트라우마(trauma)가 민족의 성격과 위험 대응 능력을 변화시킨 것이다. 이는 마치 임팔라나 다른 초식동물들이 초원에서 조상 대대로 맹수들의 공격을 받으며 본능 안에 위기감을 직관하고 대응하도록 발전해 온 것과 비길 수 있을 것이다. 일반적으로 초식동물의 눈은 광각 렌즈로서 넓은 사방을 잘 경계할 수 있도록 양미간 사이의 거리가 멀다. 하지만 육식동물의 눈은 미간이 좁은 초점 렌즈로서 먹잇감을 잘 찾고 추적하기 위해 집중적으로 배치되어 있다. 당연히 육식동물들은 위기 대응 능력이 초식동물에 비해 많이 떨어진다. 그래서 사람이 총으로 사냥할 때 육식동물을 맞추기가 훨씬 쉽다고 한다. 위기를 많이 겪은 사람은 의식의 기저에 트라우마가 생겨 심리적인 갈등을 겪을 수도 있지만, 위기의 순간에 오히려 기지와 능력을 발휘하여 그 위험에서 벗어날 확률이 높다. 한국인의 '빨리빨리'라는 의식은 언제나 외세의 침입이 잦았던 상황 속에서 형성된 초식 동물적 우환의식과 같은 반응일 수도 있을 것이다.

공자는 군자가 지녀야 할 덕목으로 우환의식(憂患意識)을 뽑았다. 군자로서의 자격이기도 하지만 지도자나 지식인은 세계와 우주에 대한 근심과 걱정이 있어야 한다는 뜻이다. 이웃의 아픔과 고통을 감지하는 능력은 언제나 걱정해주고 근심스러운 마음을 지니는 데서 길러지는 것이다. 공자보다 130여 년 뒤 맹자는 이 우환의식에 대하여 '종신지우(終身之憂)'라고 말하였다. 군자는 일생 동안 자신이 지니는 수양이 부족하다는 근심을 항상 마음에 두고 살아야 한다는 뜻이다. 그래서 지도자는 내 몸이 다 할 때까지 평생토록 근심스러운 태도로 백성들을 위해 봉사하고 백성을 아껴야 한다는 것이다. 우환의식은 개인에게도 필요하지만 사회적, 국가적으로도 필요한 경계의식이다. 우리나라의 역사를 보아도 우환의식이 결여되면 언제나 외세의 침략에 무너졌다. 이율곡의 '십만 양병설'은 깨어 있는 충신의 우환의식이었지만 그것을 무시하자 일본이 침략해 들어왔다. 6.25 한국전쟁 역시 우환의식의 부재 속에서 발로된 전쟁이었다. 식자우환(識字憂患)이라는 말이 '너무 많이 알기 때문에 쓸데없는 걱정을 많이 한다.'라며 부정적으로 쓰이는 경우가 있지만 "깨어 있는 지식인은 삶에서 언제나 근심, 걱정, 불안 등을 느낀다."는 긍정적 표현이기도 하다. "너 자신을 알라!"는 말에도 우환의식으로 자신의 진면목을 보라는 의미가 담겨있다. '잘 나갈 때 마가 끼이는 법'이라는 속담에도 순경(順境)중에 진중하라는 우환의식의 표현이다.

식물 생태계에도 우환의식은 많이 발견된다. 날이 추워지면 단풍이 들어 우리 눈에는 아름답게 보이지만 나무의 입장에서 보면 이 또한 우환의식에서 나온 위기 대처 방식이다. 겨울이 가까워져 오면 엽록소가 줄어들고 양분이 생성되지 않게 되자 에너지 긴축정책의 일환으로 잎을 떨구어 버리려는 반응에서 단풍이 드는 것이다. 여름에 가뭄이 들면 코스모스가 가을이 오기 전에 일찍 꽃을 피워버리고 열매를 맺어 빨리 생을 마감하는 것도 식물의 우환의식에서 나온 대처 방식이다. 우리 인생도 나이가 들면서 점차 눈도 침침해지고 귀도 먹먹해지며 동작이나 반응이 느려진다. 나이가 들면 모든 세포가 노화하거나 퇴행하니 병들기 쉬운 것이다. 이때 병에 대한 우환의식을 지닌 사람은 건강을 증진하기 위해 방법을 간구하고 노력하게 되지만, 우환의식이 없는 사람은 어느 날 갑자기 쓰러져 돌이킬 수 없는 지경까지 이르게 될 수 있다. 스스로 건강하다고 믿던 사람이 어느 날 갑자기 무너지는 모습을 보고 "지금 당신은 건강하십니까?" 하며 되묻지 않을 수 없다. 골골하던 사람이 더 오래 산다는 속담이 있다. 건강을 자신하며 사는 사람은 스스로만 믿다가 치료할 시기를 놓치지만, 자신의 병약함을 알고 있는 사람은 의사를 찾아가 빨리 병을 발견해서 치료받는다.

마찬가지로 영혼의 우환의식을 느끼는 사람이 더 건강한 정신세계를 가꾸게 될 확률이 높다. "건강한 이들에게는 의사가 필요하지 않으나 병든 이들에게는 필요하다"(루카 5,31). 아마 예수님의 이 말씀을 들으며 바리사이들은 튼튼한 사람은 자신이고, 병든 이들은 죄인이라고 생각했을지도 모른다. 하지만 틀렸다. 바리사이들은 자신들이 모세의 율법이 명하는 그대로 모든 것을 지키기에 스스로 의로운 사람이라 생각했다. 자신이 의롭고 건강하다고 느끼니 하느님이 필요 없는 것이다. 우환의식이 없으니 자아성찰이 이루어지지 않는다. 하느님을 필요로 하지 않는 사람들, 그들은 스스로 자만자족(自慢自足) 하는 사람들이다. 자기만족과 제멋에 사는 사람은 우환의식이 없다. 그런 사람이 가장 위험한 상태에 처해 있는 것이다. 부자 청년의 영적인 상태가 바로 자아 만족에 취한 우환의식 부재의 상태이다. 올챙이도 한 철이라 말하지 않는가? 인생! 잘 나간다고 생각하는 그때가 바로 가장 위험한 때이다. 인생에서 만사형통의 순풍일 때 마가 낄 것을 조심하라는 말이다. 가장 높은 명성을 얻고, 많은 돈을 벌고 있을 때, 미래가 밝아 보일 때가 가장 위험한 순간이다. "눈앞의 저 빛! 그러나 저건 죽음이다. 의심하라, 모든 광명을"(유하, 「오징어」 중에서). 태풍 직전엔 고요와 정적이 감돌고, 전쟁터에서 가장 조용한 순간이 가장 위험한 순간이라는 말을 인생에 적용시켜 볼 일이다.

우환의식은 약자의 패배주의나 피해의식이 아닌, 깨어 있음이라는 긍정적이고 적극적인 태도를 말한다. 영웅이나 위인들은 한결같이 우환의식 속에서 자아를 경고하고 채찍질하며 단련시켜 위대한 일을 성취해 낸 사람들이다. 자아성찰은 자기반성을 가능케 하고 거기서 성취동기를 형성시키면 자아성장의 동력을 얻게 되는 것이다. 논어에 '아침에 도를 깨달으면 저녁에 죽어도 좋다.(朝聞道 夕死可矣)'라는 말이 있다. 도를 찾음에 그만큼 철저해야 함을 말하는 것이다. 광야에서 40일간의 단식과 기도에서도 예수 그리스도의 투철한 우환의식은 서로 맥이 통한다. 카이사르는 가장 어리석은 사람이란 "자기가 보고 싶다고 생각하는 현실 밖엔 보지 않는" 사람이라고 말했다. 나의 평화, 안일, 성공, 순풍, 푸른 신호등만을 보려는 것은 유혹이다. 우환의식은 자신의 생각 너머에 있는 굴욕과 불행, 실패와 절망을 보려는 용기이다.

인간의 진리에 대한 근원적 향수와 목마름은 우환의식에서 비롯된다. 깨어 있는 사람만이 느끼는 의식이다. 나는 무엇이며 무엇이 아닌가? 나는 무엇을 알고 있고 무엇을 모르는가? 진리를 대면하는 사람은 항상 불안과 고통을 느낀다. 영신수련은 곧 우환의식에서 시작된다. 내가 현자아에 자족하며 사는 이들은 무슨 부족함을 느낄 수 있겠는가? 허함이 없으니 채워야 할 동기가 형성되지 않는다. 하루를 살아도 아무런 도움이 필요가 없는 자에게 무슨 노력이나 도전, 저항의식이 있을 수 있겠는가? 나를 채찍질할 이유와 동기가 형성되지 않으니 깨어 있으려는 의지가 투철하지 않은 것이다. "깨어 있어라."(마태 24,42)라는 주님의 요구는 언제나 영혼의 경계를 늦추지 말라는 의미이다. 경계한다는 것은 위험을 느낀다는 말이다. 내 영혼에 언제나 위험이, 위기가 찾아올 수 있다는 우환의식은 바로 이 깨어 있음을 요구한다. 그래서 성 아우구스티노가 말한다. "하느님! 우리가 당신을 향해 창조되었기에 당신 안에 쉬기까지는 안식이 없나이다"(성 아우구스티노, 『고백록』, 1,1,1).